Das Einsteigerseminar

Apache 2

Dr. Susanne Wigard

Das Einsteigerseminar Apache 2

Dieses Buch wurde der Umwelt zuliebe auf chlorfrei gebleichtem Papier gedruckt.

verlag moderne industrie Buch AG & Co. KG, Landsberg
Königswinterer Straße 418
D–53227 Bonn
www.vmi-Buch.de

06 05 04 03 02

10 9 8 7 6 5 4 3 2 1

1. Auflage

ISBN 3-8266-7184-8

Printed in Italy

Inhalt

Einleitung 15

Welche Vorkenntnisse werden benötigt? 15
Was könnte sonst noch nützlich sein? 16
Wie Sie dieses Buch lesen sollten 17
Ein Wort zum Betriebssystem 18
Listings und Hinweise auf Fehler 19

1 Erste Schritte 21

1.1 UNIX 21
Den Webserver starten 22
Testen 23
Den Webserver stoppen und neu starten 24
Kontrollieren des Servers ohne das apachectl-Skript 27
Automatisches Starten und Stoppen des Webservers 28
1.2 Windows 31
Den Webserver starten 31
Testen 34
Den Webserver stoppen und neu starten 35
1.3 Die wichtigsten Konfigurationseinstellungen 36
Andere Probleme 38
1.4 TCP/IP überprüfen 39
1.5 Kommandozeilenparameter 40
1.6 Konfiguration des Webservers 42
Container 43
Metasyntax 50
1.7 Zusammenfassung, Fragen und Übungen 51

2 Der Apache-Kern und die MPM-Module 53

2.1 Basiskonfiguration 54
2.2 Performance-Einstellungen 66
2.3 Prozesse und Threads 68
Server-Prozesse 68
Das prefork-Modul 69
Threads 70
Die Module worker und perchild 70
Das mpm_winnt-Modul 74
Prozess-ID 75
2.4 Weitere Dateien 75
2.5 Andere Direktiven 79
2.6 Eine Beispiel-Konfigurationsdatei 82
2.7 Zusammenfassung, Fragen und Übungen 83

3 Protokollierung 87

3.1 Benutzerkonfigurierbare Protokollierung 87
Starten eines Protokolls 87
Format 88
Rückwärtskompatibilität 92
3.2 Spezialfälle 92
Protokollierung von User Agents 92
Protokollierung von Verweisen 93
3.3 Benutzerverfolgung mithilfe von Cookies 93
Benutzerverfolgung mit mod_cookies 94
Benutzerverfolgung mit mod_usertrack 94
3.4 Zusammenfassung, Fragen und Übungen 96

4	**Bearbeitung von URLs**	**99**
4.1	Aliase und Redirections	99
4.2	URL-Ersetzung mit mod_rewrite	103
	Aktivieren der URL-Ersetzung, Protokoll	103
	Festlegen von Regeln	104
	Basis-URL	107
	Bedingungen	110
	Ersetzung mithilfe einer Abbildungsvorschrift	112
	Vererbung von Ersetzungsregeln	113
4.3	Automatisches Korrigieren von Tippfehlern in URLs	114
4.4	Zusammenfassung, Fragen und Übungen	115

5	**Mehrere Websites auf einem Server**	**117**
5.1	Virtuelle Hosts	117
5.2	Namenbasierte virtuelle Hosts	119
5.3	IP-basierte virtuelle Hosts	123
5.4	Gemischte Konfigurationen	125
5.5	Standard-Hosts	126
	Standard-Hosts für bestimmte Ports	127
	Standard-Hosts für alle IP-Adressen und Ports	127
5.6	Aliasnamen	128
5.7	Dynamisch konfiguriertes Massen-Hosting	129
	Konfiguration	130
5.8	Mehrere unabhängige Apache-Instanzen	133
5.9	DNS	134
	Die Datei hosts	135
	Einrichten des DNS	135
	UNIX	135
	Windows	141
5.10	Zusammenfassung, Fragen und Übungen	146

6 Dokumenttypen 149

6.1 Metainformationen 149
  Ermitteln von Metainformationen aus der Dateierweiterung 149
  Bestimmen des Dokumenttyps anhand des Inhalts 154
6.2 Aktionen 156
6.3 Handler 157
  CGI 159
  Senden von Dateien ohne Header 160
  Imagemaps 161
  ISAPI 165
  Server-side Includes 165
  Content Negotiation 174
  Konfigurationsinformation 178
  Anzeige des Server-Status 180
6.4 Zusammenfassung, Fragen und Übungen 181

7 Indexerstellung 183

7.1 Automatisches Auflisten von Verzeichnissen 183
  Optionen 184
  FancyIndexing 187
7.2 Standardverhalten für Verzeichnisse 193
7.3 Zusammenfassung, Fragen und Übungen 194

8 HTTP-Header 197

8.1 HTTP-Header-Metafiles 197
8.2 expires:-Header 199
8.3 Beliebige HTTP-Header zu Ressourcen hinzufügen 200
8.4 Zusammenfassung, Fragen und Übungen 203

9	Proxyserver	205
9.1	Apache als Proxy	206
	Sicherheit	206
	Bestimmte Hosts ausschließen	207
9.2	Client-Konfiguration	207
	Netscape Navigator	207
	Microsoft Internet Explorer	209
9.3	Proxy-Ketten	211
9.4	Einen anderen Server spiegeln	211
9.5	Caching	212
	Startverzeichnis	214
	Maximalgröße	215
	Verfallsdatum	216
	Content Negotiation	217
9.6	Zusammenfassung, Fragen und Übungen	217

10	Skriptausführung	221
10.1	HTTP-Methoden	222
	GET-Methode	222
	POST-Methode	223
10.2	Sicherheit	224
	Speicherort für Skriptdateien	225
	Dateien als Skripte kennzeichnen	225
10.3	Beispiel-Skripte	227
	Shellskripte	228
	C-Programme	229
	Perl	232
	Windows: Stapelverarbeitungsdatei	233
10.4	PHP	234
	Entpacken von PHP	234
	PHP als Apache-Modul	234

PHP als CGI 236
Beispiel-Skript 238
10.5 Zusammenfassung, Fragen und Übungen 239

11 Umgebungsvariablen 241

11.1 Eindeutige Identifizierer 241
11.2 Umgebungsvariablen weitergeben 241
11.3 Bedingtes Setzen von Umgebungsvariablen 244
Setzen von Umgebungsvariablen aufgrund von Informationen vom Client 244
Setzen von Umgebungsvariablen aufgrund von User-Agent-Zeichenketten 246
11.4 Umgebungsvariablen für besondere Zwecke 247
11.5 Zusammenfassung, Fragen und Übungen 248

12 SuExec 251

12.1 Installation 252
Erstellen mit configure 252
Erstellen ohne Neukompilieren von Apache 253
12.2 Testen 255
Starten des Webservers und überprüfen der Konfiguration 255
Erstellen eines Testskripts 255
Auf das Testskript zugreifen 256
12.3 Voraussetzungen 257
12.4 Direktiven 258
12.5 Zusammenfassung, Fragen und Übungen 258

13 Sicherheit 261

13.1 Hostbasierte Zugriffskontrolle 261
Erlauben und verbieten 261
Zugriff abhängig von Umgebungsvariablen 262
Rangfolge 263
13.2 HTTP-Authentifizierung 264
Kerndirektiven 265
Authentifizierung mithilfe von Textdateien 267
Authentifizierung erzwingen 269
Authentifizierung mithilfe von DBM-Datenbankdateien 270
Anonyme Authentifizierung im FTP-Stil 272
MD5-Authentifizierung 274
Die Direktive ErrorDocument 274
13.3 Zusammenfassung, Fragen und Übungen 275

14 Secured Socket Layer 279

14.1 Verschlüsselung 279
Symmetrische Verschlüsselung 279
Asymmetrische Verschlüsselung 280
14.2 Das SSL-Protokoll 280
14.3 Zertifikate 280
14.4 MAC 282
14.5 OpenSSL 283
14.6 mod_ssl 284
Konfiguration 285
Server-Zertifikate 286
Client-Zertifikate 290
Testen 292
cache 295
14.7 Alternative: Apache-SSL 296
14.8 Zusammenfassung, Fragen und Übungen 296

15 Fortgeschrittene Themen 299

15.1 Dynamisches Linken von Bibliotheken 299
15.2 Performance 301
15.3 Die Apache-API 302
15.4 Zusammenfassung, Fragen und Übungen 304

Lösungen 305

Glossar 329

Anhang 337

Installation 337
Download 337
UNIX 338
Windows 348
Deinstallation 354
UNIX 354
Windows 354
Einstellen der IP-Adresse 354
UNIX 355
Windows 357
Internet-Hintergrundinformationen 359
Begriffe 359
ISO/OSI-Schichtenmodell 359
TCP/IP 360
HTTP 363
Wichtige UNIX-Kommandos 366
Reguläre Ausdrücke 369
Aufbau eines einfachen Regulären Ausdrucks 369

Wiederholung von Mustern 369
Platzhalter 371
Aufzählung zulässiger Werte 372
Zeichenklassen 373
Allgemeine Performance-Tipps 373

Index 375

Einleitung

Der Apache-Webserver wird heutzutage nach Aussage verschiedener Umfragen auf mehr als der Hälfte aller Sites eingesetzt. Entscheidende Vorteile gegenüber Konkurrenzprodukten sind die freie (kostenlose) Verfügbarkeit auf verschiedenen Plattformen sowie die Zuverlässigkeit und Sicherheit. Sogar die Quelltexte sind frei verfügbar. Hinzu kommt die Modularität, die es erlaubt, einen auf die persönlichen Bedürfnisse abgestimmten Webserver »zusammenzubauen«.

Der Name »Apache« kommt eigentlich von »a patchy (Webserver)« (deutsch etwa: ein geflickter (Webserver)). In der englischen Aussprache (»Äpätschi«) klingt »a patchy« ziemlich genauso wie »Apache«. Das Programm bestand in seiner ursprünglichen Version aus einigem existierenden Code – dem bei *NCSA* (*__N__ational __C__enter for __S__upercomputing __A__pplications*; eine amerikanische Forschungseinrichtung) entwickelten *httpd*-Webserver – sowie einer Reihe von »Patches«, also nachträglichen Änderungen, die bestimmte Probleme beheben. (Die neueren Versionen sind jedoch eigenständige Neuentwicklungen.)

Abb. E.1: Das Apache-Logo

Welche Vorkenntnisse werden benötigt?

Ob Sie sich als professioneller Webadministrator oder nur aus privatem Interesse mit dem Apache-Webserver beschäftigen – in diesem Buch können Sie sich das nötige Grundlagenwissen aneignen. Programmierkenntnisse sind dabei nicht notwendig; Sie sollten sich jedoch mit dem Betriebssystem – Windows oder UNIX (z.B. LINUX) –, auf dem Sie den Webserver einsetzen möchten, ein wenig auskennen. Wenn Sie sich beruflich für den Apache interessieren, sind Sie mit großer Wahrscheinlichkeit ohnehin ein System- oder Webadministrator, sodass diese Kenntnisse für Sie eine Selbstverständlichkeit sind. Für das Windows-Betriebssystem werden Grundkenntnisse in diesem Buch vorausgesetzt – wenn Sie jemals einen Brief z.B. mit Winword geschrieben haben, wissen Sie, wie ein Programm gestartet und mit der Maus bedient wird. Da UNIX-Kenntnisse im Gegensatz dazu bisher nur bei einem kleineren Personenkreis vorhanden sind, enthält der Anhang dieses Buchs eine Zusammenstellung der wichtigsten UNIX-Kommandozeilenbefehle, und auch im Text werden die benötigten UNIX-Befehle zumindest kurz erläutert.

Was könnte sonst noch nützlich sein?

Kenntnisse der Seitenbeschreibungssprache HTML (***H**yper**T**ext **M**arkup **L**anguage*) sind für die tägliche Arbeit eines Webadministrators hilfreich, für das Verständnis dieses Buches jedoch nicht unbedingt notwendig: Die (sehr wenigen) HTML-Beispieldokumente, die im Text vorkommen, sind einfach und relativ selbsterklärend.

Ähnliches gilt für die Erstellung von CGI-Skripten: Wenn dieses Thema auch eigentlich mit der Administration eines Webservers nicht direkt zu tun hat, so wird doch in der Praxis häufig der Webadministrator auch derjenige sein, der Skripte erstellt oder zumindest die Sicherheitsaspekte bei der Skriptausführung zu überwachen hat. In diesem Buch werden nur einige kleine Beispielskripte vorgestellt, die Sie ohne Vorkenntnisse verstehen können – zum Erstellen anspruchsvollerer Websites wie z.B. Online-Shops werden Sie allerdings auch einige Kenntnisse sowohl der UNIX-Shell als auch einer oder mehrerer Skriptsprachen (wie PERL, PHP, JavaScript etc.) und/oder Programmiersprachen (wie C, C++, Java usw.) benötigen.

Wie Sie dieses Buch lesen sollten

Wenn Sie wirklich von vorn anfangen müssen, dann fangen Sie am besten hinten an: Die Installation des Webservers ist im Anhang des Buchs beschrieben. Leser, deren Webserver bereits installiert wurde (z.B. im Zuge der Installation einer LINUX-Komplettdistribution), können direkt mit dem Kapitel 1 »Erste Schritte« beginnen. Auch das Kapitel 2 »Der Apache-Kern und die MPM-Module«, welches die wichtigsten Konfigurationseinstellungen enthält, sollte gleich zu Beginn gelesen werden.

HINWEIS

Im Abschnitt »Metasyntax« am Ende von Kapitel 1 »Erste Schritte« finden Sie einige Erläuterungen zu den Syntaxangaben im Buch.

Danach kommt es auf die Reihenfolge nicht mehr so sehr an: Die Themen der Kapitel zu den einzelnen Modulen sind relativ unabhängig voneinander, und wo doch einmal Abhängigkeiten bestehen, enthält das Buch Querverweise. Es wurde versucht, die Kapitel so anzuordnen, dass Themen, die ausnahmsweise aufeinander aufbauen, in der richtigen Reihenfolge behandelt werden – gelegentlich kann es aber dennoch vorkommen, dass auf ein späteres Kapitel verwiesen wird.

Manche Direktiven werden an der Stelle beschrieben, zu der sie inhaltlich dazugehören, auch wenn ihre Verwendung an der betreffenden Stelle nicht unbedingt notwendig ist. Sie müssen deshalb nicht alle beschriebenen Einstellungen der Reihe nach ausprobieren, sondern Sie können diejenigen auswählen, die für Sie gerade nützlich oder interessant sind.

Die Kapitel weiter hinten, die Themen wie SuExec, SSL usw. behandeln, sind etwas anspruchsvoller. Am besten sammeln Sie zunächst einige Erfahrungen mit dem Webserver, bevor Sie sich intensiver damit befassen.

Weniger gut eignet sich ein solches Buch zum »Trockenstudium«, etwa im Urlaub fern von Ihrem Rechner. Ein Gefühl für die mit der Konfiguration und dem Betrieb eines Webservers verbundenen Fragestellungen bekommen Sie wirklich nur im praktischen Einsatz, »hands on«.

Ein Wort zum Betriebssystem

Dieses Buch beschreibt die Installation und den Betrieb des Apache-Webservers unter UNIX und Windows. Bei den Beispielen, Bildschirmfotos und Übungen werden beide Betriebssysteme berücksichtigt.

Als UNIX-Anwender finden Sie eine ausführliche Beschreibung aller Arbeitsschritte einschließlich der dahinter liegenden Konzepte, sodass Sie auch als Einsteiger oder Umsteiger den Webserver auf diesem Betriebssystem einsetzen können. Die Beispiele wurden erstellt und getestet unter LINUX, und zwar mit einer SuSE-Distribution – es dürfte jedoch keine Schwierigkeiten bereiten, sie auch unter einer anderen UNIX-Version nachzuvollziehen.

Als Windows-Anwender finden Sie Abschnitte, die direkt auf dieses Betriebssystem bezogen sind und auch entsprechende Hinweise bei denjenigen Funktionen, die unter Windows nicht verfügbar sind. Soweit möglich, wird – vor allem in den einführenden Kapiteln – bei den Beispielen und Übungen neben der UNIX-Version auch das Äquivalent unter Windows beschrieben.

Allerdings: Fairerweise muss gesagt werden, dass das Haupteinsatzgebiet des Apache-Webservers nach wie vor UNIX-Systeme sind. Windows 95 und Windows 98 sind eigentlich Einzelplatzbetriebssysteme und eignen sich schon aus Sicherheitsgründen nur bedingt für den Betrieb eines Webservers. Bei Windows NT/2000 gehen die Meinungen auseinander – Sicherheitsmechanismen sind dort vorhanden, funktionieren aber anders als diejenigen von UNIX, auf die der Apache-Webserver nun einmal genauestens abgestimmt ist. Davon abgesehen existieren für Windows NT/2000 andere leistungsfähige Webserver, deren Verwendung man in Betracht ziehen sollte, wenn man, aus welchen Gründen auch immer, bei Windows bleiben möchte.

Gerade viele der besonders mächtigen Features von Apache sind unter Windows schlicht nicht verfügbar – weil sie eben auf UNIX-Systemkonzepten basieren. Vielleicht ändert sich diese Situation in Zukunft, denn auch an den Windows-Portierungen wird ständig gearbeitet.

Für Lern- und Testzwecke ist auch eine Windows-Installation gut geeignet – solange Sie nicht gerade die UNIX-spezifischen Merkmale des Webservers untersuchen möchten. Als Vorteil gegenüber anderen Webservern für Windows ist sicher die geringe Größe der Gesamtinstallation zu nennen – und wenn Sie wechselweise mit beiden (und vielleicht sogar noch anderen) Betriebssystemen, aber immer demselben Webserver arbeiten möchten, bleibt Ihnen ohnehin keine andere Alternative als der Apache. Wenn Sie, wie viele andere, einen Umstieg von Windows nach UNIX/LINUX in Erwägung ziehen oder schon mittendrin sind, dann bietet sich die Installation eines Apache-Servers unter Windows natürlich auch an als eine Möglichkeit, Vertrautes mit Neuem zu verbinden.

Listings und Hinweise auf Fehler

Einige der im Buch abgedruckten Konfigurationsbeispiele sowie die Lösungen zu den Übungsaufgaben finden Sie auch auf meiner Homepage unter *http://SWigard.bei.t-online.de* sowie auf der Verlags-Website unter *www.bhv-buch.de.*

Rückmeldungen über Fehler in diesem Buch oder Verbesserungsvorschläge können Sie gerne an meine E-Mail-Adresse senden: *SWigard@t-online.de*

1 Erste Schritte

In diesem Kapitel erfahren Sie, wie Sie den Apache-Server starten und stoppen können und erhalten einige Hintergrundinformationen zu den Konfigurationseinstellungen, welche in den folgenden Kapiteln behandelt werden.

Wenn Sie den Webserver zunächst noch installieren müssen, lesen Sie bitte im Anhang dieses Buches im Abschnitt »Installation« nach.

Die Vorgehensweise beim Starten, Stoppen und Neustarten des Webservers hängt vom Betriebssystem ab.

1.1 UNIX

Wenn Sie eine LINUX-Komplettdistribution mit den Standardeinstellungen installiert haben, wird der Webserver möglicherweise automatisch beim Hochfahren des Systems gestartet. Sie können dies überprüfen, indem Sie mit dem Browser (z.B. Netscape) die Adresse *http://localhost/* ansteuern.

Wenn der Server läuft, sollte eine Begrüßungsseite angezeigt werden (siehe Abbildung 1.1).

Je nach Konfiguration des Webservers liefert dieser Ihnen vielleicht sogar die deutsche Version dieser Seite – wie Sie dies selbst einstellen können, erfahren Sie in Kap. 6.3 »Handler« im Abschnitt »Type Maps«.

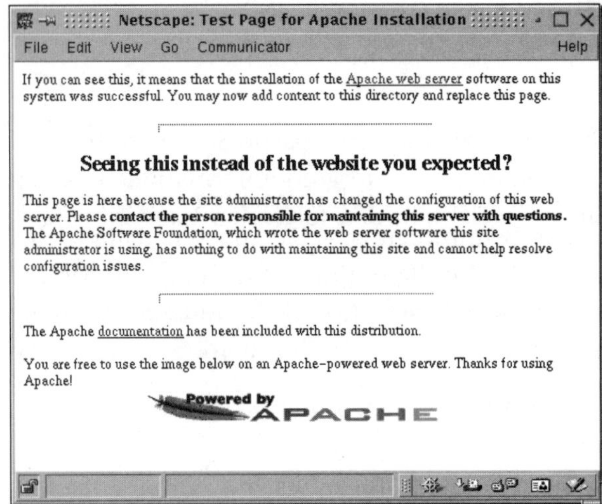

Abb. 1.1: Begrüßungsseite des Apache-Webservers

Den Webserver starten

Falls der Server nicht automatisch gestartet wird, starten Sie ihn von Hand, wie im Folgenden angegeben.

> **HINWEIS**
> Für die hier beschriebenen Arbeitsschritte (wie auch allgemein für den Betrieb des Apache-Servers) benötigen Sie keine grafische Oberfläche. Sie können aber das Bearbeiten der Konfigurationsdateien und das Überprüfen von Protokolldateien in der grafischen Oberfläche ausführen und bei Bedarf ein Konsolenfenster öffnen, in das Sie die beschriebenen Befehle eingeben.

Die neueren Apache-Versionen (ab 1.3) enthalten ein Shellskript namens *apachectl*, mit dem das Starten und Stoppen des Servers bequem ausgeführt werden kann. Dieses befindet sich im Unterverzeichnis *bin* Ihres Apache-Verzeichnisses, also bei der Standardinstallation unter */usr/local/apache2/bin*. Zum Starten des Webservers rufen Sie das Skript mit dem Parameter `start` auf:

```
/usr/local/apache2/bin/apachectl start
```

Sie können auch zunächst in das Verzeichnis wechseln und dann das Skript aufrufen:

```
cd /usr/local/apache2/bin
./apachectl start
```

Falls an dieser Stelle zunächst noch eine Fehlermeldung angezeigt wird, so ist das kein Grund zur Beunruhigung – Sie müssen dann wahrscheinlich zunächst noch einige Konfigurationseinstellungen anpassen. Lesen Sie dazu Kap. 1.3 »Die wichtigsten Konfigurationseinstellungen« weiter unten.

Testen

Wurde beim Starten des Webservers keine Fehlermeldung angezeigt, so versuchen Sie nun wieder, die Adresse *http://localhost/* im Browser anzusteuern. Gelingt dies sofort, können Sie direkt in dem Abschnitt »Den Webserver stoppen und neu starten« weiter unten in diesem Kapitel weiterlesen.

Läuft der Webserver?

Falls der Browser nicht auf *http://localhost/* zugreifen kann, überprüfen Sie zunächst mit dem Befehl

```
ps -ef | grep httpd
```

ob der Webserver tatsächlich läuft. (Das `ps`-Kommando zeigt Informationen über Prozesse an. Die Ausgabe wird hier weitergeleitet an das `grep`-Kommando. Dieses findet Zeilen, die eine bestimmte Suchzeichenfolge beinhalten, hier »httpd«.) Neben einer Ausgabezeile für den `grep`-Befehl selbst müssten Sie eine Reihe von Zeilen angezeigt bekommen, die httpd-Prozesse betreffen.

Falls der Server läuft (Sie also mit dem `ps`-Kommando einen httpd-Prozess finden, s.o.), der Browser aber trotzdem nicht auf *http://localhost/* zugreifen kann, so lesen Sie weiter unter Kap. 1.4 »TCP/IP überprüfen«.

Wird in der Ausgabe des `ps`-Kommandos keine Zeile mit der Zeichenfolge »httpd« gefunden, so überprüfen Sie das Fehlerprotokoll.

Fehlerprotokoll

Der Apache-Server führt automatisch ein Protokoll über alle beim Start und während des Betriebs auftretenden Fehler. Hier sollten Sie einen Hinweis auf das aufgetretene Problem finden. Häufig muss eine der in Kap. 1.3 »Die wichtigsten Konfigurationseinstellungen« angegebenen Konfigurationsdirektiven angepasst werden.

Das Fehlerprotokoll wird unter UNIX bei standardmäßiger Installation in die Datei *error_log* im Verzeichnis *logs* unterhalb Ihres Apache-Verzeichnisses geschrieben, also normalerweise in */usr/local/apache2/logs/error_log*.

Den Webserver stoppen und neu starten

Auch das Anhalten und Neustarten des Webservers erfolgt mittels des *apachectl*-Skripts:

```
/usr/local/apache2/bin/apachectl stop
```

bzw.

```
/usr/local/apache2/bin/apachectl restart
```

Auch hierzu können Sie natürlich zuerst in das Verzeichnis wechseln und dann das Skript aufrufen:

```
cd /usr/local/apache2/bin
./apachectl stop
```

bzw.

```
cd /usr/local/apache2/bin
./apachectl restart
```

Das apachectl-Skript

Sie können das *apachectl*-Skript mit den folgenden Argumenten aufrufen:

- `start`
  Startet den Webserver (vgl. »Starten« im Abschnitt »Kontrollieren des Servers ohne das apachectl-Skript« weiter unten).
- `stop`
  Anhalten des Webservers (UNIX-Kommando `kill`; vgl »Stoppen« im Abschnitt »Kontrollieren des Servers ohne das apachectl-Skript« weiter unten).
- `restart`
  Neustart des Webservers mittels `SIGHUP` (UNIX-Kommando `kill -HUP`; vgl. »Neustart« im Abschnitt »Kontrollieren des Servers ohne das apachectl-Skript« weiter unten).
- `graceful`
  Neustart mittels `SIGWINCH`; hier werden nur die Konfigurationsdateien neu eingelesen, ohne die Child-Prozesse zu beenden (UNIX-Kommando `kill -WINCH`; vgl. »Neustart« im Abschnitt »Kontrollieren des Servers ohne das apachectl-Skript« weiter unten).
- `configtest`
  Syntaxprüfung der Konfigurationsdateien.
- `help`
  Anzeige der *apachectl*-Optionen.
- `status`
  (nur mit dem *lynx*-Browser und *mod_status*, vgl. Kap. 6.3 »Handler«, Abschnitt »Anzeige des Server-Status«)
  Kurze Statusanzeige.
- `fullstatus`
  (nur mit dem *lynx*-Browser und *mod_status*, vgl. Kap. 6.3, Abschnitt »Anzeige des Server-Status«)
  Vollständige Statusanzeige.

Der Quelltext des *apachectl*-Skripts sieht, reduziert um alle Sicherheitsabfragen, Bildschirmausgaben, Kommentare und die Lizenzbestimmung, schematisch etwa so aus:

```
#!/bin/sh
# Copyright (c) 2000-2002 The Apache Software Foundation.
# See license at the end of this file.
ARGV="$@"
HTTPD='/usr/local/apache2/bin/httpd'
STATUSURL="http://localhost:80/server-status"
case $ARGV in
start|stop|restart|graceful)
    $HTTPD -k $ARGV
    ;;
startssl|sslstart|start-SSL)
    $HTTPD -k start -DSSL
    ;;
configtest)
    $HTTPD -t
    ;;
*)
    $HTTPD $ARGV
esac
```

HINWEIS

Die Apache-Group verlangt ausdrücklich, dass der Copyrightvermerk bei jeder, auch veränderten, Verwendung mit angegeben werden muss – wie hier im Text geschehen. (Die im Originalskript enthaltene Lizenz ist allerdings nicht mit wiedergegeben.) Die von der Autorin dieses Buchs vorgenommenen Kürzungen sind jedoch recht radikaler Natur und sollten nicht der Apache-Group angelastet werden. Öffnen Sie für Details und für die Lizenz einfach das Originalskript im Editor.

Kontrollieren des Servers ohne das apachectl-Skript

Selbstverständlich können Sie die von dem *apachectl*-Skript ausgeführten Befehle zum Starten, Anhalten und Neustarten des Webservers auch selbst an der Eingabeaufforderung oder in einem Konsolenfenster eintippen.

Starten

Der Start des Servers erfolgt durch Aufruf des Programms *httpd* im Unterverzeichnis *bin* des Apache-Verzeichnisses (also normalerweise in */usr/local/apache2/bin*):

```
/usr/local/apache2/bin/httpd
```

Sie können auch zuerst in das Verzeichnis wechseln und dann das Programm aufrufen:

```
cd /usr/local/apache2/bin
./httpd
```

Stoppen

Um den Server zu stoppen, müssen Sie zunächst dessen PID ermitteln. Der Apache schreibt die PID des primären Webserver-Prozesses in die in der Direktive `PidFile` angegebene Datei, bei der Standardinstallation z.B. *usr/local/apache2/logs/httpd.pid.* (Vgl. Kap. 2.3, Abschnitt »Prozess-ID«; im Kap. 2.3 »Prozesse und Threads« finden Sie auch weitere Informationen über Prozesse.)

Mit der Anweisung

```
kill pid
```

können Sie dann den Prozess beenden.

Um sich das manuelle Auslesen der Prozess-ID zu ersparen, können Sie das `cat`-Kommando verwenden, z.B.:

```
kill `cat usr/local/apache2/logs/httpd.pid`
```

(`cat` zeigt den Inhalt einer Datei an; die einfachen Anführungszeichen bewirken, dass die Ausgabe des Kommandos an der entsprechenden Stelle eingesetzt wird.)

Auf die Adresse *http://localhost/* kann nun nicht mehr zugegriffen werden.

Neustart

Auch der Neustart des primären Server-Prozesses erfolgt mithilfe der `kill`-Anweisung, indem Sie ein *HUP*-(***HangUP***-)Signal an den Prozess senden:

```
kill -HUP `cat usr/local/apache2/logs/httpd.pid`
```

Um zu erreichen, dass die Konfigurationsdateien (etwa nach einer Änderung) neu eingelesen werden, ohne alle Child-Prozesse zu beenden, verwenden Sie eine weitere Variante der `kill`-Anweisung:

```
kill -WINCH `cat usr/local/apache2/logs/httpd.pid`
```

HINWEIS

Anstatt die Prozess-ID aus der Datei zu lesen, können Sie diese auch mit dem Kommando `ps -ef | grep httpd` ermitteln. Bei der `ps-ef`-Ausgabe enthält die zweite Spalte die Prozess-ID. Auch andere Varianten des `ps`-Befehls (z.B. `ps x`) sind möglich.

Automatisches Starten und Stoppen des Webservers

Im Produktionsbetrieb werden Sie natürlich den Webserver nicht jedes Mal von Hand starten wollen, sondern dieser soll beim Hochfahren des Systems automatisch gestartet und beim Herunterfahren wieder gestoppt werden.

Als UNIX-Anfänger sollten Sie sich bei den unten beschriebenen Schritten vielleicht von einem erfahrenen Systemadministrator helfen lassen.

Allgemein erfolgt der automatische Start von Programmen beim Hochfahren auf UNIX-Systemen (oder genauer: auf solchen, die vom System V, einer verbreiteten UNIX-Variante, abstammen) über das Programm /*etc/init* anhand von Einträgen in der Datei */etc/inittab*. Dabei werden so genannte *Run-Levels* unterschieden:

- 0 – Halt
- S – Einbenutzerbetrieb (Single User Mode)
- 1 – Mehrbenutzerbetrieb ohne Netzwerk
- 2 – Mehrbenutzerbetrieb mit Netzwerk
- 3 – Mehrbenutzerbetrieb mit Netzwerk und X-Window
- 4 – frei
- 5 – frei
- 6 – Neustart

Die Datei */etc/inittab* legt fest, welche Prozesse beim Wechsel des Run-Levels unter der Kontrolle des Programms *init* automatisch gestartet und beendet werden.

Bei der Komplexität heutiger UNIX-Systeme empfiehlt es sich aber nicht, einfach irgendwelche eigenen Einträge in die Datei */etc/inittab* einzufügen. Moderne Distributionen verwenden normalerweise ihre eigene Systematik für die Initialisierung des Systems, mit der Sie sich zunächst vertraut machen sollten. Im Folgenden wird die Konfiguration für SuSE-LINUX beschrieben – wenn Sie ein anderes UNIX verwenden, weicht das Verfahren wahrscheinlich hiervon ab.

Bei der SuSE-Distribution enthält die Datei */etc/inittab* einen Eintrag für das Skript */sbin/init.d/rc*. Dieses wird bei jedem Wechsel des Run-Levels mit dem Run-Level als Parameter aufgerufen. Das Skript ruft nun seinerseits andere Skripte auf, die sich im Verzeichnis */sbin/init.d* befinden. Welche Skripte wann aufgerufen werden, hängt ab von Links (Verknüpfungen) zu diesen Skripten, welche in den Verzeichnissen /*sbin/init.d/rc0*, */sbin/init.d/rc1*, */sbin/init.d/rc2* usw. abgelegt sind.

Um nun ein Programm mithilfe dieses Systems automatisch zu starten, wenn z.B. Run-Level 3 erreicht wird, und beim Verlassen dieses Run-Levels wieder zu beenden, müssen Sie zunächst ein Skript in das Verzeichnis */sbin/init.d* einfügen. Erstellen Sie dann zwei Links auf dieses Skript im Unterverzeichnis *rc3.d.* und benennen Sie diese um in *K20name* und *S20name*, also z.B. im Fall des Webservers *K20httpd* und *S20httpd*.

```
cd /etc/rc.d/rc3.d
ln -s /etc/rc.d/init.d/httpd K20httpd
ln -s /etc/rc.d/init.d/httpd S20httpd
```

Das »K« im Namen des ersten Links steht für »Kill« (im UNIX-Jargon »Beenden«), das »S« im Namen des zweiten für »Start«. Die folgende Nummer regelt die Reihenfolge der Skripte in demselben Verzeichnis untereinander. Das »K«-Skript wird beim Verlassen des Run-Levels mit dem Parameter `stop` aufgerufen, das »S«-Skript beim Erreichen des Run-Levels mit dem Parameter `start`. Da beide Links auf dasselbe Skript im Verzeichnis */sbin/init.d* verweisen, muss dieses sowohl den Parameter `start` als auch `stop` akzeptieren können. Das gilt natürlich für alle Skripte in diesem Verzeichnis.

Das oben bereits angesprochene *apachectl*-Skript ist erfreulicherweise genauso geschrieben. Kopieren Sie es also einfach (z.B. vom Verzeichnis */usr/local/apache2/bin*) nach */sbin/init.d* und erstellen Sie die beiden Links wie oben beschrieben oder erstellen Sie die Links auf das *apachectl*-Skript direkt.

HINWEIS

Wenn Sie ein eigenes Skript schreiben wollen, um Prozesse automatisch zu starten, muss dieses ebenfalls entsprechend aufgebaut sein.

Nach dem nächsten Neustart des Systems müsste nun der Apache-Server laufen.

1.2 Windows

Unter Windows hängt die Betriebsart des Webservers davon ab, ob Sie NT bzw. Windows 2000 oder Windows 95/98/ME verwenden.

Den Webserver starten

Sie können den Apache-Webserver unter Windows NT/2000 wahlweise als Dienst oder als normale (Konsolen-)Anwendung an der Eingabeaufforderung starten. Unter Windows 95/98/ME ist der Betrieb als »Pseudodienst« (vgl. Abschnitt »Windows 95/98/ME (Pseudodienst)« weiter unten in diesem Kapitel) oder ebenfalls als Konsolenanwendung an der Eingabeaufforderung (DOS-Fenster) möglich. Der Dienst bzw. Pseudodienst muss zunächst einmalig mit einer entsprechenden Kommandozeilenoption installiert werden und kann dann automatisch oder manuell gestartet werden. Die Konsolenanwendung wird normalerweise von Hand gestartet.

Windows NT/2000 (Dienst)

Unter Windows NT bzw. Windows 2000 ist die bevorzugte Betriebsart als Dienst im Hintergrund. Wenn der Apache-Server für den Betrieb als Dienst installiert wurde, so wird dieser Dienst automatisch installiert und unmittelbar nach der Apache-Installation sowie danach bei jedem Start des Betriebssystems gestartet.

Sie können den Dienst auch von der Eingabeaufforderung aus starten. Wechseln Sie dazu zunächst in das Apache-Verzeichnis:

```
cd "\programme\apache group\apache2\bin"
```

Installieren Sie dann den Dienst mit

```
apache -k install -n "apache2"
```

Bei Bedarf deinstallieren Sie ihn wieder mit

```
apache -k uninstall -n "apache2"
```

apache2 ist der Standardname für den Apache-Dienst. Unter diesem Namen können Sie den Dienst nach der Installation ansprechen (zum Starten, Stoppen und Neustarten). Sie können auch einen anderen Namen wählen, aber die automatisch eingerichteten Befehle im Startmenü sind an den Standardnamen angepasst.

HINWEIS

Das Installieren des Dienstes benötigt jeweils einen Moment Zeit – warten Sie auf eine entsprechende Rückmeldung.

Nachdem der Dienst installiert ist, können Sie Ihn über den Befehl *Control Apache Server / Start* in der Apache-Programmgruppe des Startmenüs aktivieren, oder Sie können in der Systemsteuerung unter *Verwaltung* das Fenster *Dienste* öffnen, den Dienst *apache2* auswählen und auf die *Schaltfläche Startet den Dienst* in der Symbolleiste klicken.

Der installierte Dienst kann auch mit dem Programm *Apache Service Monitor* kontrolliert werden. Dieses Programm wird normalerweise automatisch gestartet und steht dann im Taskbar am unteren Bildschirmrand zur Verfügung. Sie können es auch manuell starten über den Befehl *Control Apache Server / Monitor Apache Servers* in der Apache-Programmgruppe des Startmenüs.

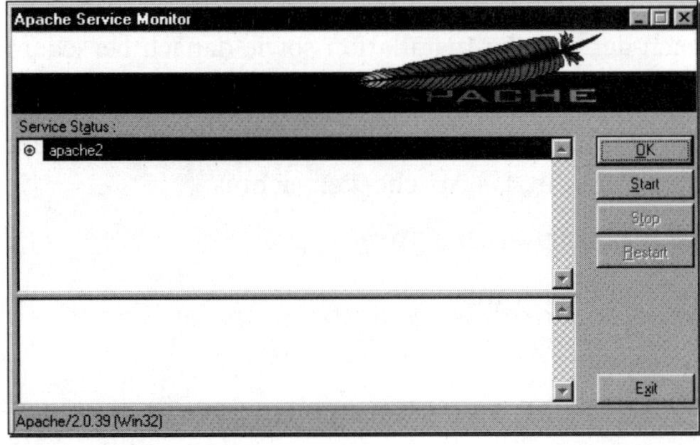

Abb. 1.2: Apache Service Monitor

Als weitere Alternative können Sie den Server auch von der Eingabeaufforderung aus starten:

```
apache -n "apache2" -k start
```

oder einfach

```
net start "apache2"
```

Windows 95/98/ME (Pseudodienst)

Unter Windows 95/98/ME kann ein Verhalten simuliert werden, das dem eines NT-Dienstes ähnelt. Die Apache Group weist jedoch ausdrücklich auf den experimentellen Charakter dieses »Pseudodienstes« hin.

Die Installation des Pseudodienstes erfolgt wie unter Windows NT/2000 (s.o.) mittels des Kommandozeilenparameters `-k`:

```
cd "\programme\apache group\apache2\bin"
apache -k install -n "apache2"
```

Nach der Installation kann der Pseudodienst über den Befehl *Control Apache Server / Start* in der Apache-Programmgruppe des Startmenüs oder mit dem Programm *Apache Service Monitor* im Taskbar (am unteren Bildschirmrand) gestartet werden.

Auch der Start an der Eingabeaufforderung erfolgt wie unter Windows NT/2000:

```
apache -k start -n "apache2"
```

Allerdings können Sie unter diesen Betriebssystemen nicht den Befehl `net start` verwenden.

Starten von Apache als normales Programm in der Eingabeaufforderung

Normalerweise läuft der Apache-Server unter Windows 95/98/ME im DOS-Fenster. Auch unter Windows NT/2000 ist ein Starten als Konsolenanwendung möglich. Wählen Sie dazu im Startmenü den entsprechenden Befehl (bei Standardinstallation z.B. *Programme / Apache httpd Server 2.0.40 / Control Apache Server / Start Apache in Console*).

Sie können auch in der Eingabeaufforderung die folgenden Befehle eingeben:

```
cd "\programme\apache group\apache2\bin"
apache
```

Ebenso gut können Sie auch eine Verknüpfung zu diesem Programm in den *Autostart*-Ordner oder auf den Desktop legen. Stellen Sie im Eigenschaftenfenster der Verknüpfung im Feld *Ausführen* den Eintrag *Minimiert* ein, damit das Apache-Fenster sofort minimiert wird. Wenn allerdings Fehler auftreten, ist es sinnvoller, den Server von der Eingabeaufforderung aus zu starten, da Sie nur so die Fehlermeldungen in Ruhe lesen können.

Testen

Startet der Webserver nicht, so überprüfen Sie das Fehlerprotokoll, wie im folgenden Abschnitt beschrieben. Andernfalls können Sie nun versuchen, die Adresse *http://localhost/* im Browser anzusteuern. Gelingt dies sofort, so können Sie direkt in dem Abschnitt »Den Webserver stoppen und neu starten« weiter unten in diesem Kapitel weiterlesen.

Ist der Webserver gestartet, und Sie können trotzdem nicht auf *http://localhost/* zugreifen, so lesen Sie weiter im Abschnitt 1.4, »TCP/IP überprüfen«

Fehlerprotokoll

Das Fehlerprotokoll wird unter Windows bei standardmäßiger Installation in die Datei *error.log* im Verzeichnis *logs* unterhalb Ihres Apache-Verzeichnisses geschrieben, also normalerweise in *C:\Programme\Apache Group\Apache2\logs\error.log*.

Die Apache-Programmgruppe im Startmenü enthält den Befehl *Review Server Log Files / Review Error Log*, um die Protokolldatei direkt anzuzeigen.

Den Webserver stoppen und neu starten

Wie das Starten erfolgt auch das Anhalten und Neustarten des Servers unterschiedlich, je nachdem, ob Apache unter Windows NT/2000 als Dienst bzw. unter Windows 95/98/ME als Pseudodienst läuft oder als normales Programm (Konsolenanwendung).

Apache als Dienst

Der Apache-Dienst läuft im Hintergrund, bis Sie ihn über den Befehl *Control Apache Server / Stop* in der Apache-Programmgruppe des Startmenüs beenden. Stattdessen können Sie auch in der Systemsteuerung unter *Verwaltung* das Fenster *Dienste* öffnen, den Apache auswählen und die *Schaltfläche Beendet den Dienst* in der Symbolleiste anklicken.

Mit dem Befehl *Control Apache Server / Restart* im Startmenü bzw. der Schaltfläche *Startet den Dienst neu* im Fenster *Dienste* erfolgt entsprechend ein Neustart.

Alternativ können Sie den Server auch mit dem Programm *Apache Service Monitor* neu starten oder stoppen.

Schließlich können Sie den Server auch von der Eingabeaufforderung aus kontrollieren:

```
apache -k restart -n "apache2"
```

bzw.

```
apache -k stop -n "apache2"
```

oder auch

```
net stop "apache2"
```

Konsolenanwendung

Wenn Apache als Konsolenanwendung läuft, können Sie einfach in dem entsprechenden Fenster die Tatenkombination [Strg] + [C] betätigen – allerdings werden dann die laufenden Transaktionen nicht abgeschlossen.

1.3 Die wichtigsten Konfigurationseinstellungen

Einige der häufigsten Ursachen für Fehler beim Starten des Webservers liegen in den Einstellungen der Direktiven `Listen`, `User`, `Group`, `ServerName` und `ServerRoot` in der Konfigurationsdatei *httpd.conf*. Bei standardmäßiger Installation befindet sich diese Datei im Verzeichnis *conf* unterhalb des Apache-Verzeichnisses, also normalerweise unter UNIX in */usr/local/apache2/conf* und unter Windows in *C:\Programme\Apache Group\Apache2\conf*.

HINWEIS

Das Zeichen # dient in der Konfigurationsdatei zur Kennzeichnung eines Kommentars – d.h. alles, was bis zum Ende der Zeile dahinter steht, wird ignoriert.

Unter Windows kann die Konfigurationsdatei über den Befehl *Configure Apache Server / Edit the Apache httpd.conf Configuration File* in der Apache-Programmgruppe des Startmenüs direkt angezeigt werden.

- `Listen`
  (vgl. Kap. 2.1 »Basiskonfiguration«, Abschnitt »Listen«)
  Bei Apache 2 muss im Gegensatz zu früheren Versionen mit der `Listen`-Direktive der Port angegeben werden, den der Server überwachen soll. Üblicherweise ist das Port 80: `Listen 80`.

- `User`
  (vgl. Kap. 2.1 »Basiskonfiguration«, Abschnitt »Identität des Webusers«)

Falls Sie eine Fehlermeldung erhalten, dass der Benutzername aus der Benutzernummer nicht erkannt werden kann, so ersetzen Sie die Zeile `User #-1` durch `User nobody`.
Schafft auch das keine Abhilfe, so müssen Sie einen neuen Benutzer einrichten und dessen Namen in der Direktive angeben.

- `Group`
  (vgl. Kap. 2.1 »Basiskonfiguration«, Abschnitt »Identität des Webusers«)
  Falls Sie eine Fehlermeldung, erhalten, dass die Gruppen-ID nicht auf einen bestimmten Wert gesetzt werden kann, ersetzen Sie die Zeile `Group #-1` versuchsweise durch `Group nogroup`.
  Wenn das nichts hilft, richten Sie eine neue Gruppe ein und geben deren Namen in der Direktive an.

- `ServerName`
  (vgl. Kap. 2.1 »Basiskonfiguration«, Abschnitt »ServerName«)
  Falls beim Start eine Warnung angezeigt wird, welche besagt, dass der lokale Hostname nicht erkannt werden kann, müssen Sie die Direktive `ServerName` angeben. Für eine lokale Testinstallation können Sie die IP-Adresse `127.0.0.1` verwenden: `ServerName 127.0.0.1`.

- `ServerRoot`
  (vgl. Kap. 2.1 »Basiskonfiguration«, Abschnitt »Server-Wurzelverzeichnis (ServerRoot)«)
  Die Direktive `ServerRoot` gibt das Apache-Hauptverzeichnis an. Ist hier ein falsches Verzeichnis eingetragen, so startet der Server nicht.

  Beispiel:

  ```
  ServerRoot /usr/local/apache2
  ```

- `DocumentRoot`
  (vgl. Kap. 2.1 »Basiskonfiguration«, Abschnitt »Verzeichnis für zu veröffentlichende Dokumente (DocumentRoot)«)

Die Direktive `DocumentRoot` gibt an, wo sich die von Ihnen im Internet/Intranet veröffentlichten Dateien befinden.

Beispiel:

```
DocumentRoot /usr/local/apache2/htdocs
```

Andere Probleme

Falls die an der Eingabeaufforderung angezeigte Meldung oder das Fehlerprotokoll (vgl. Abschnitt »Testen«, Unterabschnitt »Fehlerprotokoll« in den Kapiteln 1.1 »UNIX« und 1.2 »Windows«) einen Hinweis auf eine andere als die oben genannten Direktiven enthält, so lesen Sie bitte in dem entsprechenden Kapitel des Buchs die korrekte Einstellung nach.

Fehlende Module

Zeigt der Server eine Fehlermeldung »Invalid Command« an, dann liegt das entweder an einem Tippfehler oder aber daran, dass ein benötigtes Modul weder in den Server einkompiliert noch dynamisch geladen ist. Verwenden Sie den Kommandozeilenparameter `-l`, um eine Liste aller einkompilierten Module anzuzeigen (vgl. Kap. 1.5 »Kommandozeilenparameter«). Wenn Sie eine der Windows-Standardbinärdistributionen verwenden, können Sie fehlende Module leicht mit einer `Loadmodule`-Direktive in der Konfigurationsdatei hinzuladen. Unter UNIX müssen Sie entweder den Server neu kompilieren oder zumindest die Module für das dynamische Laden mit `Loadmodule` vorbereiten (vgl. Kap. 15.1 »Dynamisches Linken von Bibliotheken«).

Konfigurations- und Statusinformationen

Wenn der Server startet, das Protokoll aber trozdem Fehlermeldungen enthält, kann es hilfreich sein, mithilfe der Handler `server-info` und `server-status` Informationen über die aktuelle Serverkonfiguration abzurufen (vgl. Kap. 6.3 »Handler«, Abschnitte »Konfigurationsinformation« und »Anzeige des Server-Status«).

Ist die Konfiguration jetzt korrekt?

Nach dem Anpassen der Konfigurationseinstellungen versuchen Sie nochmals, mit dem Browser auf *http://localhost/* zuzugreifen (vgl. Kapitel 1.2 »Windows«, Abschnitt »Testen«).

> **HINWEIS** Auch bei den Konfigurationsbeispielen in den folgenden Kapiteln werden die oben genannten Direktiven nicht immer mit angegeben. Prüfen Sie also, welche davon auf Ihrem System notwenig sind und fügen Sie diese jedes Mal ein, wenn Sie (z.B. für die Lösung einer Übungsaufgabe) eine neue Konfigurationsdatei erstellen.

1.4 TCP/IP überprüfen

Wenn der Webserver gestartet ist, Sie aber trotzdem keine Verbindung bekommen, so können Sie an der Eingabeaufforderung das Kommando `ping` mit der IP-Adresse (vgl. Anhang, Abschnitt »Aufbau von IP-Adressen«) oder dem Servernamen verwenden, um festzustellen, ob überhaupt eine TCP/IP-Verbindung besteht. Für den lokalen Rechner beispielsweise geben Sie ein:

```
ping 127.0.0.1
```

oder

```
ping localhost
```

Kommt auch mit `ping` keine Verbindung zu Stande, so müssen Sie die Netzwerkkonfiguration (insbesondere die dort festgelegten IP-Adressen) überprüfen.

Nachdem Sie sich vergewissert haben, dass der lokale Host erreichbar ist, können Sie versuchen, entferntere Rechner zu erreichen.

Beispiel:

```
ping httpd.apache.org
```

Das Programm *traceroute* bietet ferner die Möglichkeit, den Weg eines Datenpakets im Internet zu verfolgen und eventuelle Probleme im Netzwerk zu lokalisieren.

Beispiel:

```
traceroute httpd.apache.org
```

1.5 Kommandozeilenparameter

Mithilfe der folgenden Kommandozeilenparameter können Sie die Ausführung des Webservers steuern:

- `-d serverroot`
  Setzt das `ServerRoot`-Verzeichnis (vgl. Kap. 2.1 »Basiskonfiguration«, Abschnitt »Server-Wurzelverzeichnis (ServerRoot)«).
- `-D name`
  Setzt einen Namen für `IfDefine`-Direktiven (vgl. Kap. 1.6 »Konfiguration des Webservers«, Abschnitt Container).
- `-f config`
  Setzt den Namen und Pfad der Konfigurationsdatei (normalerweise *conf/httpd.conf*).

  Beispiele:

  - UNIX:

    ```
    cd /usr/local/apache2/bin
    ./httpd -f conf/Beispiele/Bsp01.conf
    ```

  - Windows:

    ```
    cd "\programme\apache Group\apache2\bin"
    apache -f conf\Beispiele\Bsp01.conf
    ```

- `-C "Direktive"`
  Die angegebene Direktive wird *vor* den Direktiven in der Konfigurationsdatei ausgeführt.

- `-c "Direktive"`
  Die angegebene Direktive wird *nach* den Direktiven in der Konfigurationsdatei ausgeführt.
- `-v`
  Ausgabe der Version und des Erstellungsdatums von *httpd*.
- `-V`
  Ausgabe der Haupt-Versionsnummer, des Erstellungsdatums und einer Liste von Kompiliereinstellungen, die das Verhalten und die Performance des Webservers beeinflussen.
- `-L`
  Ausgabe einer Liste von Direktiven mit den erwarteten Argumenten und den Kontexten, in denen die jeweilige Direktive gültig ist.
- `-l`
  Ausgabe einer Liste aller einkompilierten Module.
- `-h`
  Ausgabe einer Liste der Kommandozeilenparameter.
- `-e level`
  Start-Fehler des angegebenen Levels anzeigen.
- `-E datei`
  Start-Fehler in die angegebene Datei schreiben.
- `-t -D DUMP_VHOSTS`
  Konfigurationseinstellungen anzeigen (derzeit nur Konfiguration virtueller Hosts, vgl. Kap. 5.1 »Virtuelle Hosts«).
- `-t`
  Syntaxüberprüfung der Konfigurationsdatei, ohne den Server zu starten (mit Testen des `DocumentRoot`-Verzeichnisses).
- `-T`
  Syntaxüberprüfung der Konfigurationsdatei, ohne den Server zu starten (ohne Testen des `DocumentRoot`-Verzeichnisses).

Kommandozeilenparameter nur unter Windows

Die Angabe der folgenden Kommandozeilenparameter ist nur unter Windows sinnvoll:

- `-k option`
  `option` kann die folgenden Werte annehmen:
  - `install`
    installiert Apache als NT-Dienst
  - `uninstall`
    deinstalliert Apache als NT-Dienst
  - `start`
    startet den Server
  - `stop` oder `shutdown`
    hält den Server an
  - `restart`
    startet den Server neu
  - `config`
    ändert die Startoptionen eines Apache-Dienstes

  Beispiel:

  ```
  apache -k restart
  ```
- `-n name`
  Setzt den Dienstnamen. Die zugehörige Konfigurationsdatei wird verwendet.

1.6 Konfiguration des Webservers

Die Konfiguration des Servers erfolgt mithilfe der Textdatei *httpd.conf*. Diese befindet sich beispielsweise im Verzeichnis */usr/local/apache2/conf* (UNIX) oder *\Programme\Apache Group\Apache2\conf* (Windows). Diese Datei ist in drei Abschnitte unterteilt:

- Der erste Abschnitt kontrolliert den Ablauf des Server-Prozesses als Ganzes (die »globale Umgebung«).
- Der zweite Abschnitt definiert die Parameter des Haupt- oder Standard-Servers, welcher Anforderungen ausführt, die nicht von virtuellen Hosts bedient werden. Diese Direktiven legen auch Standardwerte für die Konfiguration aller virtuellen Hosts fest.
- Der dritte Abschnitt enthält Einstellungen für die virtuellen Hosts, welche es ermöglichen, dass Anforderungen an verschiedene IP-Adressen oder Hostnamen gesendet und dennoch von ein und demselben Apache-Server-Prozess behandelt werden.

> **HINWEIS** Die in der Konfigurationsdatei vorgenommenen Einstellungen werden gelegentlich auch als »Laufzeitkonfiguration« bezeichnet – im Gegensatz zur Konfiguration beim Kompilieren, wenn Sie den Webserver selbst aus den Quelltexten neu erstellen.

Die einzelnen Konfigurationsdirektiven werden im Zusammenhang mit den entsprechenden Modulen behandelt. An dieser Stelle sollen zunächst nur einige allgemeine Informationen zu den Konfigurationsdateien gegeben werden.

Container

Eine Reihe von Direktiven kann von bestimmten Steueranweisungen umgeben sein, die den Gültigkeitsbereich festlegen.

Einstellungen für Verzeichnisse

Einstellungen, die für ganze Verzeichnisse gelten sollen, haben die folgende Form:

```
<Directory Verzeichnis>
Direktiven
</Directory>
```

Beispiel:

```
<Directory /usr/local/apache2/htdocs>
Options Indexes
</Directory>
```

Die Option `Indexes` (der Server erzeugt bei Bedarf eine formatierte Inhaltsauflistung des Verzeichnisses, vgl. Kap. 2.5 »Andere Direktiven«) gilt nur für das Verzeichnis */usr/local/apache2/htdocs*.

Sie können auch Reguläre Ausdrücke (vgl. Anhang, Abschnitt »Reguläre Ausdrücke«) anstelle eines Verzeichnisnamens verwenden:

```
<DirectoryMatch RegulärerAusdruck>
Direktiven
</DirectoryMatch>
```

Beispiel:

```
<DirectoryMatch ".^/usr/local/apache2/htdocs[0-9]$>
Options Indexes
</DirectoryMatch>
```

Die Direktive gilt für die Verzeichnisse */usr/local/apache2/htdocs0, /usr/local/apache2/htdocs1* usw. bis */usr/local/apache2/htdocs9*.

Proxy-Einstellungen

Einstellungen, die für Apache als Proxyserver gelten sollen, haben die folgende Form:

```
<Proxy url-mit-platzhaltern>
Direktiven
</Proxy>
```

Beispiel:

```
<Proxy *>
Deny from all
Order Deny,Allow
```

```
Allow from meine.domain
</Proxy>
```

Nur Clients in der Domäne *meine.domain* dürfen auf den Proxy zugreifen.

Nähere Informationen finden Sie in Kap. 9.1 »Apache als Proxy«.

Einstellungen für Dateien

Einstellungen, die für Dateien mit bestimmten Namen bzw. Erweiterungen gelten sollen, haben die folgende Form:

```
<Files Dateityp>
Direktiven
</Files>
```

Beispiel:

```
<Files geheim.html>
require valid-user
</Files>
```

Nur authentifizierte Benutzer (vgl. Kap. 13.2 »HTTP-Authentifizierung«) dürfen auf die Datei *geheim.html* zugreifen.

Sie können auch Reguläre Ausdrücke (vgl. Anhang, Abschnitt »Reguläre Ausdrücke«) anstelle eines Dateinamens verwenden:

```
<FilesMatch RegulärerAusdruck>
Direktiven
</FilesMatch>
```

Beispiel:

```
<FilesMatch "^geheim[0-9].html$>
require valid-user
</FilesMatch>
```

Die Direktive gilt für die Dateien *geheim0.html, geheim1.html* usw. bis *geheim9.html*.

Einstellungen für bestimmte Module

Einstellungen, die nur dann gelten sollen, wenn ein bestimmtes Modul aktiviert ist (entweder einkompiliert oder mithilfe der `LoadModule`-Direktive geladen), haben die folgende Form:

```
<IfModule Modulname>
Direktiven
</IfModule>
```

Beispiel:

```
<IfModule mod_dir.c>
DirectoryIndex index.html
</IfModule>
```

Nur wenn das Modul *mod_dir* vorhanden ist, wird die Direktive `DirectoryIndex` wirksam. (Diese Direktive legt die beim Zugriff auf ein Verzeichnis alternativ zur Inhaltsauflistung angezeigte Datei fest, vgl. Kap. 7.2 »Standardverhalten für Verzeichnisse«).

Einstellungen für bestimmte URIs

Einstellungen, die für bestimmte URIs gelten sollen, haben die folgende Form:

```
<Location URI>
Direktiven
</Location>
```

Beispiel:

```
<Location /status>
SetHandler server-status
</Location>
```

Bei einem Zugriff z.B. auf *http://www.meinname.meine.domain/status* wird der Handler *server-status* aktiviert. (Dieser zeigt Informationen über den Server an, vgl. Kap. 6.3 »Handler«).

HINWEIS

Eine URI (*Uniform* ***R****esource* ***I****dentifier*) ist ein allgemeiner Oberbegriff und umfasst die Begriffe URL (*Uniform* ***R****esource* ***L****ocator*), URN (*Uniform* ***R****esource* ***N****ame*), URC (*Uniform* ***R****esource* ***C****haracteristics*) sowie LIFN (***L****ocation* ***I****ndependent* ***F****ile* ***N****ame*).

Sie können auch Reguläre Ausdrücke (vgl. Anhang, Abschnitt »Reguläre Ausdrücke«) anstelle einer URI verwenden:

```
<LocationMatch RegulärerAusdruck>
Direktiven
</LocationMatch>
```

Beispiel:

```
<LocationMatch "/(status|serverstatus)">
SetHandler server-status
</LocationMatch>
```

Der Handler wird jetzt für *http://www.meinname.meine.domain/status* und für *http://www.meinname.meine.domain/serverstatus* aktiviert.

Einstellungen für bestimmte HTTP-Methoden oder Bereiche einer Website

Einstellungen, die für bestimmte HTTP-Methoden oder Bereiche einer Website gelten sollen, haben die folgende Form:

```
<Limit Begrenzung>
Direktiven
</Limit>
```

Beispiel:

```
<Limit POST PUT DELETE>
require valid-user
</Limit>
```

Die Beschränkung auf authentifizierte Benutzer gilt nur für die Methoden POST, PUT und DELETE.

Einstellungen in Abhängigkeit von Kommandozeilenparametern

Direktiven, die Sie bei Start des Webservers mittels einer Kommandozeilenoption wahlweise aktivieren oder deaktivieren wollen (ohne die Konfigurationsdatei zu verändern), schließen Sie in einen <IfDefine>-Container ein:

```
<IfDefine [!]Parametername>
Direktiven
</IfDefine>
```

Beispiel:

```
<IfDefine Index>
DirectoryIndex index.html
</IfDefine>
```

Falls der Parameter Index definiert ist, wird die Datei *index.html* in jedem Verzeichnis als Startdokument angezeigt.

Den Parameter definieren Sie beim Start des Webservers mithilfe der Kommandozeilenoption -D.

Beispiele:

- UNIX:

  ```
  cd /usr/local/apache2
  bin/httpd -DIndex
  ```

- Windows:

  ```
  cd "\Programme\Apache Group\Apache"
  apache -DIndex
  ```

Wenn Sie im Kopf des Containers ein Ausrufungszeichen vor den Parameternamen setzen, werden die Direktiven ausgeführt, falls der Parameter *nicht* definiert ist.

Beispiel:

```
<IfDefine !Index>
Options +Indexes
</IfDefine>
```

Wenn `Index` nicht definiert ist, soll der Inhalt der Verzeichnisse aufgelistet werden.

Virtuelle Hosts

Einstellungen, die für virtuelle Hosts gelten sollen, haben die folgende Form:

```
<VirtualHost IP-Adresse>
Direktiven
</VirtualHost>
```

Beispiel:

```
NameVirtualHost 192.168.0.1
<VirtualHost 192.168.0.1>
ServerName www.domain1.de
DocumentRoot /usr/local/apache2/htdocs1
</VirtualHost>
```

Virtuelle Hosts dienen dazu, mehrere Websites auf demselben Rechner zur Verfügung zu stellen. Sie werden später behandelt (vgl. Kap. 5 »Mehrere Websites auf einem Server«).

In obigem Beispiel werden beim Zugriff auf den virtuellen Host *www.domain1.de* Dokumente aus dem Verzeichnis */usr/local/apache2/htdocs1* geliefert.

Kombination von Containern

Es gelten die folgenden allgemeinen Regeln:

- Ein `<VirtualHost>`-Container kann keine anderen `<VirtualHost>`-Container enthalten.
- Der `<Limit>`-Container kann keine anderen Container enthalten.
- Ein `<Files>`-Container kann lediglich `<Limit>`-Container enthalten.
- `<Location>`-Container und `<Directory>`-Container können einander nicht enthalten.

Metasyntax

Bei den Syntaxangaben in den folgenden Kapiteln werden zu jeder Direktive die *Syntax* (also die genaue Schreibweise mit den möglichen Parametern), gegebenenfalls die *Voreinstellung* sowie der *Kontext* aufgelistet.

Die Voreinstellung (der Wert, der verwendet wird, wenn Sie die Direktive nicht angeben) ist der Original-Online-Hilfe entnommen – verlassen Sie sich jedoch nicht unbedingt auf diese Werte, denn bei der Kompilierung können auch andere Einstellungen festgelegt werden.

Der Kontext gibt an, in welchem Zusammenhang die Direktive verwendet werden kann – beispielweise in der globalen Serverkonfiguration oder innerhalb eines Containers für ein Verzeichnis oder für einen virtuellen Host.

Die in der Parameterliste kursiv gedruckten Bezeichner sind Platzhalter, für die Sie einen passenden Wert einsetzen müssen. Ein senkrechter Strich (`|`) zwischen den Parameterwerten bedeutet, dass wahlweise einer der aufgelisteten Werte angegeben werden kann. Parameter in eckigen Klammern (`[ ]`) sind optional, können also auch weggelassen werden. Die Abkürzung *regex* bezeichnet einen Regulären Ausdruck

(»***reg**ular* ***ex**pression*«; vgl. Anhang, Abschnitt »Reguläre Ausdrücke«). Drei Punkte (`...`) zeigen an, dass ein Parameter auch mehrfach auftreten kann.

Pfadangaben innerhalb der Direktiven werden in diesem Buch durchgängig in UNIX-Schreibweise mit Schrägstrich (`/`) geschrieben. Unter Windows können Sie stattdessen wahlweise auch den Rückwärts-Schrägstrich (`\`) verwenden.

1.7 Zusammenfassung, Fragen und Übungen

Zusammenfassung

- Unter UNIX starten Sie den Webserver mit dem Befehl `apachectl start`. Zum Anhalten und Neustarten können Sie ebenfalls das Shellskript *apachectl1* verwenden.
- Unter Windows NT/2000 kann der Webserver als Dienst installiert werden, unter Windows 95/98/ME wird er wahlweise als Pseudodienst oder von der Konsole aus gestartet. Nach der Installation können Sie den Dienst über einen Befehl im Startmenü starten. Auch das Konsolenprogramm kann über das Startmenü gestartet werden.
- Den Apache-Dienst oder Pseudodienst können Sie über das Startmenü anhalten und neu starten. Sie können den Dienst auch anhalten, indem Sie `apache -k stop` eingeben. Zum Neustarten geben Sie den Befehl `apache -k restart` ein. Die Konsolenanwendung wird mit der Tastenkombination [Strg] + [C] angehalten.
- Mithilfe von Kommandozeilenparametern können Sie die Ausführung des Servers steuern.

Zusammenfassung

- Die Konfiguration des Servers erfolgt mithilfe der Textdatei *httpd.conf*. Eine Reihe von Direktiven kann von bestimmten Steueranweisungen, den so genannten *Containern*, umgeben sein, die den Gültigkeitsbereich festlegen.

Fragen und Übungen

UNIX:

Die folgenden Aufgaben gehen davon aus, dass der Apache-Server im Verzeichnis */usr/local/apache2* installiert ist.

1. Erstellen Sie ein Shellskript, um den Apache-Server zu starten.
2. Erstellen Sie ein Shellskript, um den Apache-Server zu stoppen.
3. Erstellen Sie ein Shellskript, das den Apache-Server mit der Konfigurationsdatei *bsp01.conf* im Verzeichnis */usr/local/apache2/conf/Beispiele* startet.

Windows:

Die folgenden Aufgaben gehen davon aus, dass der Apache-Server im Verzeichnis *\Programme\Apache Group\Apache2* installiert ist.

4. Erstellen Sie eine Batch-Datei, um den Apache-Server zu starten.
5. Erstellen Sie eine Batch-Datei, um den Apache-Server als Dienst zu installieren.
6. Erstellen Sie eine Batch-Datei, die den Apache-Server mit der Konfigurationsdatei *bsp01.conf* im Verzeichnis *\Programme\Apache Group\Apache2\conf\Beispiele* startet.

2 Der Apache-Kern und die MPM-Module

Das Modul *core* stellt den Apache-Kern dar. Die verschiedenen ***Multi-Processing-Module*** (MPMs) stellen Funktionen zur Verfügung, die speziell an unterschiedliche Betriebssysteme angepasst sind und folgende Aufgaben erledigen:

- Überwachen bestimmter Ports
- Akzeptieren von Anforderungen (Requests)
- Starten von Child-Prozessen bzw. Threads zum Bearbeiten der Anforderungen

Diese in Apache 2 neu eingeführten Module verbessern die Performance insbesondere auf Nicht-UNIX-Plattformen gegenüber älteren Apache-Versionen erheblich.

Die Standard-MPM-Module sind:

- BeOs: *beos*
- OS/2: *mpmt_os2*
- UNIX: *prefork*
- Windows: *mpm_winnt*

Entsprechend den Bedürfnissen Ihrer Website können Sie wahlweise auch andere MPMs verwenden.

Sie müssen das MPM-Modul vor dem Kompilieren des Servers auswählen. Wechseln Sie dazu in das Hauptverzeichnis Ihrer entpackten Apache-Distribution und rufen Sie das *configure*-Shellskript mit dem entsprechenden Parameter auf:

```
./configure --enable-modules=all \
--with-mpm=NAME
# weitere Optionen ...
```

2.1 Basiskonfiguration

In diesem Abschnitt werden einige Direktiven beschrieben, ohne deren korrekte Einstellung der Webserver möglicherweise nicht startet, sowie einige weitere, die damit in engem Zusammenhang stehen.

Listen

Mit der `Listen`-Direktive muss eine Portnummer angegeben werden, die der Server überwachen soll. Für mehrere Portnummern schreiben Sie mehrere Direktiven. Zusätzlich können Sie auch eine IP-Adresse festlegen.

`Listen`	
Syntax:	`Listen` *[IP-Addresse:]Portnummer*
Kontext:	Serverkonfiguration

Beispiel:

```
Listen 80
```

Port 80 ist der Standard-HTTP-Port.

Identität des Webusers

Der Apache-Server unter UNIX muss zunächst unter der Benutzerkennung »root« (welche über weit reichende Befugnisse verfügt) gestartet werden, um an den Port 80 gebunden werden zu können.

Aus Sicherheitsgründen versucht der Server dann jedoch, seine Benutzerkennung zu ändern, und zwar standardmäßig in die Benutzernummer `-1`. Auf vielen UNIX-Systemen ist dieser Benutzer mit der Nummer `-1` der Benutzer »nobody« (dessen Rechte stark eingeschränkt sind).

User	
Syntax:	`User` *`UNIX-Benutzerkennung`*
Voreinstellung:	`User #-1`
Kontext:	Serverkonfiguration, virtueller Host

Sollte dieser Benutzer aber auf Ihrem UNIX nicht existieren, so erhalten Sie eine Fehlermeldung. In diesem Fall sollten Sie einen neuen Benutzer anlegen, der ebenfalls nur über stark eingeschränkte Berechtigungen verfügt. Führen Sie dazu die folgenden Schritte aus:

- Fügen Sie der Datei */etc/passwd* eine Zeile hinzu. Die Bedeutung der einzelnen, durch Doppelpunkte abgetrennten Einträge von links nach rechts:
    - Benutzername
    - Verschlüsseltes Passwort
    - Benutzernummer
    - Nummer der Gruppe, welcher der Benutzer zuerst angehört
    - Kommentar
    - Login-Verzeichnis des Benutzers
    - Programm, das nach dem Login aktiv wird (Shell)

  Das Passwort-Feld können Sie frei lassen – der Benutzer kann sein Passwort selbst mit dem Befehl `passwd` setzen.

  Beispiel:

  ```
  www::30:65534:Apache-Benutzer:/tmp:/bin/bash
  ```

  Auf vielen UNIX-Systemen können Sie auch das Kommando `useradd` oder ein Konfigurationswerkzeug mit grafischer Oberfläche verwenden, um einen neuen Benutzer hinzuzufügen.

- Bearbeiten Sie auch die Datei */etc/group*, um eine neue Gruppe für den Benutzer einzurichten. (Sie können diesen auch einer bestehenden Gruppe hinzufügen; im hier betrachteten Fall empfiehlt sich das aber nicht.) Die Bedeutung der einzelnen, durch Doppelpunkte abgetrennten Einträge in der Datei */etc/group* von links nach rechts:

- Gruppenname
- Verschlüsseltes Passwort
- Gruppennummer
- Benutzer, die der Gruppe angehören (durch Komma abgetrennt)

Tragen Sie den neuen Benutzer in der Direktive `User` ein. Apache läuft dann unter der Identität des angegebenen Benutzers.

Die Direktive `Group` legt die Gruppenzugehörigkeit des Webservers fest. Auch hierbei können Probleme entstehen (etwa wenn die voreingestellte Gruppe mit der Nummer `-1` nicht existiert). Richten Sie in diesem Fall eine neue Gruppe ein, welcher der Apache-Benutzer (und sonst möglichst niemand) angehört und ändern Sie die `Group`-Direktive entsprechend.

Group	
Syntax:	`Group` *`UNIX-Gruppe`*
Voreinstellung:	`Group #-1`
Kontext:	Serverkonfiguration, virtueller Host

Beispiel:

```
User www
Group nogroup
```

Unter Windows haben beide Direktiven keine Bedeutung.

ServerName

Mit der Direktive `ServerName` legen Sie den Hostnamen und Port fest, mit denen der Server sich selbst identifiziert.

ServerName	
Syntax:	`ServerName` *voll qualifizierter Domainname[:Port]*
Kontext:	Serverkonfiguration, virtueller Host

Wenn Ihr Host einen registrierten DNS-Namen hat, geben Sie diesen hier an. (Der DNS-Name ist ein Domainname, zu dem der DNS-Dienst die zugehörige IP-Adresse ermitteln kann.)

Beispiel:

```
ServerName meinname.meine.domain
```

Wenn in Ihrem Intranet kein DNS-Dienst läuft, verwenden Sie einfach die IP-Adresse.

Beispiel:

```
ServerName 192.168.0.1
```

Sie können auch die Datei *hosts* (Windows 95/98: *\Windows\Hosts*, Windows NT/2000: *system32\etc\hosts* unterhalb des Windows-Verzeichnisses, UNIX: *etc/hosts*) verwenden, um die Zuordnung von Servernamen zu IP-Adressen vorzunehmen. In dieser Datei sollte sich also eine Zeile wie

```
192.168.0.1 meinname.meine.domain meinname
```

befinden.

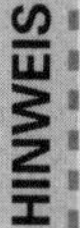

Falls Ihr Server im Internet läuft, müssen Sie über Ihren Provider eine IP-Adresse beantragen. Im geschlossenen Intranet können Sie im Prinzip beliebige Adressen verwenden; die Netzwerkkarte muss jedoch auf diese Adresse eingestellt sein (vgl. Anhang, Abschnitt »Einstellen der IP-Adresse«).

Schleifenbetrieb

Den lokalen Rechner können Sie immer unter dem Namen *localhost* ansprechen. Der zugehörige Eintrag in der Datei *hosts* lautet:

```
127.0.0.1 localhost
```

Sie können diese IP-Adresse auch für die `ServerName`-Einstellung angeben, wenn Sie eine Testinstallation auf einem Einzelplatzrechner verwenden:

```
ServerName 127.0.0.1
```

Für eine solche Testinstallation ist noch nicht einmal eine Netzwerkkarte erforderlich.

Kanonischer Name

In diesem Zusammenhang soll auch die Direktive `UseCanonicalName` erwähnt werden. Wenn sie auf `On` steht, verwendet der Webserver zum Erzeugen von URLs, welche auf denselben Server verweisen, den in `ServerName` angegebenen Namen und Port, andernfalls den in der Anforderung angegebenen.

UseCanonicalName	
Syntax:	`UseCanonicalName On | Off | dns`
Voreinstellung:	`UseCanonicalName On`
Kontext:	Serverkonfiguration, virtueller Host, Verzeichnis, *.htaccess*

Solche Selbstverweise treten beispielsweise im Intranet auf, wenn der Client Kurznamen für den Server verwendet (z.B. *meinname* für *meinname.meine.domain*) und den abschließenden Schrägstrich beim Zugriff auf ein Verzeichnis weglässt (z.B. *http://meinname/daten*). Der Server leitet die Anforderung dann um auf die korrekte URL mit dem abschließenden Schrägstrich (z.B. *http://meinname.meine.domain/daten/*). Falls bei diesen Umleitungen Probleme auftreten (beispielsweise dass Anwender beim Zugriff auf geschützte Seiten ihr Kennwort nochmals eingeben müssen), dann sollte `UseCanonicalName` auf `Off` eingestellt werden. Dadurch wird bei der Umleitung der vom Client angegebene Kurzname verwendet (z.B. *http://meinname/daten/*).

Auch im Zusammenhang mit dynamisch konfigurierten virtuellen Hosts hat diese Direktive eine Bedeutung (vgl. Kap. 5.7 »Dynamisch konfiguriertes Massen-Hosting«).

Verzeichnis für zu veröffentlichende Dokumente (DocumentRoot)

DocumentRoot	
Syntax:	`DocumentRoot` *`Verzeichnisname`*
Voreinstellung:	`DocumentRoot /usr/local/apache2/htdocs`
Kontext:	Serverkonfiguration, virtueller Host

Das in der `DocumentRoot`-Einstellung angegebene Verzeichnis ist das Wurzelverzeichnis für alle veröffentlichten Dokumente. Wenn der Client ein Dokument anfordert, so wird die Pfadangabe in der Anforderung (hinter dem Domainnamen) umgesetzt in eine Pfadangabe relativ zu diesem Verzeichnis. In diesem Verzeichnis (oder einem Unterverzeichnis davon) sollten sich also alle Dokumente befinden, die Sie im World Wide Web zur Verfügung stellen möchten.

Die Voreinstellung unter UNIX ist:

```
DocumentRoot /usr/local/apache2/htdocs
```

Unter Windows lautet die Direktive in der Standard-Konfigurationsdatei *httpd.conf*:

```
DocumentRoot "C:/Programme/Apache Group/Apache2/htdocs"
```

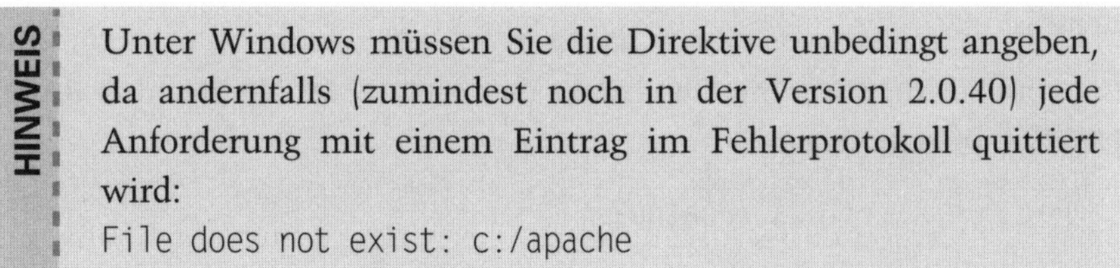

HINWEIS

Unter Windows müssen Sie die Direktive unbedingt angeben, da andernfalls (zumindest noch in der Version 2.0.40) jede Anforderung mit einem Eintrag im Fehlerprotokoll quittiert wird:

```
File does not exist: c:/apache
```

Beispiel:

Die Einstellung der `DocumentRoot`-Direktive für eine Site auf *meinname.meine.domain* lautet:

```
DocumentRoot /usr/local/apache2/htdocs
```

Bei einer Anforderung für:

http://www.meinname.meine.domain/download/file0.zip

sucht der Server nach:

/usr/local/apache2/htdocs/download/file0.zip

Server-Wurzelverzeichnis (ServerRoot)

ServerRoot	
Syntax:	`ServerRoot` *Verzeichnisname*
Voreinstellung:	`ServerRoot /usr/local/apache2`
Kontext:	**Serverkonfiguration**

Das zweite wichtige Verzeichnis wird mit der Direktive `ServerRoot` festgelegt. Die Pfade für andere Direktiven werden relativ zu diesem Verzeichnis angegeben. Unterhalb davon befindet sich das Verzeichnis mit dem Serverprogramm selbst sowie die Verzeichnisse für die Konfigurations- und Log-Dateien.

Beispiel:

```
ServerRoot usr/local/etc/httpd
```

Das angegebene Verzeichnis muss existieren, sonst startet der Server nicht.

Bei standardmäßiger Installation ist das `ServerRoot`-Verzeichnis unter UNIX */usr/local/apache2*:

```
ServerRoot /usr/local/apache2
```

Unter Windows ist das Standard-`ServerRoot`-Verzeichnis *C:\Programme\Apache Group\Apache*:

```
ServerRoot C:\Programme\Apache Group\Apache
```

An Stelle der Direktive kann auch der Kommandozeilenparameter `-d` verwendet werden, um das `ServerRoot`-Verzeichnis festzulegen.

Beispiel:

- UNIX:

```
httpd -d /usr/local/etc/httpd
```

- Windows (Eingabeaufforderung):

```
apache -d c:\ usr\local\etc\httpd
```

> **HINWEIS** Aus Sicherheitsgründen sollte für das `ServerRoot`-Verzeichnis und seine Unterverzeichnisse niemand außer dem Benutzer »root« Schreibberechtigung haben.

Fehlermeldungen und Informationen vom Server

Im Fall eines Fehlers kann der Server auf verschiedene Arten reagieren:

- Standardmäßig wird eine im Apache-Programmcode festgelegte Fehlermeldung ausgegeben.
- Stattdessen können Sie auch eine eigene Meldung angeben.
- Auch eine Umleitung auf eine lokale oder externe URL ist möglich.

Die Direktive `ErrorDocument` ermöglicht es, zu einem HTTP-Fehlercode eine eigene Meldung anzugeben oder die URL eines Dokuments, das angezeigt werden soll.

`ErrorDocument`	
Syntax:	`ErrorDocument` *Fehlernummer Dokument*
Kontext:	Serverkonfiguration, virtueller Host, Verzeichnis, *.htaccess*

Beispiel:

```
ErrorDocument 401 /werden_sie_mitglied.html
ErrorDocument 403 "Sie haben hier keinen Zugriff."
```

Eigene Meldungen werden in Anführungszeichen gesetzt. Bei einer Umleitung auf eine externe URL müssen Sie *http://* davor schreiben.

Damit Anwender den Server-Administrator benachrichtigen können, wenn Probleme auftreten, geben Sie dessen E-Mail-Adresse in der Direktive `ServerAdmin` an. Diese Adresse wird bei jedem Fehler zusammen mit der Fehlermeldung an den Client gesendet.

`ServerAdmin`	
Syntax:	`ServerAdmin` *`E-Mail-Adresse`*
Kontext:	Serverkonfiguration, virtueller Host

Beispiel:

```
ServerAdmin webmaster@meinname.meine.domain
```

Auch die Einstellung `ServerSignature` kann in diesem Zusammenhang von Bedeutung sein. Sie ermöglicht es, eine Schlusszeile an alle vom Server generierten Dokumente anzuhängen, also insbesondere auch an Fehlermeldungen. Anhand dieser »Signatur« kann der Client erkennen, von welchem Server in einer Kette von Proxies (vgl. Kap. 9.3 »Proxy-Ketten«) das Dokument stammt.

`ServerSignature`	
Syntax:	`ServerSignature Off | On | EMail`
Voreinstellung:	`ServerSignature Off`
Kontext:	Serverkonfiguration, virtueller Host, Verzeichnis, *.htaccess*

Beispiel:

```
ServerSignature On
```

Mit `ServerTokens` schließlich können Sie festlegen, wie viele Informationen über sich selbst der Server mit dem Antwortheader an den Client übermittelt.

ServerTokens	
Syntax:	`ServerTokens Minimal | ProductOnly | OS | Full`
Voreinstellung:	`ServerTokens Full`
Kontext:	Serverkonfiguration

Beispiel:

```
ServerTokens Min
```

Fehlerprotokoll

Alle Fehler werden vom Server mitprotokolliert in einer Datei, die Sie mit der Direktive `ErrorLog` festlegen können.

ErrorLog	
Syntax:	`ErrorLog` *`Dateiname`* `| syslog[:`*`Facility`*`]`
Voreinstellung:	`ErrorLog logs/error_log` (UNIX) `ErrorLog logs/error.log` (Windows und OS/2)
Kontext:	Serverkonfiguration, virtueller Host

Wenn der angegebene Pfad nicht mit einem Schrägstrich beginnt, wird er relativ zum `ServerRoot`-Verzeichnis angenommen (vgl. Abschnitt »Server-Wurzelverzeichnis (ServerRoot)« weiter oben in diesem Kapitel). Voreinstellung unter UNIX ist *logs/error_log*, unter Windows *logs/error.log*. Unter Windows ist eine Datei mit einer Erweiterung praktisch (z.B. *error.log*), da diese Dateierweiterung mit einer Anwendung wie *Notepad* verknüpft und dann durch Doppelklick geöffnet werden kann.

Wie ausführlich das Fehlerprotokoll ausfällt, kontrollieren Sie mit der Einstellung `LogLevel`.

LogLevel	
Syntax:	`LogLevel` *`Level`*
Voreinstellung:	`LogLevel warn`
Kontext:	Serverkonfiguration, virtueller Host

Die folgenden Werte sind möglich:

- `emerg`
- `alert`
- `crit`
- `error`
- `warn`
- `notice`
- `info`
- `debug`

Beispiel:

```
ErrorLog /var/log/httpd/error_log
LogLevel error
```

Verzeichnis für Speicherauszüge

Im Falle eines Totalabsturzes erzeugt der Apache (nur unter UNIX) automatisch eine Speicherauszugsdatei, welche von erfahrenen Programmierern als Hilfsmittel bei der Fehlersuche verwendet werden kann.

Die Einstellung `CoreDumpDirectory` legt fest, in welches Verzeichnis diese Speicherauszugsdatei geschrieben wird. Die Voreinstellung ist das `ServerRoot`-Verzeichnis – da allerdings der Apache-User aus Sicherheitsgründen dort keine Schreibberechtigung haben darf, muss man diese Einstellung abändern, wenn man die Speicherauszugsdatei tatsächlich erhalten möchte.

`CoreDumpDirectory`	
Syntax:	`CoreDumpDirectory` *Verzeichnisname*
Voreinstellung:	identisch mit `ServerRoot` (vgl. Text)
Kontext:	Serverkonfiguration

Ermitteln von Informationen über den Client

Die Direktive `HostNameLookups` entscheidet darüber, ob bei jeder Anfrage der Hostname des Clients mittels eines DNS-Lookups ermittelt wird. Dieser Hostname steht dann CGI-Skripten und SSI-Prozessen in der Umgebungsvariablen `REMOTE_HOST` zur Verfügung und kann auch in der Protokolldatei festgehalten werden.

HostNameLookups	
Syntax:	`HostNameLookups On | Off | double`
Voreinstellung:	`HostNameLookups Off`
Kontext:	Serverkonfiguration, virtueller Host, Verzeichnis

Mit der Einstellung `IdentityCheck` erreichen Sie, dass Benutzernamen der Clients protokolliert werden, falls auf deren Host ein *identd*-Prozess (Identifizierungs-Daemon) läuft.

IdentityCheck	
Syntax:	`IdentityCheck On | Off`
Voreinstellung:	`IdentityCheck Off`
Kontext:	Serverkonfiguration, virtueller Host, Verzeichnis

Beide Direktiven sind für die Protokollierung nützlich, können aber die Performance Ihres Servers stark beeinträchtigen.

Einlesen zusätzlicher Dateien

Mit der Anweisung `Include` wird die angegebene Datei (oder alle Dateien in dem angegebenen Verzeichnis) in die Konfigurationsdatei einbezogen, so als stünden die darin enthaltenen Direktiven an Stelle der `Include`-Anweisung.

Include	
Syntax:	`Include` *`Dateiname`* | *`Verzeichnisname`*
Kontext:	Serverkonfiguration

Beispiel:

```
Include conf/ssl.conf
```

2.2 Performance-Einstellungen

In diesem Abschnitt werden Direktiven beschrieben, mit denen Sie die Performance Ihres Webservers verbessern können.

Größe des Sendepuffers

Mit der Direktive `SendBufferSize` können Sie die Größe des TCP-Puffers auf die angegebene Anzahl von Bytes setzen.

SendBufferSize	
Syntax:	`SendBufferSize` *Bytes*
Kontext:	Serverkonfiguration

Maximale Wartezeit

Mit der Einstellung `TimeOut` geben Sie die Anzahl an Sekunden an, die der Server auf das Eintreten bestimmter Ereignisse (s.u.) wartet, bevor die Verbindung abgebrochen wird. In einem langsamen Netz muss dieser Wert eventuell erhöht werden, wenn Verbindungen zu häufig abgebrochen werden.

Die Direktive betrifft die Wartezeit für die folgenden Vorgänge:

- Vollständiger Empfang einer `GET`-Anforderung
- Eintreffen von TCP-Paketen bei einer `POST`- oder `PUT`-Anforderung
- Eintreffen von ACKs (Bestätigungen) für Übertragung von TCP-Paketen in Serverantworten

TimeOut	
Syntax:	`TimeOut` *Zahl*
Voreinstellung:	`TimeOut 300`
Kontext:	Serverkonfiguration

Beispiel:

```
TimeOut 300
```

Persistente TCP-Verbindungen

Wenn nicht für alle HTTP-Anforderungen und -Antworten eine neue TCP-Verbindung eröffnet wird, verringert sich die Zeitdauer für die Übertragung von HTML-Dokumenten oft drastisch.

Mit der Direktive `KeepAlive` können Sie den Server anweisen, mit einer Verbindung mehrere Anforderungen zu bearbeiten, wenn der Client-Browser entsprechende Fähigkeiten aufweist.

KeepAlive	
Syntax:	`KeepAlive On | Off`
Voreinstellung:	`KeepAlive On`
Kontext:	Serverkonfiguration

Nach der Bearbeitung einer Anfrage wartet der Server maximal die durch `KeepAliveTimeout` vorgegebene Anzahl von Sekunden. Ist bis dahin keine weitere Anfrage eingetroffen, wird die Verbindung beendet.

KeepAliveTimeout	
Syntax:	`KeepAliveTimeout` *Sekunden*
Voreinstellung:	`KeepAliveTimeout 15`
Kontext:	Serverkonfiguration

Die Einstellung `MaxKeepAliveRequests` begrenzt die Anzahl der Anforderungen pro Verbindung.

`MaxKeepAliveRequests`	
Syntax:	`MaxKeepAliveRequests` *Zahl*
Voreinstellung:	`MaxKeepAliveRequests 100`
Kontext:	Serverkonfiguration

Beispiel:

```
KeepAlive On
MaxKeepAliveRequests 100
KeepAliveTimeout 15
```

2.3 Prozesse und Threads

Dieser Abschnitt beschreibt Direktiven, die mit Prozessen und Threads zu tun haben, und erklärt die zugrunde liegenden Konzepte. Außerdem wird die wesentliche Funktionsweise der verschiedenen MPM-Module vorgestellt.

Server-Prozesse

Zum Verständnis der Direktiven, welche Prozesse betreffen, finden Sie hier zunächst einige grundlegende Informationen über Prozesse.

> **HINWEIS** Die folgenden Ausführungen beziehen sich in erster Linie auf das UNIX-Prozess-Konzept, aber auch Windows-Programme stellen Prozesse dar.

Sämtliche Aufgaben nach dem Systemstart werden von *Prozessen* erledigt. Ein Prozess ist mehr als ein Programm, welches ausgeführt wird. Er umfasst außerdem beispielsweise geöffnete Dateien, Benutzer- und Gruppenkennungen, die Umgebung (*Environment*) und das aktuelle Verzeichnis. Jeder Prozess ist gekennzeichnet durch eine eindeutige Kennzahl, die ***Prozess-ID*** (*PID*). Alle Prozesse außer dem allerersten (*etc/init*) entstehen durch den Aufruf der Betriebssystemfunktion `fork` als Kopie eines anderen Prozesses. Diese Kopien werden auch als *Child-* oder auf Deutsch Kind-Prozesse bezeichnet. Der Child-Prozess kann dasselbe Programm ausführen wie der Originalprozess oder auch ein anderes. Mithilfe des `ps`-Kommandos (vgl. Anhang, »ps«) können Sie sich die gerade auf Ihrem System laufenden Prozesse anzeigen lassen.

Das prefork-Modul

Der Apache-Server unter UNIX mit dem *prefork*-MPM-Modul erzeugt im einfachsten Fall für jede Anfrage einen eigenen Child-Prozess. Mit der Direktive `MaxClients` kann die maximale Anzahl der gleichzeitig ausführbaren Child-Prozesse festgelegt werden. Besonders auf Systemen mit wenig Hauptspeicher sollte dieser Wert nicht zu groß gewählt werden, um Swapping (das Auslagern von Daten aus dem Hauptspeicher auf die Festplatte) zu vermeiden.

`MaxClients`	
Syntax:	`MaxClients` *Zahl*
Voreinstellung:	`MaxClients 256`
Kontext:	Serverkonfiguration

Ein Child-Prozess kann allerdings zur Verbesserung der Performance auch mehrere Anforderungen ausführen. Die Einstellung `MaxRequestsPerChild` gibt die Maximalzahl dieser Anforderungen an, bevor der Child-Prozess beendet wird. Setzt man diese Einstellung auf `0`, so werden die Child-Prozesse überhaupt nicht beendet. Es kann allerdings notwendig sein, dass die Prozesse nach einer gewissen Zeit beendet und neue gestartet werden, wenn Speicher andernfalls nicht ordnungsgemäß freigegeben wird.

`MaxRequestsPerChild`	
Syntax:	`MaxRequestsPerChild` *Zahl*
Voreinstellung:	`MaxRequestsPerChild 10000`
Kontext:	Serverkonfiguration

Beispiel:

```
MaxClients 150
MaxRequestsPerChild 0
```

Die Direktive `ServerLimit` legt die maximal mögliche Anzahl an Serverprozessen fest. Für das Modul *prefork* ist dies die Obergrenze für `MaxClients`.

`ServerLimit`	
Syntax:	`ServerLimit` *`Zahl`*
Voreinstellung:	`ServerLimit 256` (*prefork*) `ServerLimit 16` (*worker*)
Kontext:	Serverkonfiguration

Threads

Threads (deutsch: Fäden) sind Ausführungspfade innerhalb eines Programms, die unabhängig voneinander quasi »gleichzeitig« ablaufen (in Wirklichkeit müssen sich auf einem Einprozessorsystem natürlich die verschiedenen Threads die Prozessorzeit teilen). Typischerweise werden Threads für Aufgaben verwendet, die »im Hintergrund« eines Programms ablaufen, während der Anwender mit der Benutzeroberfläche weiterarbeitet: z.B. Druckaufbereitung, Seitenumbruch, lange Berechnungen etc.

Die Module worker und perchild

Die MPM-Module *worker* und *perchild* starten nicht für jede Anforderung einen neuen Prozess, sondern mehrere Threads innerhalb der Prozesse. Die Gesamtzahl der Threads aller Prozesse ergibt die Maximalzahl gleichzeitig ausführbarer Anforderungen.

Das worker-Modul

Bei dem MPM-Modul *worker* ist die Anzahl der Threads für alle Prozesse festgelegt. Um flexibel auf die Anzahl von Anforderungen zu reagieren, passt der Server die Anzahl der Prozesse an.

Mit der Direktive `ThreadsPerChild` können Sie kontrollieren, wie viele Threads jeder Prozess maximal gleichzeitig ausführen kann.

`ThreadsPerChild`	
Syntax:	`ThreadsPerChild` *Zahl*
Voreinstellung:	`ThreadsPerChild 50`
Kontext:	Serverkonfiguration

Der maximal mögliche Wert für `ThreadsPerChild` (Voreinstellung 64) kann mit der Direktive `ThreadLimit` verändert (erhöht) werden. Sie sollten dies aber nur tun, wenn Sie wirklich `ThreadsPerChild` auf einen größeren Wert als 64 setzen wollen, denn bei einem höheren Maximalwert wird zusätzlicher Speicher alloziiert.

`ThreadLimit`	
Syntax:	`ThreadLimit` *Zahl*
Voreinstellung:	`ThreadLimit 64`
Kontext:	Serverkonfiguration

Die Obergrenze für `MaxClients` (vgl. Abschnitt »Das prefork-Modul« weiter oben in diesem Kapitel) ergibt sich aus `ServerLimit` in Kombination mit `Threadlimit`.

Mit der Direktive `MaxSpareThreads` bestimmen Sie, wie viele untätige Threads maximal gleichzeitig offen gehalten werden.

MaxSpareThreads	
Syntax:	`MaxSpareThreads` *Zahl*
Voreinstellung:	`MaxSpareThreads 500` (*worker*) `MaxSpareThreads 10` (*perchild*)
Kontext:	Serverkonfiguration

`MinSpareThreads` gibt entsprechend die Minimalanzahl an.

MinSpareThreads	
Syntax:	`MinSpareThreads` *Zahl*
Voreinstellung:	`MinSpareThreads 250` (*worker*) `MinSpareThreads 5` (*perchild*)
Kontext:	Serverkonfiguration

Überschreitet die Anzahl der Threads insgesamt den Maximalwert, so werden beim *worker*-Modul einige Prozesse beendet; unterschreitet die Anzahl den Minimalwert, so werden neue Prozesse gestartet.

Bei besonders stark besuchten Websites kann man durch Finetuning dieser Einstellungen eventuell die Performance verbessern: das Neustarten von Child-Prozessen ist zeitaufwändig, deshalb sollten immer genügend Prozesse für alle eintreffenden Anforderungen vorhanden sein – andererseits sollten nicht zu viele untätige Prozesse laufen, da diese Systemressourcen verbrauchen, also die Servermaschine unnötig belasten.

Die Einstellung `StartServers` gibt an, wie viele Child-Prozesse beim Start des Webservers erzeugt werden.

StartServers	
Syntax:	`StartServers` *Zahl*
Voreinstellung:	`StartServers 5`
Kontext:	Serverkonfiguration

Beispiel:

```
MinSpareThreads 1
MaxSpareThreads 1
StartServers 1
```

Da sich die jeweils aktive Anzahl von Child-Prozessen unter der Kontrolle von `MinSpareThreads`, `MaxSpareThreads` und `MaxClients` ständig ändert, braucht die `StartServers`-Einstellung selten verändert zu werden.

Das perchild-Modul

Bei dem MPM-Modul *perchild* ist die Anzahl der Prozesse festgelegt. Um flexibel auf die Anzahl von Anforderungen zu reagieren, passt der Server die Anzahl der Threads in jedem Prozess an.

> **HINWEIS** Zum Zeitpunkt der Entstehung dieses Buches funktioniert laut Apache-Dokumentation das *perchild*-Modul auf den meisten Plattformen noch nicht.

Mit der Direktive `NumServers` können Sie kontrollieren, wie viele Prozesse gleichzeitig ausgeführt werden.

`NumServers`	
Syntax:	`NumServers` *`Zahl`*
Voreinstellung:	`NumServers 2`
Kontext:	Serverkonfiguration

Die Direktive `MaxThreadsPerChild` legt fest, wie viele Threads maximal von jedem Prozess gestartet werden.

`MaxThreadsPerChild`	
Syntax:	`MaxThreadsPerChild` *`Zahl`*
Voreinstellung:	`MaxThreadsPerChild 64`
Kontext:	Serverkonfiguration

Die Gesamtzahl der gleichzeitig ausführbaren Anforderungen ist das Produkt von `NumServers` und `MaxThreadsPerChild`.

Die Einstellung `StartThreads` gibt an, wie viele Threads pro Prozess beim Start erzeugt werden.

`StartThreads`	
Syntax:	`StartThreads` *Zahl*
Voreinstellung:	`StartThreads 5` (*perchild*)
Kontext:	Serverkonfiguration

Wie `StartServers` beim *worker*-Modul braucht auch diese Einstellung selten verändert zu werden.

Überschreitet die Anzahl der Threads innerhalb eines Prozesses den durch `MaxSpareThreads` (vgl. Abschnitt »Das Worker-Modul« weiter oben in diesem Kapitel) vorgegebenen Maximalwert, so werden bei *perchild* automatisch einige Threads beendet; unterschreitet die Anzahl den Minimalwert (`MinSpareThreads`, s.o.), so werden neue Threads gestartet.

HINWEIS

Das *perchild*-Modul ist so konfigurierbar, dass bestimmte Prozesse Anforderungen unter verschiedenen Benutzerkennungen bedienen können. Diese Prozesse können dann mit bestimmten virtuellen Hosts (vgl. Kap. 5.1 »Virtuelle Hosts«) verknüpft werden.

Das mpm_winnt-Modul

Bei *mpm_winnt* wird nur ein einziger Prozess und für jede neue Anforderung ein neuer Thread gestartet. Hier legt `ThreadsPerChild` (vgl. Abschnitt »Die Module worker und perchild«, Unterabschnitt »Das worker-Modul« weiter oben in diesem Kapitel) folglich die Maximalzahl gleichzeitig ausführbarer Anforderungen fest.

Prozess-ID

Mit der Direktive `PidFile` wird der Name (einschließlich Pfad) derjenigen Datei festgelegt, in die der Apache die PID des primären Webserverprozesses schreibt. Sie benötigen diese PID, um den Server zu stoppen (vgl. Kap. 1.1 »UNIX«, Abschnitt »Den Webserver stoppen und neu starten«).

`PidFile`	
Syntax:	`PidFile` *`Dateiname`*
Voreinstellung:	`PidFile logs/httpd.pid`
Kontext:	Serverkonfiguration

Beispiel:

```
PidFile /var/run/httpd.pid
```

2.4 Weitere Dateien

Mit den folgenden Direktiven werden Name und Standort weiterer Dateien festgelegt.

Konfigurationsdatei für jeden Dateizugriff (*.htaccess*)

Mit der Direktive `AccessFileName` legen Sie den Namen für eine Konfigurationsdatei fest, die vor jedem Zugriff auf eine Datei eingelesen wird (Voreinstellung: *.htaccess*).

`AccessFileName`	
Syntax:	`AccessFileName` *`Dateiname Dateiname`* `...`
Voreinstellung:	`AccessFileName .htaccess`
Kontext:	Serverkonfiguration, virtueller Host

Sie können diese Direktive nicht innerhalb einer `<Directory>`-Einstellung verwenden, sondern nur global. Die Datei wird der Reihe nach in jedem Verzeichnis entlang des Pfades zum DocumentRoot-Verzeichnis (vgl. Kap. 2.1 »Basiskonfiguration«, Abschnitt »Verzeichnis für zu veröffentlichende Dokumente (DocumentRoot)«) gesucht. Folglich gilt sie für Zugriffe auf das Verzeichnis, in dem sie sich befindet und auf alle Unterverzeichnisse, falls diese nicht über eine eigene Datei mit dem angegebenen Namen verfügen.

Wenn Sie nicht sicher sind, ob die von Ihnen angegebene Datei tatsächlich eingelesen wird, können Sie absichtlich einen Fehler einbauen (zum Beispiel unsinnigen Text in die Datei schreiben). Der Browser muss dann einen Fehler melden und die Fehlerprotokolldatei (vgl. Kap. 2.1 »Basiskonfiguration«, Abschnitt »Server-Wurzelverzeichnis (ServerRoot)«) eine entsprechende Zeile enthalten.

Der Vorteil einer solchen Datei besteht darin, dass die Konfigurationseinstellungen während des laufenden Betriebs geändert werden können, ohne dass der Server neu gestartet werden muss. Sie eignet sich daher z.B. für das Festlegen von Authentifizierungseinstellungen (vgl. auch Kap. 13.2 »HTTP-Authentifizierung«).

Der Nachteil ist dagegen, dass der Server dadurch stark verlangsamt wird: Das Suchen nach der Datei entlang des kompletten Pfades ist ein sehr zeitintensiver Vorgang, der die Festplatte des Servers stark beansprucht. Um diesen Suchvorgang zu unterbinden, können Sie eine `<Directory>`-Einstellung für das Wurzelverzeichnis angeben:

```
<Directory />
AllowOverride None
</Directory>
```

Die `AllowOverride`-Einstellung gibt an, welche Direktiven in der *.htaccess*-Datei (bzw. der in `AccessFileName` angegebenen Datei) solche in anderen Konfigurationsdateien außer Kraft setzen können. Die `None`-Einstellung bewirkt, dass die *.htaccess*-Datei keinen Einfluss hat und in diesem Fall dann auch gar nicht eingelesen wird.

`AllowOverride`	
Syntax:	`AllowOverride All	None	`*`Direktiven-Typ [Direktiven-Typ]...`*
Voreinstellung:	`AllowOverride All`
Kontext:	Verzeichnis

Mögliche Werte der `AllowOverride`-Einstellung sind:

- `All`
  Alle Direktiven können verwendet werden.
- `None`
  Keine Direktive ist erlaubt.
- `AuthConfig`
  Erlaubt die Verwendung der Autorisierungsdirektiven (vgl. Kap. 13.2 »HTTP-Authentifizierung«).
- `FileInfo`
  Erlaubt die Verwendung von Direktiven, die Dokumenttypen kontrollieren (vgl. Kap. 6 »Dokumenttypen«).
- `Indexes`
  Erlaubt die Verwendung von Direktiven für Verzeichnisauflistungen (vgl. Kap. 7 »Indexerstellung«).
- `Limit`
  Erlaubt die Verwendung von Direktiven für die hostbasierte Zugriffskontrolle (vgl. Kap. 13.1 »Hostbasierte Zugriffskontrolle«).
- `Options`
  Erlaubt die Verwendung der Direktiven `Options` und `XbitHack`.

Lock-Datei

Die Lock-Datei dient bei den MPM-Modulen *worker*, *perchild* und *prefork* der internen Koordination. Die Voreinstellung für den Speicherort dieser Datei ist das Verzeichnis *logs*. Der Hauptgrund, diese Einstellung zu verändern, besteht darin, dass das *logs*-Verzeichnis sich auf einem NFS-gemounteten Dateisystem befindet, da die Lock-Datei sich auf einer lokalen Festplatte befinden muss.

HINWEIS

Aus Sicherheitsgründen sollte diese Datei nicht in einem für jedermann beschreibbaren Verzeichnis angelegt werden.

`LockFile`	
Syntax:	`LockFile` *`Dateiname`*
Voreinstellung:	`LockFile logs/accept.lock`
Kontext:	Serverkonfiguration

Beispiel:

```
LockFile /var/lock/subsys/httpd/httpd.accept.lock
```

Scoreboard-Datei

Das Scoreboard dient der Kommunikation zwischen einem Prozess und seinen Child-Prozessen. Einige wenigen Architekturen verwenden zu diesem Zweck eine Datei auf der Festplatte anstelle von `Shared Memory`. Die Datei kann außerdem für andere Anwendungen nützlich sein, die Zugriff auf das Scoreboard benötigen.

Sie können mit der Direktive `ScoreBoardFile` die Speicherung in einer Datei erzwingen und den Speicherort für diese Datei festlegen. Die Performance wird verbessert, wenn Sie die Datei auf einer RAM-Disk anlegen.

`ScoreBoardFile`	
Syntax:	`ScoreBoardFile` *`Dateiname`*
Voreinstellung:	`ScoreBoardFile logs/apache_status`
Kontext:	Serverkonfiguration

Beispiel:

```
ScoreBoardFile /var/log/httpd/apache_runtime_status
```

2.5 Andere Direktiven

Es folgen weitere Direktiven, deren Kenntnis zwar für die erste Inbetriebnahme des Webservers nicht unbedingt notwendig ist, die aber hier aufgelistet werden, weil sie ebenfalls zum Kern-Modul oder zu den MPM-Modulen gehören.

Schutz vor Hackern

Die Direktive `ListenBackLog` setzt die maximale Länge der Warteschlange für Verbindungen.

`ListenBackLog`	
Syntax:	`ListenBackLog` *Zahl*
Voreinstellung:	`ListenBackLog 511`
Kontext:	Serverkonfiguration

Mit der Direktive `LimitRequestBody` begrenzen Sie die maximale Größe des *Body* (Körper) einer HTTP-Anforderung (Voreinstellung: `0`; d.h. keine Begrenzung).

`LimitRequestBody`	
Syntax:	`LimitRequestBody` *Bytes*
Voreinstellung:	`LimitRequestBody 0`
Kontext:	Serverkonfiguration, virtueller Host, Verzeichnis, *.htaccess*

`LimitRequestFields` begrenzt die Anzahl (Voreinstellung: `100`) und `LimitRequestFieldSize` die Größe (Voreinstellung: `8190`) der Felder im *Header* (Kopf) einer HTTP-Anforderung.

LimitRequestFields	
Syntax:	LimitRequestFields *Zahl*
Voreinstellung:	LimitRequestFields 100
Kontext:	Serverkonfiguration

LimitRequestFieldSize	
Syntax:	LimitRequestFieldSize *Bytes*
Voreinstellung:	LimitRequestFieldSize 8190
Kontext:	Serverkonfiguration

Die Einstellung `LimitRequestLine` schließlich gibt die maximale Größe der *Request-* oder deutsch Anforderungs-Zeile an (Voreinstellung: 8190). Die Request-Zeile besteht aus der HTTP-*Methode*, der URI und der Protokoll-Version (vgl. Anhang, Abschnitt »HTTP«) – die Länge hängt also im Wesentlichen von der Länge der URI ab.

LimitRequestLine	
Syntax:	LimitRequestLine *Bytes*
Voreinstellung:	LimitRequestLine 8190
Kontext:	Serverkonfiguration

Bestimmte Angriffe, welche versuchen, den Server durch Überbeanspruchung lahm zu legen (*Denial-of-Service-Angriffe*), können durch ein Herabsetzen dieser Werte abgewehrt werden. Wenn andererseits die Clients Fehlermeldungen bezüglich der Größe ihrer Anforderungen erhalten, müssen Sie die Werte erhöhen.

Optionen

Options	
Syntax:	Options [+|-]*Option* [[+|-]*Option*] ...
Voreinstellung:	Options All
Kontext:	Serverkonfiguration, virtueller Host, Verzeichnis, *.htaccess*

Die folgenden Werte der Einstellung `Options` sind möglich:

- `None`
  Keinerlei Optionen.
- `All`
  Alle Optionen mit Ausnahme von Multiviews. Dies ist die Voreinstellung.
- `ExecCGI`
  Ausführung von CGI-Skripten ist erlaubt.
- `Includes`
  Server-side Includes sind erlaubt.
- `IncludesNOEXEC`
  Server-side Includes sind erlaubt, aber der `#exec`-Befehl und `#exec CGI` sind deaktiviert.
- `Indexes`
  Wenn die URL eines Verzeichnisses angefordert wird und keine Datei für die Inhaltsangabe existiert (festgelegt durch die Direktive `DirectoryIndex`), erzeugt der Server eine formatierte Inhaltsauflistung des Verzeichnisses (vgl. Kap. 7.1 »Automatisches Auflisten von Verzeichnissen«).
- `FollowSymLinks`
  Der Server folgt symbolischen Links (Verknüpfungen) in diesem Verzeichnis. Dies kann unter Umständen ein Sicherheitsrisiko bedeuten. Andererseits beeinträchtigt es die Performance des Servers, wenn für jede Anfrage mit einem Systemaufruf festgestellt werden muss, ob es sich um einen symbolischen Link handelt. Nach Möglichkeit sollten Sie die Option generell anschalten und nur gezielt abschalten für das `DocumentRoot`-Verzeichnis oder andere Verzeichnisse, auf die Clients Zugriff erhalten (z.B. mittels `Alias` und `Redirect`, vgl. Kap. 4.1 »Aliase und Redirections«).
- `SymLinksIfOwnerMatch`
  Der Server folgt symbolischen Links (Verknüpfungen), wenn die

Zieldatei oder das Zielverzeichnis demselben Benutzer gehört wie der Link. Auch diese Einstellung beeinträchtigt die Performance durch zusätzliche Systemaufrufe.

- `MultiViews`
  Multiviews sind erlaubt (vgl. Kap. 6.3 »Handler«, Abschnitt »Multiviews«).

Content-MD5-Header

Die Direktive `ContentDigest` aktiviert so genannte *Content-MD5-Header*, welche es erlauben, festzustellen, ob eine Nachricht während der Übertragung verändert wurde. Allerdings wird dadurch die Server-Performance beeinträchtigt.

`ContentDigest`	
Syntax:	`ContentDigest On | Off`
Voreinstellung:	`ContentDigest Off`
Kontext:	Serverkonfiguration, virtueller Host, Verzeichnis, *.htaccess*

Weitere Kerndirektiven werden in anderen Kapiteln behandelt, wenn sie inhaltlich dorthin gehören.

2.6 Eine Beispiel-Konfigurationsdatei

Die folgende Beispiel-Konfigurationsdatei enthält die wichtigsten Direktiven, von deren korrekter Einstellung es abhängen kann, ob der Server überhaupt startet:

```
Listen 80
ServerRoot /usr/local/apache2
ErrorLog logs/error_log
TypesConfig conf/mime.types
PidFile logs/httpd.pid
User www
```

```
Group nogroup
DocumentRoot /usr/local/apache2/htdocs
```

Hierbei wird davon ausgegangen, dass sich die Konfigurations- und Protokolldateien unterhalb von */usr/local/apache2* befinden. Im *conf*-Verzeichnis liegt die mit den Installationsdateien mitgelieferte Datei *mime.types*. Im *logs*-Verzeichnis wird die Datei *error_log* angelegt.

Die Datei *httpd.pid* muss sich an der angegebenen Position befinden.

In den UNIX-Systemdateien */etc/passwd* und */etc/group* müssen ferner der Benutzer »www« und die Gruppe »nogroup« eingetragen sein.

Die HTML-Dokumente befinden sich in */usr/local/apache2/htdocs*.

Neben einigen der bereits behandelten Direktiven taucht im obigen Beispiel auch noch die Einstellung `TypesConfig` auf, welche erst später behandelt wird (vgl. Kap. 6.1 »Metainformationen«, Abschnitt »Content Type«). Diese Direktive wird hier bereits erwähnt (obwohl sie keine Kerndirektive ist), weil es je nach der Einstellung von `ServerRoot` und der tatsächlichen Position der Datei sein kann, dass der Server ohne Angabe von `TypesConfig` nicht ausgeführt werden kann.

2.7 Zusammenfassung, Fragen und Übungen

Zusammenfassung

- `User` und `Group` legen die Identität und Gruppenzugehörigkeit des Apache-Users fest. `ServerName` enthält den Hostnamen des Servers.
- `DocumentRoot` und `ServerRoot` legen wichtige Verzeichnisse, `AccessFileName` und `PidFile` wichtige Dateien fest. `AllowOverride` gibt an, welche der Direktiven in der *.htaccess*-Datei solche in anderen Konfigurationsdateien außer Kraft setzen können.

Zusammenfassung

- `ErrorDocument` ermöglicht es, zu einem HTTP-Fehlercode eine eigene Meldung oder ein Dokument anzugeben. `ServerAdmin` kann die E-Mail-Adresse des Server-Administrators angeben. `ServerSignature` hängt eine Schlusszeile an Dokumente an. `ServerTokens` legt fest, wie viele Informationen über sich selbst der Server übermittelt. `ErrorLog` und `LogLevel` kontrollieren das Fehlerprotokoll.
- Mit `SendBufferSize` können Sie die Größe des TCP-Puffers setzen. `TimeOut` gibt an, wie lange der Server auf das nächste Datenpaket wartet. Mit `KeepAlive` wird der Server angewiesen, mit einer Verbindung mehrere Anforderungen (maximal die durch `MaxKeepAliveRequests` angegebene Anzahl) zu bearbeiten. `KeepAliveTimeout` gibt an, wie lange die Verbindung nach der Bearbeitung einer Anfrage maximal erhalten bleibt.
- `MaxClients`, `MaxRequestsPerChild`, `MaxSpareThreads` und `MinSpareThreads` sowie `StartServers` kontrollieren die Erzeugung von Prozessen insbesondere unter UNIX. `ThreadsPerChild` kontrolliert, wie viele Threads jeder Prozess maximal gleichzeitig ausführen kann.
- Mit `ListenBacklog` sowie den `LimitRequest`-Direktiven werden Grenzwerte zum Schutz vor Denial-of-Service-Angriffen gesetzt.

Fragen und Übungen

1. Erstellen Sie eine Konfigurationsdatei, die lediglich die Direktiven `Listen`, `ServerRoot` und `DocumentRoot` sowie `User` und `Group` (nur für UNIX) enthält.
2. Versuchen Sie, den Server unter Verwendung dieser Konfigurationsdatei zu starten.
3. Welche Direktiven müssen Sie noch angeben, damit der Server startet?
4. Wo befindet sich die Fehlerprotokolldatei?

3 Protokollierung

Das Modul *mod_log_common* (bis Apache 1.1.1) wurde in Apache 1.2 durch *mod_log_config* ersetzt. *mod_log_common* erledigte die Standard-Protokollierung im »Common Logfile Format« (s.u.). Die Direktive `TransferLog` wird im Folgenden im Zusammenhang mit dem Modul *mod_log_config* beschrieben.

3.1 Benutzerkonfigurierbare Protokollierung

Das Modul *mod_log_config* erlaubt eine sehr flexible Protokollierung aller Anforderungen in unterschiedlichen Formaten; auch parallel in mehreren Dateien.

Starten eines Protokolls

Mit der Direktive `TransferLog` fügen Sie eine neue Protokolldatei hinzu.

`TransferLog`	
Syntax:	`TransferLog` *Dateiname-Pipe*
Voreinstellung:	keine
Kontext:	Serverkonfiguration, virtueller Host

Beispiel:

```
TransferLog logs/test_log
```

Das Protokoll enthält dann für jeden Zugriff eine Zeile wie die folgende:

```
127.0.0.1 - - [21/May/2000:07:43:19 +0200] "GET / HTTP/1.1" 200
1115
```

HINWEIS

Unter Windows sollten Sie für Protokolldateien eine einheitliche Dateierweiterung, z.B. *.log*, verwenden. Verknüpfen Sie dann den Windows-Editor mit dieser Dateierweiterung, um die Protokolldateien per Doppelklick öffnen zu können.

Format

Standardmäßig erfolgt die Ausgabe im ***C**ommon **L**ogfile **F**ormat* (CLF). Jede Zeile enthält dabei von links nach rechts die folgenden Informationen:

- Host:
  Domainname oder IP-Adresse des Clients.
- Identität:
  Wenn `IdentityCheck` aktiviert ist und auf der Client-Maschine *identd* läuft, wird hier die vom Client gelieferte Identitätsinformation angezeigt.
- Authentifizierter Benutzer:
  Wenn ein kennwortgeschütztes Dokument angefordert wurde, ist dies die in der Anforderung verwendete Benutzerkennung.
- Zeit:
  Datum und Uhrzeit der Anforderung.
- Anforderung:
  Die vom Client gesendete Anforderungszeile, eingeschlossen in Anführungszeichen.
- Status:
  Der dreistellige Statuscode, der an den Client zurückgegeben wurde.
- Bytes:
  Die Größe des an den Client zurückgegebenen Objekts ohne Header.

Um ein eigenes Format festzulegen, geben Sie zuvor eine LogFormat-Direktive an.

LogFormat	
Syntax:	LogFormat *Format [Spitzname]*
Voreinstellung:	LogFormat "%h %l %u %t \"%r\" %s %b"
Kontext:	Serverkonfiguration, virtueller Host

Dabei können die folgenden Platzhalter verwendet werden:

- %a
  Remote-IP-Adresse.
- %A
  Lokale IP-Adresse.
- %b
  Anzahl der gesendeten Bytes, ohne HTTP-Header im Common-Logfile-Format (für 0 Bytes wird nicht 0, sondern – geschrieben).
- %B
  Anzahl der gesendeten Bytes, ohne HTTP-Header.
- %{FOOBAR}C
  Der Inhalt des Cookies FOOBAR in der an den Server gesendeten Anforderung.
- %D
  Zeit für die Bedienung der Anforderung in Mikrosekunden.
- %{FOOBAR}e
  Der Inhalt der Umgebungsvariablen FOOBAR.
- %f
  Dateiname.
- %h
  Remote-Host.

- `%H`
  Anforderungsprotokoll.
- `%{Foobar}i`
  Der Inhalt der Header-Zeile(n) `Foobar:` in der an den Server gesendeten Anforderung.
- `%l`
  Remote-Logname (von *identd*, falls vorhanden).
- `%m`
  Anforderungsmethode.
- `%{Foobar}n`
  Der Inhalt der Nachricht »Foobar« von einem anderen Modul.
- `%{Foobar}o`
  Der Inhalt der Header-Zeile(n) `Foobar:` in der Antwort.
- `%p`
  Der kanonische Port des Servers, der die Anforderung bediente.
- `%P`
  Die Prozess-ID des Kind-Prozesses, der die Anforderung bediente.
- `%q`
  Der Query-String.
- `%r`
  Die erste Zeile der Anforderung.
- `%s`
  Status.
- `%t`
  Zeit, im Common-Logfile-Format-Zeitformat.
- `%{format}t`
  Zeit, im angegebenen selbst definierten Format.
- `%T`
  Zeit für die Bedienung der Anforderung in Sekunden.

- `%u`
  Remote-Benutzer (aus Authentifizierung).
- `%U`
  Der angeforderte URL-Pfad.
- `%v`
  Der kanonische Servername des Servers, der die Anforderung bediente.
- `%V`
  Der Servername entsprechend der `UseCanonicalName`-Direktive.
- `%X`
  Verbindungsstatus beim Beenden der Anforderung.

> **HINWEIS**
> `Foobar` steht hier, wie im Original-Apache-Manual, als Stellvertreter für unterschiedliche Texte.

Beispiel:

```
LogFormat "Host:%h Zeit: %t Datei: %f"
```

Die Zeilen in der Protokolldatei sehen dann etwa wie folgt aus (Beispiel unter Windows):

```
Host: 192.168.0.1 Zeit: [21/May/2000:08:12:16 +0200] Datei: c:/
programme/apache group/apache2/htdocs/
```

Mit `CustomLog` können Sie in einem Schritt eine Protokolldatei und ein Format festlegen.

`CustomLog`	
Syntax:	`CustomLog` *`Dateiname-Pipe Format-oder-Spitzname`*
Kontext:	Serverkonfiguration, virtueller Host

Beispiel:

```
CustomLog logs/test_log "URL: %U Bytes: %b"
```

Die Zeilen in der Protokolldatei sehen wie folgt aus:

```
URL: / Bytes: 1115
```

Mithilfe des Pipe-Symbols | können Sie das Protokoll statt in eine Datei auch in die Standardeingabe eines Programms lenken. Damit ist eine beliebige Überwachung und Weiterverarbeitung der Protokolle möglich. Dabei ist allerdings zu beachten, dass ein solches Programm unter der Benutzerkennung läuft, unter der der Server gestartet wurde – normalerweise »root« (vgl. Kap. 2.1 »Basiskonfiguration«, Abschnitt »Identität des Webusers«). Es muss sich also unbedingt um ein »sicheres« Programm handeln.

Rückwärtskompatibilität

Die veraltete Direktive `CookieLog` (früher *mod_cookies)* wird von *mod_log_config* aus Gründen der Abwärtskompatibilität implementiert (vgl. Kap. 3.3 »Benutzerverfolgung mithilfe von Cookies«).

`CookieLog`	
Syntax:	`CookieLog` *`Dateiname`*
Kontext:	Serverkonfiguration, virtueller Host

3.2 Spezialfälle

Protokollierung von User Agents

Um festzustellen, welche Browser oder Robots auf Ihre Site zugreifen, können Sie den Platzhalter `%{User-agent}i` verwenden.

Beispiel:

```
CustomLog logs/agenten_log "%{User-agent}i"
```

Die Zeilen in der Protokolldatei sehen wie folgt aus:

```
Mozilla/4.0 (compatible; MSIE 5.0; Windows 95; DigExt)
```

Protokollierung von Verweisen

Um festzustellen, von wo aus die Clients auf Ihre Site verwiesen wurden, verwenden Sie den Platzhalter `%{Referer}i`.

Beispiel:

```
CustomLog logs/verweise_log "%{Referer}i"
```

3.3 Benutzerverfolgung mithilfe von Cookies

Cookies (deutsch: Kekse) sind Zeichenfolgen, die der Webserver auf der Festplatte des Clients ablegt. Wenn der Client später nochmals auf dieselbe URL zugreift, sendet der Browser die Cookie-Informationen an den Server. Cookies haben ein Verfallsdatum (bzw. einen Verfallszeitpunkt). Die Lebensdauer kann zwischen einigen Minuten und mehreren Monaten oder Jahren variieren.

Der Apache-Server kann Cookies verwenden, um Benutzer zu identifizieren und so deren Anforderungen zu überwachen. Auf diese Weise können beispielsweise Informationen darüber gewonnen werden, in welcher Reihenfolge die Benutzer die einzelnen Seiten einer Website aufsuchen.

Die Verwendung von Cookies ist in der Internet-Gemeinde nicht unumstritten. Die meisten Browser können so konfiguriert werden, dass sie Cookies entweder gar nicht akzeptieren oder zumindest vorher nachfragen.

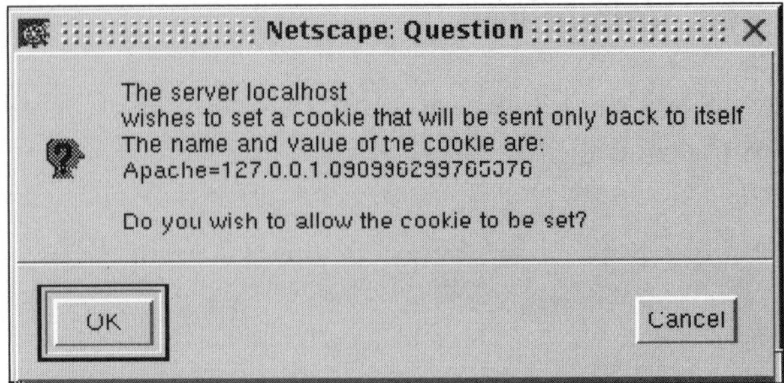

Abb. 3.1: Sicherheitsabfrage des Browsers beim Setzen des Cookies

Benutzerverfolgung mit mod_cookies

In den Apache-Versionen bis 1.1.1 wurde die Benutzerverfolgung über Cookies von dem Modul *mod_cookies* ausgeführt.

Die Direktiven `CookieExpires` und `CookieTracking` werden im folgenden Abschnitt »Benutzerverfolgung mit mod_usertrack« besprochen.

Protokolldatei festlegen

CookieLog	
Syntax:	`CookieLog` *`Dateiname`*
Kontext:	Serverkonfiguration, virtueller Host

Das Modul *mod_cookies* schrieb sein eigenes Protokoll in eine Datei, die mit der Direktive `CookieLog` festgelegt wurde. Ab Apache 1.2 erfolgt die Protokollierung jedoch mittels *mod_log_config*. Das Cookie-Modul wurde dadurch vereinfacht und bei dieser Gelegenheit umbenannt in *mod_usertrack*.

Benutzerverfolgung mit mod_usertrack

Ab Version 1.2 wird die Benutzerverfolgung von *mod_usertrack* erledigt.

Benutzerverfolgung starten

Die Direktive `CookieTracking` aktiviert die Benutzerverfolgung mithilfe von Cookies.

`CookieTracking`	
Syntax:	`CookieTracking On	Off`
Kontext:	Serverkonfiguration, virtueller Host, Verzeichnis, *.htaccess*

Sobald sie auf `On` gesetzt ist, sendet der Apache-Server ein Cookie für jede neue Anforderung im Gültigkeitsbereich der Direktive.

Beispiel:

```
CookieTracking On
```

Lebensdauer des Cookies

Mit der Einstellung `CookieExpires` können Sie festlegen, wie lange das von *mod_usertrack* gesetzte Cookie bestehen bleibt. Der Wert ist entweder eine Angabe in Sekunden in Form einer einzigen Zahl oder eine Textangabe in Anführungszeichen, wobei die Bezeichnungen `years` (Jahre), `months` (Monate), `weeks` (Wochen), `days` (Tage), `hours` (Stunden), `minutes` (Minuten) und `seconds` (Sekunden) verwendet werden können.

`CookieExpires`	
Syntax:	`CookieExpires` *`Ablaufzeitraum`*
Kontext:	Serverkonfiguration, virtueller Host

Beispiel:

```
CookieExpires "3 weeks 5 days 2 hours"
```

Protokoll

Das Modul *mod_usertrack* schreibt kein eigenes Protokoll. Um die Protokollierung von Cookies mithilfe von *mod_log_config* durchzuführen, verwenden Sie z.B. die folgende Direktive (vgl. Kap. 3.1 »Benutzerkonfigurierbare Protokollierung«):

```
CustomLog logs/clickstream.log "%{cookie}n %r %t"
```

Das Protokoll enthält dann für jeden Zugriff eine Zeile wie die folgende:

```
127.0.0.1.-8608779588747486344174 GET / HTTP/1.1 [21/May/
2000:07:43:19 +0200]
```

Den Wert des Cookies (hier `8608779588747486344174`) finden Sie hinter der IP-Adresse und dem folgenden Bindestrich.

3.4 Zusammenfassung, Fragen und Übungen

Zusammenfassung

- Mit der Direktive `TransferLog` fügen Sie eine neue Protokolldatei hinzu. Um ein eigenes Format festzulegen, geben Sie zuvor eine `LogFormat`-Direktive an.
- Mit `CustomLog` können Sie in einem Schritt eine Protokolldatei und ein Format festlegen.
- Das Modul *mod_cookies* schrieb sein eigenes Protokoll in eine Datei, die mit `CookieLog` festgelegt wurde. Ab Apache 1.2 erfolgt die Protokollierung jedoch mittels *mod_log_config*. Das Cookie-Modul wurde umbenannt in *mod_usertrack*. Die veraltete Direktive `CookieLog` wird von *mod_log_config* aus Gründen der Abwärtskompatibilität implementiert. `CookieTracking` aktiviert die Benutzerverfolgung mithilfe von Cookies. Mit der Einstellung `CookieExpires` können Sie festlegen, wie lange das Cookie bestehen bleibt.

Fragen und Übungen

1. Starten Sie ein neues Protokoll im Common-Logfile-Format, welches in die Datei *logs/clf_log* geschrieben wird.
2. Starten Sie ein Protokoll, das zu jeder Anforderung den angeforderten URL-Pfad sowie die folgenden Informationen über den Client enthält: Remote-Host, Remote-IP-Adresse und gegebenenfalls Remote-Logname.
3. Starten Sie ein Protokoll, das zu jeder Anforderung den angeforderten URL-Pfad sowie die folgenden Informationen über den Server enthält: Port, Prozess-ID und den kanonischen Namen.
4. Starten Sie ein Protokoll, das den Inhalt der folgenden Umgebungsvariablen anzeigt: `SERVER_SOFTWARE`, `SERVER_NAME`, `SERVER_PROTOCOL` und `SERVER_PORT`.
5. Aktivieren Sie die Benutzerverfolgung mithilfe von Cookies, legen Sie die Lebensdauer des Cookies auf eine Stunde fest und starten Sie ein Protokoll, das neben dem Wert des Cookies den Namen der angeforderten Datei enthält.

4 Bearbeitung von URLs

In diesem Kapitel werden verschiedene Direktiven beschrieben, welche die vom Client angeforderte URL verändern. Damit können Sie z.B. den Clients eine einfache logische Struktur präsentieren, auch wenn die physische Struktur des Dateisystems auf Ihrem Server komplexer ist, oder Sie können Anforderungen für verschobene Dokumente an deren neuen Speicherort weiterleiten, Tippfehler korrigieren usw.

4.1 Aliase und Redirections

Das Modul *mod_alias* ist zuständig für Aliase und Redirections (Umleitungen). Dieses Modul wird standardmäßig in Apache einkompiliert.

Alias: Zugriff auf Verzeichnisse außerhalb von DocumentRoot

Die `Alias`-Direktive ermöglicht es, einen URL-Pfad als Aliasnamen für ein Verzeichnis zu vergeben. Damit können Sie insbesondere auch den Zugriff auf Verzeichnisse ermöglichen, die nicht unterhalb von `DocumentRoot` liegen. (Beachten Sie allerdings das damit verbundene Sicherheitsrisiko!)

`Alias`	
Syntax:	`Alias` *`URL-Pfad Verzeichnisname`*
Kontext:	Serverkonfiguration, virtueller Host

Beispiele:

Die folgenden Beispiele stammen aus der mit dem Server mitgelieferten Standard-Konfigurationsdatei:

Windows:

```
Alias /icons/ "C:/Programme/Apache Group/Apache2/icons/"
```

UNIX:

```
Alias /icons/ "/usr/local/apache2/icons/"
```

Bei einem Zugriff auf *http://www.meinname.meine.domain/icons/ apache_pb.gif* wird der Server beispielsweise die Datei *C:/Programme/ Apache Group/Apache2/icons/ apache_pb.gif* (Windows) bzw. */usr/local/ apache2/icons/apache_pb.gif* (UNIX) zurückgeben. So müssen insbesondere die Symbole für Verzeichnisauflistungen nicht mit im `DocumentRoot`-Verzeichnis abgespeichert werden.

Eine weitere `Alias`-Direktive ermöglicht Clients den Zugriff auf das Apache-Manual, obwohl dieses außerhalb von `DocumentRoot` liegt:

Windows:

```
Alias /manual "C:/Programme/Apache Group/Apache2/manual"
```

UNIX:

```
Alias /manual "/usr/local/apache2/manual"
```

> **HINWEIS**
> Wenn der angegebene URL-Pfad einen Schrägstrich am Ende enthält, erfolgt die Umlenkung nur, wenn in der Anforderung auch tatsächlich ein Schrägstrich mit angegeben wird. Es ist also normalerweise sinnvoller, in der Direktive keinen Schrägstrich am Ende anzugeben.

Anstelle des Pfades, für den ein Alias vergeben werden soll, können Sie bei Verwendung von `AliasMatch` auch Reguläre Ausdrücke (vgl. Anhang, Abschnitt »Reguläre Ausdrücke«) angeben.

`AliasMatch`	
Syntax:	`AliasMatch` *regex Verzeichnisname*
Kontext:	Serverkonfiguration, virtueller Host

`ScriptAlias` und `ScriptAliasMatch` wirken genauso wie `Alias` bzw. `AliasMatch` und kennzeichnen zusätzlich das Zielverzeichnis als ein

Verzeichnis, das Skriptdateien enthält (vgl. Kap. 10.2 »Sicherheit«, Abschnitt »Speicherort für Skriptdateien«).

`ScriptAlias`	
Syntax:	`ScriptAlias` *URL-Pfad Verzeichnisname*
Kontext:	Serverkonfiguration, virtueller Host

`ScriptAliasMatch`	
Syntax:	`ScriptAliasMatch` *regex Verzeichnisname*
Kontext:	Serverkonfiguration, virtueller Host

Redirections: Umleitungen

`Redirect` arbeitet ebenfalls ähnlich wie `Alias`; diese Direktive leitet Zugriffe auf eine bestimmte URL um auf eine andere, indem die neue URL zusammen mit einem Redirect-Error (deutsch: Umleitungsfehler) an den Browser zurückgeschickt wird – dieser versucht dann dort zuzugreifen.

`Redirect`	
Syntax:	`Redirect` [*Status*] *URL-Pfad URL*
Kontext:	Serverkonfiguration, virtueller Host, Verzeichnis, *.htaccess*

Hinter dem Wort `Redirect` können Sie noch einen Status für die Umlenkung angeben, welcher mit an den Browser gesendet wird.

`RedirectPermanent`	
Syntax:	`RedirectPermanent` *URL-Pfad URL*
Kontext:	Serverkonfiguration, virtueller Host, Verzeichnis, *.htaccess*

`RedirectTemp`	
Syntax:	`RedirectTemp` *URL-Pfad URL*
Kontext:	Serverkonfiguration, virtueller Host, Verzeichnis, *.htaccess*

Die folgenden Werte sind möglich.

- `permanent`
  Sendet den Status »Permanent Redirect« (301) um anzuzeigen, dass der Standort der Ressource sich dauerhaft verändert hat. Stattdessen können Sie auch die `RedirectPermanent` Direktive verwenden.

- `temp`
  Sendet den Status »Temporary Redirect« (302). Dies ist die Voreinstellung. Stattdessen können Sie auch die `RedirectTemp`-Direktive verwenden.

- `seeother`
  Sendet den Status »See Other« (303), um anzuzeigen, dass die Ressource ersetzt wurde.

- `gone`
  Sendet den Status »Gone« (410), um anzuzeigen, dass die Ressource dauerhaft entfernt wurde. Mit diesem Status sollte keine Ziel-URL angegeben werden.

Weitere Statuscodes können gesendet werden, indem man direkt ihren numerischen Wert eingibt.

Beispiel:

```
Redirect gone /manual
```

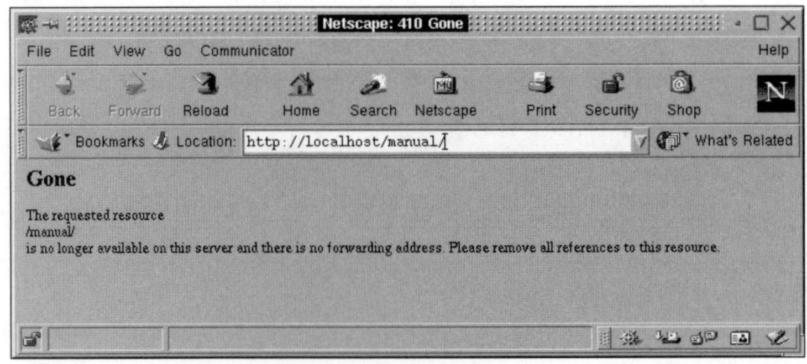

Abb. 4.1: Redirect-Status *Gone* im Netscape-Browser

Auch von der `Redirect`-Direktive existiert die Variante `RedirectMatch`, bei der Sie Reguläre Ausdrücke (vgl. Anhang, Abschnitt »Reguläre Ausdrücke«) verwenden können.

`RedirectMatch`	
Syntax:	`RedirectMatch [`*`Status`*`]` *`regex URL`*
Kontext:	Serverkonfiguration, virtueller Host

4.2 URL-Ersetzung mit mod_rewrite

Das Modul *mod_rewrite* (ab Apache 1.2) bietet sehr mächtige Abbildung von URLs auf Dateinamen mithilfe von Regulären Ausdrücken (vgl. Anhang, Abschnitt »Reguläre Ausdrücke«). Laut Dokumentation »das Schweizer Offiziersmesser der URL-Manipulation«. Eine umfassende Beschreibung dieses Moduls könnte ein eigenes Buch füllen.

Aktivieren der URL-Ersetzung, Protokoll

Um die URL-Ersetzung zu aktivieren, müssen Sie zunächst die Direktive `RewriteEngine` auf `On` stellen.

`RewriteEngine`	
Syntax:	`RewriteEngine On | Off`
Voreinstellung:	`RewriteEngine Off`
Kontext:	Serverkonfiguration, virtueller Host, Verzeichnis, *.htaccess*

Die Rewrite-Engine protokolliert alle Vorgänge in einer Datei, die Sie mit `RewriteLog` festlegen können.

`RewriteLog`	
Syntax:	`RewriteLog` *`Dateiname`*
Voreinstellung:	keine
Kontext:	Serverkonfiguration, virtueller Host

Wie detailliert dieses Protokoll ausfällt, legen Sie mit `RewriteLogLevel` fest. Der Wert der letzteren Einstellung ist eine Zahl von `0` bis `9`. Die Voreinstellung `0` schaltet die Protokollierung gänzlich ab. Solange Sie mit dem Modul experimentieren, sollten Sie diese Zahl unbedingt auf `9` setzen, um so viel Information wie möglich zu erhalten. Allerdings beeinträchtigen Werte höher als `2` die Performance des Webservers; für den Produktionseinsatz sollten Sie also wieder eine niedrigere Zahl wählen.

RewriteLogLevel	
Syntax:	`RewriteLogLevel` *`Zahl`*
Voreinstellung:	`RewriteLogLevel 0`
Kontext:	Serverkonfiguration, virtueller Host

Beispiel:

```
RewriteEngine On
RewriteLog logs/rewrite.log
RewriteLogLevel 9
```

Festlegen von Regeln

Die URL-Ersetzung funktioniert auf der Basis von Regeln der folgenden Form:

```
Suchmuster Ersetzungsmuster
```

Das Suchmuster und das Ersetzungsmuster entsprechen den Syntaxkonventionen für Such- und Ersetzungsmuster bei Regulären Ausdrücken.

Die Regeln werden mit der `RewriteRule`-Direktive festgelegt.

RewriteRule	
Syntax:	`RewriteRule` *`Muster Ersetzung`*
Voreinstellung:	keine
Kontext:	Serverkonfiguration, virtueller Host, Verzeichnis, *.htaccess*

Beispiel:

```
RewriteRule (.*)xxx(.*) $1yyy$2
```

Jedes Vorkommen von »xxx« in der URL soll durch »yyy« ersetzt werden. ((.*)bedeutet: ein beliebiges Zeichen kein- oder mehrmals. $1 steht für den ersten Klammerausdruck, $2 für den zweiten.) Eine Anforderung für *http://localhost/xxx/index.html* führt zu den folgenden Einträgen in der Protokolldatei (der Anfang jeder Zeile wurde entfernt):

```
(2) init rewrite engine with requested uri /xxx/index.html
(3) applying pattern '(.*)xxx(.*)' to uri '/xxx/index.html'
(2) rewrite /xxx/index.html -> /yyy/index.html
(2) local path result: /yyy/index.html
(2) prefixed with document_root to
c:/programme/apache group/apache2/htdocs/yyy/index.html
(1) go-ahead with c:/programme/apache group/apache2/htdocs/yyy/
index.html [OK]
```

Ersetzung mit Umleitung

Sie können mit *mod_rewrite* auch eine Umleitung erzwingen – z.B. wenn die Website zu einer neuen Adresse »umgezogen« ist.

Beispiel:

```
RewriteRule /(.*) http://meine.neue.domain/$1
```

Die Einträge in der Protokolldatei (für die Anforderung *http://localhost/index.html)* zeigen, wie die Ersetzung durchgeführt wird:

```
(2) init rewrite engine with requested uri /index.html
(3) applying pattern '/(.*)' to uri '/index.html'
(2) rewrite /index.html -> http://meine.neue.domain/index.html
(2) implicitly forcing redirect (rc=302) with http://
meine.neue.domain/index.html
(1) escaping http://meine.neue.domain/index.html for redirect
(1) redirect to http://meine.neue.domain/index.html [REDIRECT/
302]
```

Flags

Zusätzliche Flags in eckigen Klammern hinter einer Regel kontrollieren die Anwendung mehrerer Regeln auf eine URL:

- `redirect|R [=code]` (force **r**edirect)
  Präfix-*Ersetzung* durch *http://dieserhost[:dieserport]/*, um eine externe Umleitung zu erzwingen.
- `forbidden|F` (force URL to be **f**orbidden)
  Sendet den HTTP-Response-Header 403 (`Forbidden`; Zugriff verboten).
- `gone|G` (force URL to be **g**one)
  Sendet den HTTP-Response-Header
  410 (`Gone`; nicht mehr verfügbar).
- `proxy|P` (force **p**roxy)
  Erzwingt, dass der Ersetzungsteil intern als Proxyanforderung behandelt und unmittelbar an das Proxy-Modul weitergereicht wird.
- `last|L` (**l**ast rule)
  Beenden des Ersetzungsprozesses. Keine weiteren Regeln werden angewendet.
- `next|N` (**n**ext round)
  Neustart des Ersetzungsprozesses, beginnend mit der ersten Regel.
- `chain|C` (**c**hained with next rule)
  Verkettung der aktuellen Regel mit der folgenden. Wenn die Regel zutrifft, geht die Ersetzung wie gewöhnlich weiter. Andernfalls jedoch werden alle weiteren Regeln der Kette übersprungen.
- `type|T=MIME-type` (force MIME **t**ype)
  Erzwingen des angegebenen MIME-Typs für die Zieldatei.
- `nosubreq|NS` (used only if **n**o internal **s**ub-request)
  Überspringen der Regel, wenn die aktuelle Anforderung eine interne Unteranforderung ist.

- nocase|NC (**no** **case**)
  Nichtbeachtung von Groß-/Kleinschreibung für das Muster.
- qsappend|QSA (**q**uery **s**tring **a**ppend)
  Anhängen eines Query-String-Teils an den vorhandenen in der Ersetzungszeichenfolge, anstatt ihn zu ersetzen. Auf diese Weise können mittels der URL-Ersetzung zusätzliche Daten angehängt werden.
- passthrough|PT (**p**ass **t**hrough to next handler)
  Zwingt die Rewriting-Engine, das URI-Feld der internen request_rec-Struktur auf den Wert des filename-Feldes zu setzen. Dient dazu, dass der Output der Ersetzungsregeln von anderen Direktiven wie Alias, Redirect usw. weiterverarbeitet werden kann.
- skip|S=num (**s**kip next rule(s))
  Zwingt die Rewriting-Engine, die nächsten num-Regeln in Folge zu überspringen, wenn die aktuelle Regel zutrifft. Hiermit kann eine Art Programmverzweigung erreicht werden.
- env|E=VAR:VAL (set **e**nvironment variable)
  Die Umgebungsvariable VAR wird auf den Wert VAL gesetzt.

Basis-URL

Mithilfe der Direktive RewriteBase können Probleme vermieden werden, die bei der Verwendung von Rewrite-Regeln innerhalb einer *.htaccess*-Datei (vgl. Kap. 2.4 »Weitere Dateien«, Abschnitt »Konfigurationsdatei für jeden Dateizugriff (.htaccess)«) auftreten: In diesem Fall werden die Regeln zunächst lokal ausgewertet – d.h., der Pfad zu dem betreffenden Verzeichnis wird entfernt und die Regel dann auf den Rest der URL angewendet. (Dabei kann es sich um den Namen eines Dokuments oder eines Unterverzeichnisses handeln.) Anschließend wird der Pfad wieder vorangestellt.

RewriteBase	
Syntax:	`RewriteBase` *`Basis-URL`*
Voreinstellung:	der physikalische Verzeichnispfad
Kontext:	Verzeichnis, *.htaccess*

Die so entstandene URL enthält den physikalischen Pfad zu dem Verzeichnis, in dem sich die Datei befindet. Bei Verwendung der `Alias`-Direktive (vgl. Kap. 4.1 »Aliase und Redirections«, Abschnitt »Alias: Zugriff auf Verzeichnisse außerhalb von DocumentRoot«) ist die URL jedoch *nicht* identisch mit dem physikalischen Verzeichnispfad. In dieser Situation können Sie die `RewriteBase`-Direktive verwenden, um den korrekten URL-Pfad (wie in der `Alias`-Direktive angegeben) festzulegen, welcher dem ersetzten Dokument- oder Unterverzeichnisnamen vorangestellt wird.

Beispiel:

/zzz sei ein Aliasname für das Verzeichnis */www/zzz*, welches außerhalb der Dokumentenhierarchie (weil nicht unterhalb von `DocumentRoot`) liegt:

```
Alias /zzz /www/zzz
```

(Der Apache-User muss Berechtigungen für dieses Verzeichnis haben.)

Innerhalb der *.htaccess*-Datei für das Verzeichnis */www/zzz* befinden sich die folgenden Direktiven:

```
RewriteEngine On
RewriteBase /zzz
RewriteRule ^aaa\.html$ bbb.html
```

(`aaa\.html` zwischen ^ und $ bedeutet, dass weder davor noch dahinter etwas anderes stehen darf. Der Punkt hat in Regulären Ausdrücken eine Sonderbedeutung und muss deshalb hier mit \ entwertet werden.)

Eine Anforderung für *http://localhost/zzz/aaa.html* führt zu den folgenden Einträgen in der Protokolldatei (der Anfang jeder Zeile wurde wieder entfernt):

```
(3) [per-dir /www/zzz/] strip per-dir prefix: /www/zzz/aaa.html
-> aaa.html
(3) [per-dir /www/zzz/] applying pattern '^aaa\.html$' to uri
'aaa.html'
(2) [per-dir /www/zzz/] rewrite aaa.html -> bbb.html
(3) [per-dir /www/zzz/] add per-dir prefix: bbb.html -> /www/
zzz/bbb.html
(2) [per-dir /www/zzz/] trying to replace prefix /www/zzz/ with
/zzz
(5) strip matching prefix: /www/zzz/bbb.html -> bbb.html
(4) add subst prefix: bbb.html -> /zzz/bbb.html
(1) [per-dir /www/zzz/] internal redirect with /zzz/bbb.html
[INTERNAL REDIRECT]
(3) [per-dir /www/zzz/] strip per-dir prefix: /www/zzz/bbb.html
-> bbb.html
(3) [per-dir /www/zzz/] applying pattern '^aaa\.html$' to uri
'bbb.html'
(1) [per-dir /www/zzz/] pass through /www/zzz/bbb.html
```

Die Datei */www/zzz/bbb.html* wird ausgegeben.

Entscheidend sind die in obigem Protokoll kursiv gedruckten Zeilen: Ohne die RewriteBase-Direktive würde das Präfix */www/zzz* nicht zurückersetzt durch */zzz*, und das Dokument wird nicht gefunden.

> **HINWEIS** Wenn Sie mit *mod_rewrite* experimentieren, empfiehlt es sich durchaus, die Ersetzungsregeln zusammen mit der Direktive RewriteEngine On nicht in *httpd.conf*, sondern in die *.htaccess*-Datei zu schreiben – Sie brauchen den Server dann nicht nach jeder Änderung neu zu starten. Allerdings fallen in diesem Fall die Einträge in der Protokolldatei etwas umfangreicher aus. Beachten Sie außerdem, dass die AllowOverride-Direktive nicht die Einstellung None haben darf, da sonst die *.htaccess*-Datei nicht eingelesen wird.

HINWEIS Dass die ersetzte URL, wie im Protokoll ersichtlich, nochmals von der Rewrite-Engine bearbeitet wird, ist korrekt so, hat aber für das Verständnis des oben Gesagten keine Bedeutung.

Bedingungen

Mit der Direktive `RewriteCond` können Sie die Anwendung der folgenden `RewriteRule` abhängig machen von einer Bedingung, welche in Form eines Regulären Ausdrucks angegeben wird. Dabei können Sie in der Form `%{Variablenname}` auf die in der Tabelle angegebenen Server-Variablen zugreifen.

RewriteCond	
Syntax:	`RewriteCond` *Testzeichenfolge Bedingungsmuster*
Voreinstellung:	keine
Kontext:	Serverkonfiguration, virtueller Host, Verzeichnis, *.htaccess*

HTTP-Header	Verbindung und Anforderung
HTTP_USER_AGENT	REMOTE_ADDR
HTTP_REFERER	REMOTE_HOST
HTTP_COOKIE	REMOTE_USR
HTTP_FORWARDES	REMOTE_IDENT
HTTP_HOST	REQUEST_METHOD
HTTP_PROXY_CONNECTION	SCRIPT_FILENAME
HTTP_ACCEPT	PATH_INFO
	QUERY_STRING
	AUTH_TYPE

Server-Interna	Systeminformationen	Andere
DOCUMENT_ROOT	TIME_YEAR	API_VERSION
SERVER_ADMIN	TIME_MON	THE_REQUEST
SERVER_NAME	TIME_DAY	REQUEST_URI
SERVER_ADDR	TIME_HOUR	REQUEST_FILENAME
SERVER_PORT	TIME_MIN	IS_SUBREQ
SERVER_PROTOCOL	TIME_SEC	
SERVER_SOFTWARE	TIME_WDAY	
	TIME	

Tab. 4.1: Server-Variablen

Zusätzliche Parameter:

- `-d` (is **d**irectory)
  Behandelt das Testmuster als einen Pfadnamen und testet, ob es existiert und ein Verzeichnis ist.
- `-f` (is regular **f**ile)
  Behandelt das Testmuster als einen Pfadnamen und testet, ob es existiert und eine normale Datei ist.
- `-s` (is regular file with **s**ize)
  Behandelt das Testmuster als einen Pfadnamen und testet, ob es existiert und eine normale Datei mit einer von `0` verschiedenen Größe ist.
- `-l` (is symbolic **l**ink)
  Behandelt das Testmuster als einen Pfadnamen und testet, ob es existiert und eine Verknüpfung ist.
- `-F` (is existing **f**ile via subrequest)
  Testet, ob das Testmuster eine gültige Datei ist, auf die über alle zurzeit konfigurierten Zugriffskontrollen des Servers für diesen Pfad zugegriffen werden kann.

- `-U` (is existing **U**RL via subrequest)
  Testet, ob das Testmuster eine gültige URL ist, auf die über alle zurzeit konfigurierten Zugriffskontrollen des Servers für diesen Pfad zugegriffen werden kann.

HINWEIS

Für die Tests mit `-F` und `-U` wird eine interne Unteranforderung verwendet – man sollte deshalb aus Performancegründen nicht unnötig davon Gebrauch machen.

Beispiel:

```
RewriteCond /www/zzz%{REQUEST_FILENAME} -f
RewriteRule ^(.+) /www/zzz$1
```

Wenn eine Datei mit dem angeforderten Namen und Pfad unterhalb des Verzeichnisses */www/zzz* existiert, wird die Ersetzung durchgeführt. Diese ersetzt den kompletten Pfad der Anforderung (`^(.+)` bedeutet: am Anfang ein beliebiges Zeichen ein- oder mehrmals) durch denselben Pfad (`$1`) unterhalb von */www/zzz*.

Weitere Beispiele finden Sie in der Apache-OriginalDokumentation.

Ersetzung mithilfe einer Abbildungsvorschrift

Mithilfe der Direktive `RewriteMap` kann eine Abbildungsvorschrift (z.B. eine Datei oder eine Funktion) festgelegt werden, die innerhalb der Regel-Ersetzungsvorschriften von den Abbildungsfunktionen verwendet werden kann, um Felder einzufügen oder zu ersetzen.

RewriteMap	
Syntax:	`RewriteMap` *Abbildungsname* `MapType:`*Abbildungsquelle*
Voreinstellung:	nicht verwendet
Kontext:	Serverkonfiguration, virtueller Host

Die `RewriteLock`-Direktive legt dabei den Namen einer Datei für die Synchronisation fest. Diese Art von Ersetzungen sind ein fortgeschrittenes Thema und werden hier nicht weiter behandelt.

RewriteLock	
Syntax:	`RewriteLock` *Dateiname*
Voreinstellung:	keine
Kontext:	Serverkonfiguration, virtueller Host

Vererbung von Ersetzungsregeln

Die Direktive `RewriteOptions` kann nur den einen Wert `inherit` annehmen. Diese bewirkt in einem Virtual-Server-Kontext, dass die Ersetzungseinstellungen des Hauptservers »geerbt« werden. In einem Verzeichniskontext werden die Einstellungen des übergeordneten Verzeichnisses übernommen.

RewriteOptions	
Syntax:	`RewriteOptions` *Option*
Voreinstellung:	keine
Kontext:	Serverkonfiguration, virtueller Host, Verzeichnis, *.htaccess*

4.3 Automatisches Korrigieren von Tippfehlern in URLs

Das Modul *mod_speling* (ab Apache 1.3) ermöglicht die automatische Korrektur kleinerer Tippfehler.

> **HINWEIS**
> Die falsche Schreibweise des englischen Wortes »Spelling« (deutsch: Rechtschreibung) im Namen des Moduls ist kein Tippfehler, sondern beabsichtigt.

Aktivieren der Fehlerkorrektur

Wenn die Direktive `CheckSpelling` den Wert `On` hat, werden Tippfehler wie falsche Groß-/Kleinschreibung in Datei- und Verzeichnisnamen (nicht jedoch in Benutzernamen) automatisch korrigiert. Allerdings kann dies die Server-Performance negativ beeinflussen, da die Verzeichnisse durchsucht werden müssen.

`CheckSpelling`	
Syntax:	`CheckSpelling On | Off`
Voreinstellung:	`CheckSpelling Off`
Kontext:	Serverkonfiguration, virtueller Host, Verzeichnis, *.htaccess*

Sicherheitsrelevante Dateien sollten keine Namen haben, auf die aufgrund von Rechtschreibkorrekturen versehentlich zugegriffen werden kann.

4.4 Zusammenfassung, Fragen und Übungen

Zusammenfassung

- `Alias` bzw. `AliasMatch` ermöglichen es, einen URL-Pfad als Aliasnamen für ein Verzeichnis zu vergeben.
- `ScriptAlias` und `ScriptAliasMatch` wirken genauso wie `Alias` bzw. `AliasMatch` und kennzeichnen zusätzlich das Zielverzeichnis als ein Verzeichnis, das Skriptdateien enthält.
- `Redirect` und `RedirectMatch` leiten Zugriffe auf eine bestimmte URL um auf eine andere, indem die neue URL zusammen mit einem Redirect-Error an den Browser zurückgeschickt wird.
- Die Ersetzungsregeln werden mit `RewriteRule` festgelegt. Um die URL-Ersetzung zu aktivieren, müssen Sie zunächst `RewriteEngine` auf `On` stellen. Die Rewrite-Engine protokolliert alle Vorgänge in einer Datei, die Sie mit `RewriteLog` festlegen können. Wie detailliert dieses Protokoll ausfällt, legen Sie mit `RewriteLogLevel` fest.
- `RewriteBase` setzt eine Basis-URL für Ersetzungsregeln, die innerhalb eines bestimmten Verzeichnisses gelten.
- `RewriteCond` macht die Anwendung der folgenden `RewriteRule` abhängig von einer Bedingung.
- `RewriteMap` legt eine Abbildungsvorschrift fest, die innerhalb der Regel-Ersetzungsvorschriften von den Abbildungsfunktionen verwendet werden kann, um Felder einzufügen oder zu ersetzen. Die `RewriteLock`-Direktive gibt dabei den Namen einer Datei für die Synchronisation an.

Zusammenfassung

- Wenn `RewriteOptions` den Wert `inherit` hat, so bewirkt dies, dass die Ersetzungseinstellungen des Hauptservers bzw. des übergeordneten Verzeichnisses (je nach Kontext) »geerbt« werden.
- Wenn `CheckSpelling` den Wert `On` hat, werden kleinere Tippfehler automatisch korrigiert.

Fragen und Übungen

Schreiben Sie Rewrite-Regeln:

1. Jedes Auftreten von »Hugo« soll durch »Otto« ersetzt werden.
2. »a.html« am Ende der URL soll durch »b.html« ersetzt werden.
3. Dateinamen der Form *txt0.html*, *tx1t.html* usw. (bis *txt9.html*) sollen durch entsprechende Namen *txt0.php*, *txt1.php* usw. (bis *txt9.php*) ersetzt werden.
4. Jedes Vorkommen von »txt«, bei dem das nächste Zeichen aber *keine* Ziffer ist, soll durch »doc« ersetzt werden.
5. Leiten Sie alle Anforderungen um auf die URL *www.susanne-wigard.de/*.

5 Mehrere Websites auf einem Server

Wenn Sie mehrere Websites gleichzeitig betreiben möchten, müssen Sie dafür weder mehrere Rechner anschaffen noch mehrere Instanzen des Apache-Webservers starten (obwohl auch Letzteres möglich ist, vgl. Kap. 5.8 »Mehrere unabhängige Apache-Instanzen«). Normalerweise ist ein einzelner Rechner durchaus leistungsfähig genug für mehrere Sites, und auch von Apache muss nur eine einzige Kopie (mit ihren Child-Prozessen) laufen.

5.1 Virtuelle Hosts

Mithilfe von so genannten *virtuellen Hosts* können Sie auf einem einzigen Rechner mehrere Websites betreiben. Diese können alle dieselbe IP-Adresse oder auch unterschiedliche Adressen haben, werden jedoch unter verschiedenen Namen angesprochen. Auch unterschiedliche Konfigurationseinstellungen für die einzelnen Sites sind problemlos möglich. Für den Client sieht es so aus, als hätte er es tatsächlich mit verschiedenen Hosts zu tun.

Sowohl die Kosten als auch der Konfigurations- und Wartungsaufwand sind dabei geringer, als wenn Sie für jede Site einen eigenen Rechner verwenden. Selbst wenn Sie zur Performancesteigerung mehr als einen Rechner einsetzen möchten, ist es meist sinnvoller, dass diese von mehreren virtuellen Hosts gemeinsam genutzt werden – wenn beispielsweise eins der Geräte ausfällt, können dessen Aufgaben dann von den anderen mit übernommen werden.

> **HINWEIS**
>
> Eine *Website* im hier diskutierten Sinne ist ein Satz von Dokumenten, üblicherweise im `DocumentRoot`-Verzeichnis zusammengefasst, die unter einem bestimmten Hostnamen (z.B. *www.meinedomain.de*) angesprochen werden können. Jeder virtuelle Host hat folglich sein eigenes `DocumentRoot`-Verzeichnis, gegebenenfalls mit Unterverzeichnissen. Die Bezeichnung »virtuell« besagt, dass etwas vorgetäuscht wird, und ein »Host« ist in diesem Fall ein Rechner. Es wird also vorgetäuscht, dass jede Site sich auf einem eigenen, physikalischen Rechner befindet.

Mehrere Websites auf einem Server sind vor allem bei ***I**nternet **S**ervice **P**rovidern* (ISPs) üblich, die Webspace an ihre Kunden vermieten – schließlich möchte jeder Kunde seinen eigenen Domainnamen, der Provider wird aber nicht für jeden Kunden einen eigenen Rechner bereitstellen.

Aber auch, wenn Sie »nur« Ihre eigene Webpräsenz auf einem einzelnen Server zur Verfügung stellen, möchten Sie vielleicht, dass diese sich unterschiedlich darstellt, wenn sie unter verschiedenen Namen angesprochen wird. So könnten Sie beispielsweise eine Firmensite und eine private Homepage mit verschiedenen Domainnamen auf demselben Rechner betreiben. Oder Sie könnten neben der »öffentlichen« Site für die Kunden eine zweite »interne« Site unter einem anderen Namen bereitstellen, wo die Mitarbeiter Ihrer Firma Informationen abrufen können. Solche Aufgaben sind leicht zu lösen mit dem Apache-Webserver und den Mechanismen, die in diesem Kapitel beschrieben werden.

Verwendung

Virtuelle Hosts benötigen Sie dann, wenn Sie

- einen Computer unter mehreren IP-Adressen ansprechen möchten oder
- einer IP-Adresse mehrere Hostnamen zuordnen möchten

oder beides.

Im ersten Fall spricht man von *IP-basierten virtuellen Hosts*, im zweiten von *namenbasierten virtuellen Hosts*.

Namenbasierte virtuelle Hosts unterscheiden sich voneinander im Servernamen, IP-basierte virtuelle Hosts in der IP-Adresse.

5.2 Namenbasierte virtuelle Hosts

Die einfachste (und gebräuchlichste) Methode, virtuelle Hosts zu realisieren, besteht darin, dem Server mithilfe der Direktive `NameVirtualHost` mitzuteilen, dass Anforderungen für eine bestimmte IP-Adresse nach Namen unterteilt werden sollen. Sie benötigen also nur eine einzige IP-Adresse und können trotzdem mehrere Sites unter verschiedenen Namen ansprechen. Solche namenbasierten virtuellen Hosts werden ab HTTP/1.1 unterstützt.

NameVirtualHost	
Syntax:	`NameVirtualHost` *Adresse*[:*Port*]
Kontext:	Serverkonfiguration

Mit `<VirtualHost>`-Container-Direktiven können Sie nun unterschiedliche Einstellungen für die virtuellen Server festlegen. Der Container wird normalerweise mindestens die Direktiven `ServerName` und `DocumentRoot` enthalten.

Die Servernamen können verschiedene Hosts in derselben Domain, aber auch Hosts (mit gleichen oder unterschiedlichen Namen) in verschiedenen Domains sein.

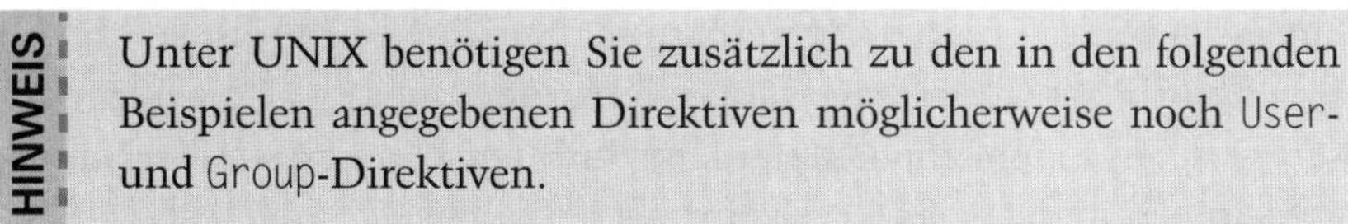
HINWEIS

Unter UNIX benötigen Sie zusätzlich zu den in den folgenden Beispielen angegebenen Direktiven möglicherweise noch `User`- und `Group`-Direktiven.

Beispiel:

```
NameVirtualHost 192.168.0.1

<VirtualHost 192.168.0.1>
ServerName www.domain1.de
ServerAdmin webmaster@domain1.de
DocumentRoot /usr/local/apache2/htdocs1
ErrorLog /usr/local/apache2/logs1/error_log
TransferLog /usr/local/apache2/logs1/access_log
</VirtualHost>

<VirtualHost 192.168.0.1>
ServerName www.domain2.de
ServerAdmin webmaster@domain2.de
DocumentRoot /usr/local/apache2/htdocs2
ErrorLog /usr/local/apache2/logs2/error_log
TransferLog /usr/local/apache2/logs2/access_log
</VirtualHost>
```

HINWEIS

Für die Protokollierung von Zugriffen mit der Direktive muss das Modul *mod_log_config* in den Server einkompiliert sein (vgl. Kap. 3.1 »Benutzerkonfigurierbare Protokollierung«, Abschnitt »Starten eines Protokolls«). Um das Modul dynamisch zu laden, fügen Sie die folgende Zeile in die Konfigurationsdatei ein:

```
LoadModule log_config_module modules/mod_log_config.so
```

Bei einer Anforderung für eine der URLs muss zunächst der DNS-Dienst dem angeforderten Servernamen die richtige IP-Adresse (die für beide dieselbe ist) zuordnen – die Servernamen müssen also beide registriert sein. In einem nicht zu großen Intranet können Sie die Namen auch einfach in die *hosts*-Datei eintragen:

```
192.168.0.1 www.domain1.de
192.168.0.1 www.domain2.de
```

HINWEIS

Die Netzwerkkarte muss auf die angegebene IP-Adresse eingestellt sein (vgl. Anhang, Abschnitt »Einstellen der IP-Adresse«).

Wenn der Server nun eine Anforderung für die in der `NameVirtualHost`-Direktive angegebene IP-Adresse erhält, durchsucht er die `<VirtualHost>`-Blöcke nach dem gewünschten Servernamen und weiß so, an welchen virtuellen Host die Anforderung gerichtet ist (und welche Dokumente folglich zu liefern sind).

Jeder virtuelle Host hat sein eigenes `DocumentRoot`-Verzeichnis, auf das der Apache-Benutzer Zugriffsberechtigung haben muss.

Die Protokolldateien können von den virtuellen Hosts gemeinsam verwendet werden; es ist aber auch möglich, verschiedene Dateien anzugeben. Die Verzeichnisse, in denen diese Dateien abgelegt werden sollen, müssen existieren.

HINWEIS

Anstelle der IP-Adresse im Kopf des `<VirtualHost>`-Blocks können Sie auch einen Hostnamen verwenden – allerdings muss der Server dann ein DNS-Lookup durchführen. Schlägt dieses fehl, ist der virtuelle Host nicht erreichbar.

Um die beschriebene Konfiguration zu testen, können Sie in jedes der beiden `DocumentRoot`-Verzeichnisse eine Datei mit dem Namen *index.html* einfügen, z.B. für *www.domain1.de*:

```
<html>
<head>
<title>Startseite</title>
</head>
<body>
<h1>Willkommen bei Domain1</h1>
</body>
</html>
```

Abb. 5.1: Begrüßungsseite der Domain *Domain1*

Ändern Sie den Text entsprechend ab für den zweiten virtuellen Host. So können Sie gleich sehen, auf welchen der beiden Sie zugreifen.

> **HINWEIS**
>
> Damit beim Zugriff auf ein Verzeichnis die Datei *index.html* angezeigt wird, muss das Modul *mod_dir* in den Server einkompiliert sein (vgl. Kap. 7.2 »Standardverhalten für Verzeichnisse«, Abschnitt »Angabe einer Datei als Inhaltsverzeichnis«). Um das Modul dynamisch zu laden, fügen Sie die folgende Zeile in die Konfigurationsdatei ein:
>
> ```
> LoadModule dir_module modules/mod_dir.so
> ```

Im Browser müssen Sie jetzt nur noch die gewünschte URL eingeben, also *http:// www.domain1.de/* bzw. *http:// www.domain2.de/*.

Alle Direktiven, die nicht innerhalb eines `<VirtualHost>`-Blocks stehen, gelten für den so genannten Hauptserver. Dieser bedient Anforderungen, die von keinem der virtuellen Hosts beantwortet werden. Wichtiger ist jedoch, dass die hier festgelegte Konfiguration eine Voreinstellung darstellt. Alle Einstellungen, die für einen virtuellen Host nicht explizit angegeben sind, werden vom Hauptserver übernommen.

5.3 IP-basierte virtuelle Hosts

Wenn Sie für Ihren Server mehrere verschiedene IP-Adressen zur Verfügung haben, können Sie mit IP-basierten virtuellen Hosts arbeiten. Dazu muss die Maschine entweder über mehrere physikalische Netzwerkverbindungen verfügen, oder Sie müssen mit entsprechenden Betriebssystemkommandos (z.B. `ifconfig` unter UNIX) so genannte IP-Aliase einrichten.

Bei IP-basierten virtuellen Hosts wird keine `NameVirtualHost`-Direktive angegeben, und die `<VirtualHost>`-Blöcke enthalten im Kopf unterschiedliche IP-Adressen.

Beispiel:

```
<VirtualHost 192.168.0.1>
ServerName www.domain1.de
ServerAdmin webmaster@domain1.de
DocumentRoot /usr/local/apache2/htdocs1
ErrorLog /usr/local/apache2/logs1/error_log
TransferLog /usr/local/apache2/logs1/access_log
</VirtualHost>


<VirtualHost 192.168.0.2>
ServerName www.domain2.de
ServerAdmin webmaster@domain2.de
DocumentRoot /usr/local/apache2/htdocs2
ErrorLog /usr/local/apache2/logs2/error_log
TransferLog /usr/local/apache2/logs2/access_log
</VirtualHost>
```

Für das Beispiel müssen die folgenden DNS-Einträge bzw. Einträge in der *hosts*-Datei vorhanden sein:

```
192.168.0.1 www.domain1.de
192.168.0.2 www.domain2.de
```

HINWEIS

Trotz der Bezeichnung »IP-basiert« können Sie an Stelle der IP-Adresse im Kopf des `VirtualHost`-Containers zur besseren Lesbarkeit auch den Servernamen angeben – es wird dann wieder ein DNS-Lookup durchgeführt.

Die `ServerName`-Direktive legt jetzt nur noch den an den Client zurückgegebenen Namen fest.

Im Browser werden die Hosts wieder mit *http:// www.domain1.de/* bzw. *http:// www.domain2.de/* angesprochen.

Portbasierte virtuelle Hosts

Einen Kompromiss, der ohne namenbasierte virtuelle Hosts (und damit ohne HTTP/1.1) auskommt, aber dennoch nur eine IP-Adresse benötigt, stellt die Unterscheidung anhand der Portnummer dar.

Dazu muss der Server mit der `Listen`-Direktive (vgl. Kap. 2.1 »Basiskonfiguration«, Abschnitt »Listen«) angewiesen werden, beide Portnummern zu überwachen.

Beispiel:

```
Listen 80
Listen 8080
```

Im Kopf der `<VirtualHost>`-Blöcke werden nun die unterschiedlichen Portnummern angegeben.

Beispiel:

```
<VirtualHost 192.168.0.1:80>
ServerName www.domain1.de
ServerAdmin webmaster@domain1.de
DocumentRoot /usr/local/apache2/htdocs1
ErrorLog /usr/local/apache2/logs1/error_log
TransferLog /usr/local/apache2/logs1/access_log
</VirtualHost>
```

```
<VirtualHost 192.168.0.1:8080>
ServerName www.domain2.de
ServerAdmin webmaster@domain2.de
DocumentRoot /usr/local/apache2/htdocs2
ErrorLog /usr/local/apache2/logs2/error_log
TransferLog /usr/local/apache2/logs2/access_log
</VirtualHost>
```

Für das Beispiel müssen die folgenden DNS-Einträge bzw. Einträge in der *hosts*-Datei vorhanden sein:

```
192.168.0.1 www.domain1.de
192.168.0.1 www.domain2.de
```

Der Nachteil dieses Verfahrens besteht darin, dass beim Zugriff auf den zweiten virtuellen Host die Portnummer `8080` mit angegeben werden muss:

http:// www.domain2.de:8080/

5.4 Gemischte Konfigurationen

Wenn Sie auf einem Rechner mehrere IP-Adressen verwenden und jeder dieser IP-Adressen mehrere Namen zuordnen möchten, können Sie IP-basierte und *namenbasierte* virtuelle Hosts miteinander kombinieren.

Beispiel:

```
NameVirtualHost 192.168.0.1

<VirtualHost 192.168.0.1>
ServerName www.domain1.de
ServerAdmin webmaster@domain1.de
DocumentRoot /usr/local/apache2/htdocs1
ErrorLog /usr/local/apache2/logs1/error_log
```

```
TransferLog /usr/local/apache2/logs1/access_log
</VirtualHost>


<VirtualHost 192.168.0.1>
ServerName www.domain2.de
ServerAdmin webmaster@domain2.de
DocumentRoot /usr/local/apache2/htdocs2
ErrorLog /usr/local/apache2/logs2/error_log
TransferLog /usr/local/apache2/logs2/access_log
</VirtualHost>


<VirtualHost 192.168.0.2>
ServerName www.domain3.de
ServerAdmin webmaster@domain3.de
DocumentRoot /usr/local/apache2/htdocs3
ErrorLog /usr/local/apache2/logs3/error_log
TransferLog /usr/local/apache2/logs3/access_log
</VirtualHost>
```

Wir benötigen jetzt drei DNS-Einträge bzw. Einträge in der *hosts*-Datei:

```
192.168.0.1 www.domain1.de
192.168.0.1 www.domain2.de
192.168.0.2 www.domain3.de
```

Im Browser werden die Hosts mit *http://www.domain1.de/*, *http://www.domain2.de/* und *http://www.domain3.de/* angesprochen.

5.5 Standard-Hosts

Mit der `_default_`-Einstellung können Sie einen virtuellen Host als Standard-Host festlegen.

Standard-Hosts für bestimmte Ports

Wenn Sie alle Anforderungen für einen bestimmten Port, deren IP-Adresse für keinen anderen virtuellen Host verwendet wird, von einem Standard-Host beantworten lassen möchten, verwenden Sie die `_default_`-Einstellung.

Beispiel:

```
<VirtualHost _default_:80>
DocumentRoot /usr/local/apache2/default
# ...
</VirtualHost>
```

Der virtuelle Host bedient alle Anforderungen für Port 80, deren IP-Adresse für keinen anderen virtuellen Host verwendet wird. Anforderungen, die weder dieser noch ein anderer virtueller Host beantwortet, werden vom Hauptserver bedient.

Zum Testen benötigen Sie neben Einträgen für alle virtuellen Hosts mit angegebenen IP-Adressen noch mindestens einen weiteren DNS-Eintrag bzw. Eintrag in der *hosts*-Datei, über den der Default-Host angesprochen wird.

Standard-Hosts für alle IP-Adressen und Ports

Wenn Sie für die Portnummer einen Stern (*) angeben, so bedient der virtuelle Host jede Anforderung für eine Kombination aus IP-Adresse und Port, die nicht von einem anderen virtuellen Host bedient wird. Auf diese Weise kann keine Anforderung mehr den Hauptserver erreichen.

Beispiel:

```
<VirtualHost _default_:*>
DocumentRoot /usr/local/apache2/default
RewriteEngine On
```

```
RewriteRule ^/.* /usr/local/apache2/htdocs/index.html
# ...
</VirtualHost>
```

> **HINWEIS**
>
> Für dieses Beispiel benötigen Sie das Modul *mod_rewrite*. Sie können es ggf. mithilfe der Zeile
> `LoadModule rewrite_module modules/mod_rewrite.so`
> dynamisch hinzuladen.

Die Rewrite-Regel besagt Folgendes (vgl. Kap. 4.2 »URL-Ersetzung mit mod_rewrite«): Ein beliebiges Zeichen (`.`) beliebig oft (*) nach dem / am Anfang (^) wird ersetzt durch `/usr/local/apache2/htdocs/index.html`. Diese Regel sorgt dafür, dass unabhängig von der Anforderung immer die Informationsseite *index.html* gesendet wird, welche Links auf andere virtuelle Hosts enthalten kann.

Auch hier benötigen Sie zum Testen des Default-Hosts neben Einträgen für alle virtuellen Hosts mit angegebenen IP-Adressen noch mindestens einen weiteren DNS-Eintrag bzw. Eintrag in der *hosts*-Datei.

> **HINWEIS**
>
> Der Standardhost bedient keine Anforderungen für eine Adresse/einen Port, die für namenbasierte virtuelle Hosts verwendet werden. Für Anforderungen ohne Host-Information ist der primäre namenbasierte virtuelle Host zuständig.

5.6 Aliasnamen

Die Direktive `ServerAlias` legt einen Aliasnamen für den Server fest.

`ServerAlias`	
Syntax:	`ServerAlias` *`Host1 Host2`* `...`
Kontext:	virtueller Host

Beispiel:

```
NameVirtualHost 192.168.0.1
<VirtualHost 192.168.0.1>
ServerName www.domain1.de
ServerAlias forename.andere.domain
ServerAdmin webmaster@domain1.de
DocumentRoot /usr/local/apache2/htdocs1
ErrorLog /usr/local/apache2/logs1/error_log
TransferLog /usr/local/apache2/logs1/access_log
</VirtualHost>

<VirtualHost 192.168.0.1>
ServerName www.domain2.de
ServerAdmin webmaster@domain2.de
DocumentRoot /usr/local/apache2/htdocs2
ErrorLog /usr/local/apache2/logs2/error_log
TransferLog /usr/local/apache2/logs2/access_log
</VirtualHost>
```

Der erste virtuelle Host kann sowohl unter dem Namen *www.domain1.de* als auch unter *anderername.andere.domain* angesprochen werden.

In diesem Fall muss für alle Namen ein DNS-Eintrag bzw. ein Eintrag in der *hosts*-Datei vorhanden sein:

```
192.168.0.1 www.domain1.de
192.168.0.1 www.domain2.de
192.168.0.1 anderername.andere.domain
```

5.7 Dynamisch konfiguriertes Massen-Hosting

Bei einem Provider, der virtuelle Hosts für eine große Anzahl von Kunden zur Verfügung stellt, wird der Virtual-Hosts-Abschnitt der Datei *httpd.conf* sehr lang. Mithilfe des Moduls *mod_vhost_alias* können Sie stattdessen die Einstellungen dynamisch konfigurieren.

Vorteile:

- Da die Konfigurationsdatei nicht so groß wird, startet Apache schneller und benötigt weniger Speicher.
- Um neue virtuelle Hosts hinzuzufügen, brauchen Sie nur entsprechende Verzeichnisse im Dateisystem und die dazugehörigen DNS-Einträge zu erstellen – ein Bearbeiten der Konfigurationsdatei und Neustarten von Apache ist nicht notwendig.

Nachteil:

- Es ist bei diesem Verfahren nicht möglich, für jeden virtuellen Host eine eigene Protokolldatei zu verwenden. Um diesen Nachteil zu umgehen, können Sie das Protokoll in ein Programm umlenken, welches die Protokolle den verschiedenen Hosts zuordnet.

Konfiguration

Mit der Direktive `UseCanonicalName` können Sie kontrollieren, woher der Servername für die einzelnen Hosts kommt:

- Der Wert `UseCanonicalName Off` führt dazu, dass der im `Host:`-Header der Anforderung angegebene Wert verwendet wird (für namenbasierte virtuelle Hosts).
- Bei der Einstellung `UseCanonicalName DNS` wird ein Reverse-Lookup für die IP-Adresse des virtuellen Hosts durchgeführt (für IP-basierte virtuelle Hosts).

Die Direktiven `VirtualDocumentRoot` und `VirtualScriptAlias` legen fest, wie das `DocumentRoot`-Verzeichnis und das `ScriptAlias`-Verzeichnis für jeden Host aus dem Servernamen ermittelt werden.

`VirtualDocumentRoot`	
Syntax:	`VirtualDocumentRoot` *interpoliertes-Verzeichnis*
Kontext:	Serverkonfiguration, virtueller Host

`VirtualScriptAlias`	
Syntax:	`VirtualScriptAlias` *interpoliertes-Verzeichnis*
Kontext:	Serverkonfiguration, virtueller Host

Dabei können Sie u.a. Platzhalter der Form `%n.m` für den Servernamen oder Teile davon verwenden. Es bedeuten z.B.:

- `0` der ganze Name
- `1` der erste Teil
- `2` der zweite Teil
- `-1` der letzte Teil
- `-2` der vorletzte Teil
- `2+` der zweite und alle folgenden Teile
- `-2+` der vorletzte und alle vorhergehenden Teile

usw.

`1+` und `-1+` haben dieselbe Bedeutung wie `0`.

Für die Protokollierung verwendet man ein Format, das eine einfache Aufteilung auf die einzelnen Hosts ermöglicht.

Beispiel:

```
UseCanonicalName Off
LogFormat "%V %h %l %u %t \"%r\" %s %b" vcommon
CustomLog logs/access_log vcommon
VirtualDocumentRoot /www/hosts/%2/docs
VirtualScriptAlias /www/hosts/%2/cgi-bin
```

Der virtuelle Host mit dem Servernamen *www.kunde1.de* hat nun das DocumentRoot-Verzeichnis */www/hosts/kunde1/docs* und das ScriptAlias-Verzeichnis */www/hosts/kunde1/cgi-bin*. Entsprechend hat der Host mit dem Servernamen *www.kunde2.de* das DocumentRoot-Verzeichnis */www/hosts/kunde2/docs* und das ScriptAlias-Verzeichnis */www/hosts/kunde2/cgi-bin*.

Für die einzelnen Hosts müssen natürlich auch hier wieder entsprechende DSN-Einträge (oder für eine lokale Testkonfiguration Einträge in der *hosts*-Datei) vorhanden sein. Da hier namenbasierte virtuelle Hosts konfiguriert wurden, verweisen alle diese Einträge auf dieselbe IP-Adresse.

Das oben angegebene Protokollformat zeigt den Servernamen entsprechend der UseCanonicalName-Direktive, den Remote-Host, den Remote-Lognamen, den Remote-Benutzer, die Zeit, die erste Zeile der Anforderung, den Status und die Anzahl der gesendeten Bytes an (vgl. Kap. 3.1 »Benutzerkonfigurierbare Protokollierung«).

HINWEIS

Unter Windows müssen VirtualDocumentRoot *und* VirtualScriptAlias mit Laufwerksbuchstaben angegeben werden, also z.B. VirtualDocumentRoot c:/www/hosts/%2/docs

Berücksichtigung mehrerer Teile des Servernamens

Bei der im vorhergehenden Abschnitt angegebenen Konfiguration wird nicht nur *www.kunde1.de*, sondern z.B. auch *host1.kunde1.de* oder *www.kunde1.com* auf das DocumentRoot-*Verzeichnis /www/hosts/kunde1/docs* abgebildet. Zumindest unter der verwendeten IP-Adresse muss also der Host schon durch den zweiten Teil (%2) eindeutig bestimmt sein. Alternativ können Sie den Verzeichnisnamen auch unter Verwendung des kompletten Servernamens (%0) aufbauen. Auch ein Verweis auf unterschiedliche Dokumentverzeichnisse in Abhängigkeit von der Top-Level-Domain kann sinnvoll sein:

```
VirtualDocumentRoot /www/hosts/%2/docs/%-1
```

Das Dokumentverzeichnis für *www.kunde1.de* ist nun */www/hosts/kunde1/docs/de*, das für *www.kunde1.com* dagegen */www/hosts/kunde1/docs/com*. So können Sie leicht unterschiedliche Webpräsenzen (z.B. in unterschiedlichen Sprachen) für Kunden in verschiedenen Ländern aufbauen (vorausgesetzt, Sie haben wirklich alle diese Domainnamen registriert).

5.8 Mehrere unabhängige Apache-Instanzen

Im Prinzip ist es auch möglich (wenn auch normalerweise nicht unbedingt wünschenswert), mehrere voneinander unabhängige Instanzen von Apache auf derselben Maschine laufen zu lassen. Notwendig ist dies hauptsächlich dann, wenn man mehrere Hosts simulieren möchte, die sich in Aspekten unterscheiden, welche nicht innerhalb eines Virtual-Host-Kontextes konfiguriert werden können (z.B. `User`, `TypesConfig` oder `ServerRoot`).

In einem solchen Fall legen Sie mit `Listen` für jede der Instanzen eine IP-Adresse fest. Der jeweilige Server empfängt dann nur noch Anforderungen für die angegebene Adresse. Neben der IP-Adresse können Sie mit `Listen` auch den Port festlegen (vgl. Kap. 5.3 »IP-basierte virtuelle Hosts«, Abschnitt »Portbasierte virtuelle Hosts«). Für einen Server sind sogar mehrere Ports und/oder IP-Adressen möglich.

Erstellen Sie also zunächst wieder für beide Hostnamen einen DNS-Eintrag bzw. einen Eintrag in der *hosts*-Datei:

```
192.168.0.1 host1.meine.domain
192.168.0.2 host2.meine.domain
```

Jede der Instanzen hat natürlich ihre eigene Konfigurationsdatei.

- Die Datei */usr/local/apache2/conf/Beispiele/Bsp01.conf*:

  ```
  Listen 192.168.0.1:80
  ```

```
ServerName host1.meine.domain
DocumentRoot /usr/local/apache2/htdocs1
```

- Die Datei */usr/local/apache2/conf/Beispiele/Bsp02.conf*:

```
Listen 192.168.0.2:80
ServerName host2.meine.domain
DocumentRoot /usr/local/apache2/htdocs2
```

Sie können beim Start der Instanzen die jeweilige Konfigurationsdatei mit dem Kommandozeilenparameter `-f` festlegen:

```
cd /usr/local/apache2
bin/httpd -f conf/Beispiele/Bsp01.conf
bin/httpd -f conf/Beispiele/Bsp02.conf
```

Überzeugen Sie sich nun, dass wirklich zwei primäre Serverprozesse laufen, indem Sie das Kommando

```
ps-ef | grep httpd
```

eingeben.

Unter der URL *http://host1.meine.domain* können Sie nun den ersten und unter *http://host2.meine.domain* den zweiten Host ansprechen.

5.9 DNS

Unter der Abkürzung DNS versteht man sowohl ein Namenssystem (***D**omain **N**ame **S**ystem*) als auch einen Dienst (***D**omain **N**ame **S**ervice*). Beide zusammen ermöglichen die Zuordnung von Servernamen zu IP-Adressen.

Der DNS-Dienst ist hierarchisch organisiert: Wenn ein Namensserver einen Namen nicht auflösen kann, »fragt er« seinen übergeordneten Namensserver und »merkt sich« die Antwort für das nächste Mal in einem Zwischenspeicher (*Cache*). Allerdings befindet sich dieser Zwischenspeicher lediglich im RAM und wird nicht auf der Festplatte gesichert – die Informationen bleiben also nur so lange erhalten, wie der DNS-Dienst läuft.

Nameserver können nicht nur aus Servernamen die zugehörige IP-Adresse bestimmen, sondern auch umgekehrt zu einer IP-Adresse den Servernamen herausfinden (*Reverse-Lookup*).

Die Datei hosts

In einem kleinen Intranet kann die Namensauflösung auch mithilfe der Datei *hosts* erfolgen; da die Datei aber auf allen beteiligten Rechnern vorgehalten werden muss, ist die Wartung in größeren Netzwerken sehr aufwändig, und es entsteht der Wunsch nach einem zentralen Dienst – gerade dafür ist der DNS-Dienst vorgesehen.

Einrichten des DNS

Die Konfiguration des DNS-Dienstes hat zwar nicht direkt mit dem Apache zu tun, ist aber eine Aufgabe, die Sie als Betreiber eines Webservers mit ziemlicher Sicherheit ebenfalls durchführen müssen.

HINWEIS

Bevor Sie eine eigene Domain einrichten können, müssen Sie den Domainnamen registrieren (kostenpflichtig!). Ersetzen Sie in den Beispielen den Namen *meinedomain.de* durch Ihren registrierten Domainnamen und den IP-Adressbereich 192.168.196 durch den Adressbereich Ihrer Domain. (Für Tests im lokalen Netzwerk können Sie die hier angegebenen Einstellungen verwenden.)

UNIX

Das Programm, das die Namensauflösung durchführt, heißt *named* (name daemon, zu Deutsch Namen-Dämon; ein Dämon ist ein Prozess ohne Terminal-Ein- und Ausgaben). Es befindet sich normalerweise im Verzeichnis */usr/sbin*. Andernfalls müssen Sie es zunächst installieren.

Bei einer Komplettdistribution sollte es als Teil des *bind8*-Pakets (oder neuer: *bind9*) enthalten sein. Sie können das Paket auch herunterladen unter

ftp.isc.org:/isc/bind/src/cur/bind-8/

Im Folgenden wird eine einfache Testkonfiguration des Nameservers beschrieben.

> **HINWEIS** Wenn Ihre LINUX-Distribution über ein Werkzeug zur menügesteuerten Konfiguration des Nameservers verfügt, können Sie dieses verwenden. (Bei SuSE ist die Einrichtung z.B. mit YaST möglich.)

resolv.conf

Bearbeiten Sie zunächst die Datei */etc/resolv.conf* mit einem Texteditor. Fügen Sie die folgenden Zeilen ein:

```
search meinedomain.de
nameserver 127.0.0.1
```

Die `search`-Zeile gibt eine oder mehrere Domains an, die nach aufzulösenden Namen durchsucht werden. (Das Einrichten der Domain *meinedomain.de* wird weiter unten beschrieben.) Die `nameserver`-Zeile gibt die IP-Adresse des Nameservers an. Da Sie diesen auf der lokalen Maschine einrichten, ist `127.0.0.1` immer richtig.

nsswitch.conf

Als Nächstes ist die Datei */etc/nsswitch.conf* an der Reihe. Finden Sie die Zeile

```
hosts:       files dns
```

Sollte diese nicht vorhanden sein, fügen Sie sie ein. Diese Zeile besagt, dass vor dem Nameserver die Datei */etc/hosts* zur Namensauflösung herangezogen wird.

Falls die Datei */etc/nsswitch.conf* nicht existiert, müssen Sie /*etc/host.conf* bearbeiten. Finden Sie dort die Zeile `order hosts,bind` oder fügen Sie sie ein.

Die Datei named.conf

HINWEIS

Die Dateien *named.conf*, *root.hint*, *localhost.zone* und *127.0.0.zone* sind Bestandteil der bind-Distribution.

Öffnen Sie die Datei */etc/named.conf*. Die Datei braucht zu Beginn nur die folgenden Zeilen zu enthalten:

```
options {
    directory "/var/named";
};
zone "." {
        type hint;
        file "root.hint";
};
zone "localhost" {
        type master;
        file "localhost.zone";
};
zone "0.0.127.in-addr.arpa" {
        type master;
        file "127.0.0.zone";
};
```

Die `directory`-Zeile legt das Verzeichnis fest, auf das alle folgenden Pfadangaben bezogen werden. Die `zone`-Einträge:

- Der erste `zone`-Eintrag in der Datei */etc/named* verweist auf die Datei *root.hint*. Diese enthält die Nameserver der obersten Ebene überall in der Welt. Sie befindet sich unterhalb des durch die `direc-`

`tory`-Zeile festgelegten Verzeichnisses, normalerweise */var/named*. In einem geschlossenen Intranet benötigen Sie diese Datei und den dazugehörigen Eintrag in der Datei *etc/named* nicht.

- Die Datei *localhost.zone* (ebenfalls in */var/named*) legt die Einstellungen für die lokale Domain fest:
- Die Datei *127.0.0.zone* (ebenfalls in */var/named*) legt die Einstellungen für das Reverse-Lookup der lokalen Domain fest:

Starten und Testen des Nameservers

Starten Sie nun den Nameserver:

```
/usr/sbin/named
```

Sie können Ihre Konfiguration mit dem Programm *nslookup* testen:

```
nslookup
```

Die Bildschirmausgabe sollte wie folgt aussehen:

```
Default Server: localhost
Address: 127.0.0.1
```

Es folgt ein Prompt (>), an dem Sie Anfragen eingeben können. (Dazu muss natürlich eine Internetverbindung bestehen.)

```
>httpd.apache.org
```

Sie erhalten die Antwort:

```
Name: httpd.apache.org
Address: 64.208.42.41
```

Beenden Sie das Programm durch Eingabe von [Strg] + [Z].

Der Nameserver kann nun bereits Anfragen an übergeordnete Server weiterleiten und die erhaltenen Informationen im Cache zwischenspeichern. Im Folgenden werden Sie erfahren, wie Sie den DNS-Dienst so konfigurieren, dass er über Ihre eigene Domain selbst Auskunft erteilt.

Einrichten einer Domain

Um den DNS-Dienst für eine eigene Domain einzurichten, bearbeiten Sie die Datei */etc/named.conf*.

Fügen Sie einen neuen Zoneneintrag hinzu:

```
zone "meinedomain.de" {
    notify no
    type master;
    file "meinedomain.de.zone";
};
```

> **HINWEIS** Die `notify no`-Zeile unterdrückt im Testbetrieb die Benachrichtigung anderer Server bei Änderungen an der Zonendatei; für den Produktionsbetrieb sollte sie entfernt werden.

Auch für das Reverse-Lookup benötigen wir eine Zone:

```
zone "196.168.192.in-addr.arpa" {
        notify no
        type master;
        file "192.168.196.zone";
};
```

Die Zonendatei meinedomain.de.zone

Legen Sie jetzt im Verzeichnis */var/named/* eine Zonendatei für die neue Domain mit dem Namen *meinedomain.de* an:

```
@  IN SOA    ns.meinedomain.de. webmaster.meinedomain.de.
(
                    1       ;Seriennummer
                   8H       ;Auffrischen
                   2H       ;Wiederholen
                   1W       ;Gültigkeit
                   1D)      ;Minimum TTL
```

```
        NS          ns.meinedomain.de.
        MX        10 mail.meinedomain.de.
localhost     A     127.0.0.1
ns            A     192.168.196.1
mail          A     192.168.196.2
```

Der SOA-Block (***Start Of Authority***) kontrolliert die Aktualisierung der Informationen durch andere Server. Das @ steht für den Zonennamen selbst, also hier für meinedomain.de. In der Kopfzeile enthält der SOA-Block außerdem die E-Mail-Adresse des Webmasters – hier einfach webmaster.meinedomain.de. Bei der Angabe einer echten E-Mail-Adresse im Kopf des SOA-Blocks ist Vorsicht geboten: Hacker können versuchen, anhand dieser Adresse Informationen über den Webadministrator zu sammeln, indem sie beispielsweise nach Beiträgen in Newsgroups suchen.

Der erste Eintrag ist eine Seriennummer, die im Prinzip beliebig ist, deren Wert aber bei jeder Änderung der DNS-Informationen erhöht werden muss.

> **HINWEIS**
> Viele Webmaster verwenden eine Kombination aus dem aktuellen Datum (im Format JJJJMMTT) und einer laufenden Nummer als Seriennummer – z.B. 20011231001 für die erste Änderung am 31.12.2001.

Die nach der Seriennummer folgenden Einträge geben an, wann die Informationen aufgefrischt bzw. neu gelesen werden und wann sie verfallen.

Der NS-Eintrag gibt den Nameserver, der MX-Eintrag den Mailserver für die Zone an. Hier braucht das @ nicht geschrieben zu werden, da der vorhergehende Block mit @ beginnt.

> **HINWEIS**
> Vergessen Sie nicht den abschließenden Punkt (z.B. meinedomain.de.).

Die A-Einträge legen die Zuordnung von IP-Adressen zu Rechnernamen fest.

Die Zonendatei 192.168.196.zone

Die Zonendatei für das Reverse-Lookup *192.168.196.zone*:

```
@ IN SOA ns.meinedomain.de. webmaster.meinedomain.de.
(
                      1       ;Seriennummer
                     8H       ;Auffrischen
                     2H       ;Wiederholen
                     1W       ;Gültigkeit
                     1D)      ;Minimum TTL
     NS     ns.meinedomain.de.
1    PTR    ns.meinedomain.de.
2    PTR    mail.meinedomain.de.
```

Die PTR-Einträge legen die Zuordnung von IP-Adressen zu Rechnernamen fest.

Windows

Die Installation und Konfiguration des DNS-Dienstes unter Windows wird hier für Windows 2000 Server beschrieben. Unter Windows NT ist die Vorgehensweise ähnlich.

Zum Einrichten eines DNS-Servers müssen Sie als Administrator angemeldet sein.

Vergewissern Sie sich zunächst, ob der DNS-Server bereits installiert ist, indem Sie im Startmenü den Befehl *Einstellungen / Systemsteuerung* wählen und dann auf das Symbol *Software* klicken. Klicken Sie dann auf die Schaltfläche *Windows-Komponenten hinzufügen/entfernen*. Im Dialogfeld *Assistent für Windows-Komponenten* markieren Sie die Zeile *Netzwerkdienste* und klicken dann auf die Schaltfläche *Details*.

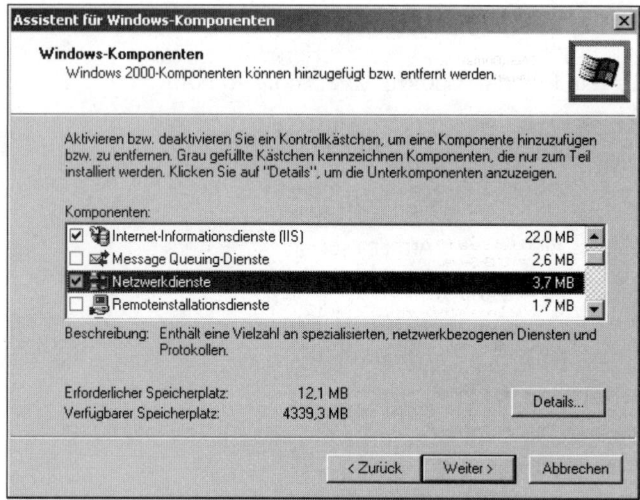

Abb. 5.2: Das Dialogfeld *Assistent für Windows-Komponenten*

Falls das Kontrollkästchen *DNS-Server (Domain Name System)* nicht aktiviert ist, aktivieren Sie es, um den DNS-Server zu installieren. Stellen Sie die Installation gegebenenfalls mithilfe des Assistenten fertig.

Nun wird der DNS-Dienst mithilfe des DNS-Managers konfiguriert. Sie starten diesen über den Befehl *Programme / Verwaltung / DNS* im Startmenü (siehe Abbildung 5.3).

Im linken Teil des Fensters wird der Server und darunter zwei Ordner für die verwalteten Zonen angezeigt. Wenn Sie im Menü *Ansicht* den Befehl *Erweiterte Ansicht* auswählen, wird ein weiterer Ordner mit der Bezeichnung *Zwischenspeicher* sichtbar.

Markieren Sie den Server und wählen Sie im Menü *Vorgang* den Befehl *Server konfigurieren*.

- Auf der Begrüßungsseite des Assistenten klicken Sie auf *Weiter* (siehe Abbildung 5.4).

Abb. 5.3: Der DNS-Manager

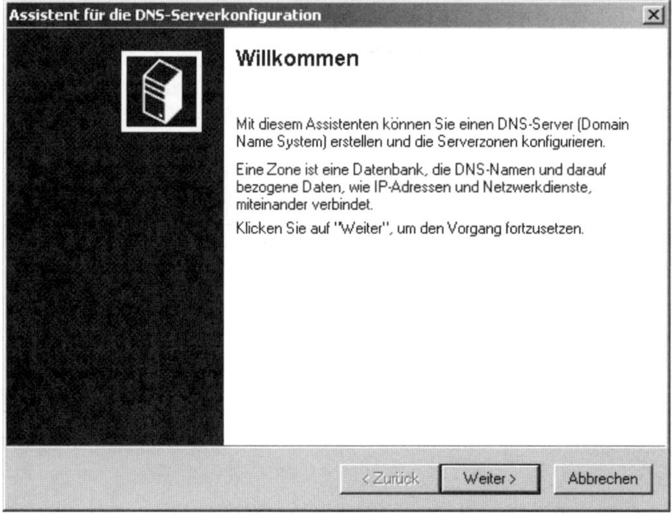

Abb. 5.4: Assistent für die DNS-Serverkonfiguration

- Auf den folgenden Seiten behalten Sie jeweils die Voreinstellung bei:

- *Stammserver*: *Dies ist der erste Server in diesem Netzwerk* (zum Einrichten weiterer Server lesen Sie bitte in der Online-Hilfe nach).
- *Forward-Lookupzone*: *Ja, eine Forward-Lookupzone erstellen*
- *Zonentyp*: *Primär (Standard)*

- Auf der Seite *Zonenname* geben Sie dann einen Namen für Ihre Zone ein: `meinedomain.de`

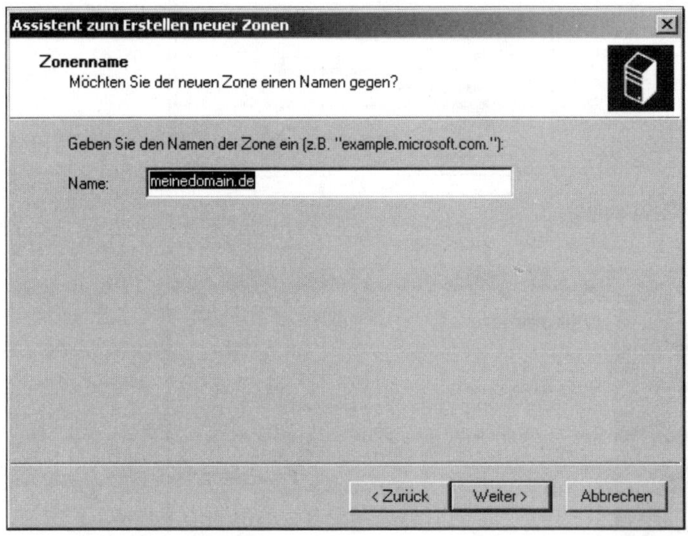

Abb. 5.5: Eingabe des Zonennamens

- Auf den folgenden Seiten behalten Sie wieder die Voreinstellung bei:
  - *Zonendatei*: *Neue Datei mit diesem Dateinamen erstellen:* `meinedomain.de.dns`
  - *Reverse-Lookupzone*: *Ja, eine Reverse-Lookupzone erstellen*
  - *Zonentyp*: *Primär (Standard)*
- Auf der Seite *Reverse-Lookupzonen* geben Sie die Netzwerkkennung ein, z.B. `192.168.196`.

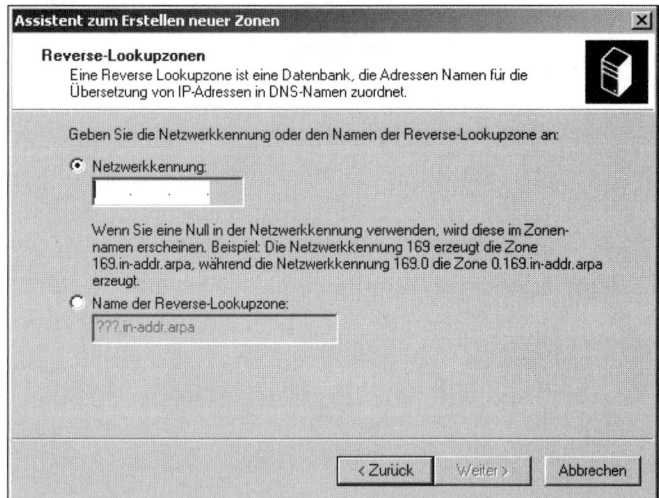

Abb. 5.6: Reverse-Lookupzonen

- Auf der folgenden Seite *Zonendatei* behalten Sie wieder die Voreinstellung bei: *Neue Datei mit diesem Dateinamen erstellen:* `196.168.192.in-addr.arpa.dns`
- Klicken Sie dann auf *Fertig stellen*, um den Assistenten zu beenden.

> **HINWEIS**
> Windows speichert die Zoneneinträge im älteren *bind 4*-Format; die abgespeicherten Informationen entsprechen aber den weiter oben in diesem Kapitel im Abschnitt »UNIX« besprochenen.

5.10 Zusammenfassung, Fragen und Übungen

Zusammenfassung

- Die einfachste Methode, virtuelle Hosts zu realisieren, besteht darin, dem Server mit NameVirtualHost mitzuteilen, dass Anforderungen für eine bestimmte IP-Adresse nach Namen unterteilt werden sollen. Mit <VirtualHost>-Direktiven können Sie unterschiedliche Einstellungen für die virtuellen Server festlegen. Innerhalb des <VirtualHost>-Blocks muss eine ServerName-Direktive stehen.
- IP-basierte virtuelle Hosts werden anhand der IP-Adresse unterschieden.
- Einen Kompromiss, der ohne namenbasierte virtuelle Hosts auskommt, aber dennoch nur eine IP-Adresse benötigt, stellt die Unterscheidung anhand der Portnummer dar. Dazu muss der Server mit Listen angewiesen werden, beide Portnummern zu überwachen.
- Mit _default_ können Sie einen virtuellen Host als Standard-Host festlegen. Wenn Sie alle Anforderungen für einen bestimmten Port, deren IP-Adresse für keinen anderen virtuellen Host verwendet wird, von einem Standard-Host beantworten lassen möchten, verwenden Sie ebenfalls _default_. Wenn Sie für die Portnummer einen Stern (*) angeben, so bedient der virtuelle Host jede Anforderung für eine Kombination aus IP-Adresse und Port, die nicht von einem anderen virtuellen Host bedient wird.
- Die Direktive ServerAlias legt einen Aliasnamen für den Server fest.

Zusammenfassung

- Mithilfe des Moduls *mod_vhost_alias* können Sie die Einstellungen für eine große Anzahl virtueller Hosts dynamisch konfigurieren.
- Im Prinzip ist es auch möglich, mehrere voneinander unabhängige Instanzen von Apache auf derselben Maschine laufen zu lassen. In einem solchen Fall legen Sie mit `Listen` für jede der Instanzen eine IP-Adresse fest. Für einen Server sind auch mehrere Ports und/oder IP-Adressen möglich.
- Der DNS-Dienst ermöglicht die Zuordnung von IP-Adressen zu Hostnamen und umgekehrt.

Fragen und Übungen

1. Erstellen Sie eine Konfigurationsdatei, die es ermöglicht, mit der URL *name1.firma1.domain1/* auf die Website der Firma »firma1« im Verzeichnis */usr/local/apache2/htdocs/firma1* zuzugreifen. Dagegen wird mit der URL *name2.firma2.domain2/* die Website der Firma »firma2« im Verzeichnis */usr/local/apache2/htdocs/firma2* angesprochen.
2. Realisieren Sie das Beispiel aus den vorhergehenden Aufgaben unter Verwendung unterschiedlicher IP-Adressen.

Fragen und Übungen

3. Erstellen Sie eine Konfigurationsdatei, die es ermöglicht, über den Standard-Port 80 mit der URL *www.meine.domain/* auf den öffentlichen Bereich einer Website im Verzeichnis */usr/local/apache2/htdocs/public* zuzugreifen. Dagegen wird mit der Portnummer 8080 mit der URL *intranet.meine.domain/* ein interner Bereich im Verzeichnis */usr/local/apache2/htdocs/private* angesprochen. (In Kap. 13.1 »Hostbasierte Zugriffskontrolle« werden Sie erfahren, wie Sie erreichen können, dass auf den internen Bereich nur von Hosts derselben Domain aus zugegriffen werden kann.)

4. Lösen Sie Übung 1 mithilfe von *mod_vhost_alias*.

5. Realisieren Sie das Beispiel aus den vorhergehenden Aufgaben unter Verwendung zweier unabhängiger Apache-Instanzen.

6 Dokumenttypen

Dieses Kapitel behandelt verschiedene Dokumenttypen und Verfahren, mit denen Informationen über die Dokumente gewonnen werden können.

6.1 Metainformationen

Typische Informationen über ein angefordertes Dokument, die vom Webserver selbst ausgewertet oder mit dem Dokument an den Client übermittelt werden, sind der Inhaltstyp, die Codierung oder die Sprache. Möglicherweise hängt es von einer dieser Informationen (etwa der Sprache) ab, welche Datei überhaupt geliefert werden soll. Es kann auch sein, dass bestimmte Dateien erst von einem dafür vorgesehenen Programm (einem *Handler*) verarbeitet werden und nicht die Datei selbst, sondern die von dem Handler ausgegebenen Daten an den Browser gesendet werden. Der vorliegende Abschnitt beschreibt, wie Sie den Server mit den nötigen Informationen über Dokumente versorgen können.

Ermitteln von Metainformationen aus der Dateierweiterung

Die Direktiven `AddType`, `AddEncoding`, `AddLanguage` und `AddHandler` des Moduls *mod_mime* dienen dazu, Metainformationen zu gewinnen, z.B. aus der Dateierweiterung. Diese Metainformationen betreffen den Inhalt der Datei und werden an den Browser gesendet oder beim Aushandeln des Inhalts (Content Negotiation, vgl. auch Kap. 6.3 »Handler«, Abschnitt »Content Negotiation«) verwendet.

Content Type

MIME steht für ***M**ultipurpose **I**nternet **M**ail **E**xtension* (deutsch: etwa Vielzweck-Internet-Mail-Erweiterung) und bezeichnet ein Format, mit dem Dateien aller Art über das Internet transportiert werden können. Dabei wird ein spezieller Header mitgesendet, der insbesondere die Angabe des *MIME-Typs* (*Content Type*) enthält.

Beispiel:

```
Content-type: text/plain
```

Im Fall von Mail-Nachrichten folgt diesem Header in codierter Form ein Anhang mit dem Inhalt. Im Fall der Übertragung eines Dokuments vom Webserver zum Browser wird der Anhang nicht codiert, sondern direkt im Binärformat übertragen. Die Browser können dann so eingerichtet werden, dass sie nach der Anforderung eines bestimmten MIME-Typs sofort eine passende Anwendung starten. Welche MIME-Typen Ihr Server für bestimmte Dokumente verwendet, können Sie selbst frei festlegen – ob der Browser der Clients dann damit etwas anfangen kann, ist allerdings eine andere Frage.

Mit `AddType` setzen Sie den MIME-Typ.

AddType	
Syntax:	`AddType` *MIME-Typ Erweiterung Erweiterung* ...
Kontext:	Serverkonfiguration, virtueller Host, Verzeichnis, *.htaccess*

Die Einstellung `TypesConfig` legt eine Datei fest, welche ebenfalls bestimmten Dateierweiterungen einen MIME-Typ zuordnet.

TypesConfig	
Syntax:	`TypesConfig` *Dateiname*
Voreinstellung:	`TypesConfig conf/MIME.types`
Kontext:	Serverkonfiguration

Beispiele:

```
AddType image/gif  GIF
AddType image/jpeg JPG
AddType image/png  PNG
```

Ein Auszug aus der Datei *MIME.types*:

```
application/x-gzip
application/x-tar         tar
audio/mpeg                mpga mp2 mp3
image/jpeg                jpeg jpg jpe
message/http
model/vrml                wrl vrml
multipart/form-data
text/html                 html htm
text/plain                asc txt
text/rtf                  rtf
text/sgml                 sgml sgm
text/xml                  xml
video/mpeg                mpeg mpg mpe
```

Content Encoding

Wenn die übertragene Datei komprimiert oder kodiert ist, gibt *Content Encoding* die Art der Kodierung an. `AddEncoding` legt diese *MIME-Kodierung* fest.

AddEncoding	
Syntax:	`AddEncoding` *MIME-Kodierung Erweiterung Erweiterung ...*
Kontext:	Serverkonfiguration, virtueller Host, Verzeichnis, *.htaccess*

Beispiel:

```
AddEncoding x-gzip gz
```

Content Language

`AddLanguage` gibt die Sprache für Dokumente mit bestimmten Dateierweiterungen an.

AddLanguage	
Syntax:	`AddLanguage` *`MIME-Sprache Erweiterung Erweiterung ...`*
Kontext:	Serverkonfiguration, virtueller Host, Verzeichnis, *.htaccess*

Beispiel:

```
AddLanguage en .en
```

Handler

`AddHandler` legt einen Handler (vgl. Kap. 6.3 »Handler«) für Dokumente mit bestimmten Dateierweiterungen fest.

AddHandler	
Syntax:	`AddHandler` *`Handler-Name Erweiterung Erweiterung ...`*
Kontext:	Serverkonfiguration, virtueller Host, Verzeichnis, *.htaccess*

Beispiel:

```
AddHandler cgi-script cgi
```

Voreinstellungen

`ForceType` legt einen MIME-Typ, `DefaultLanguage` eine Standardsprache und `SetHandler` einen Handler fest für alle Dateien in einem bestimmten Verzeichnis oder einer URI.

ForceType	
Syntax:	`ForceType` *`Medientyp`*
Kontext:	Verzeichnis, *.htaccess*

DefaultLanguage	
Syntax:	DefaultLanguage *MIME-Sprache*
Kontext:	Serverkonfiguration, virtueller Host, Verzeichnis, *.htaccess*

SetHandler	
Syntax:	SetHandler *Handler-Name*
Kontext:	Verzeichnis, *.htaccess*

Beispiele:

```
<Directory /usr/local/apache2/htdocs/image_maps>
SetHandler imap-file
</Directory>

<Location /english>
DefaultLanguage en
</Location>

<Location /bilder>
ForceType image/gif
</Location>
```

Mit der Kerndirektive DefaultType legen Sie den Inhaltstyp fest für Dateien, deren Typ anhand der Liste von MIME-Typen nicht identifiziert werden kann.

DefaultType	
Syntax:	DefaultType *MIME-Typ*
Voreinstellung:	DefaultType text/html
Kontext:	Serverkonfiguration, virtueller Host, Verzeichnis, *.htaccess*

Diese Einstellung bietet sich z.B. an für Verzeichnisse, die ausschließlich Dateien eines bestimmten Typs enthalten, jedoch ohne Dateierweiterung.

Die Direktiven AddHandler, SetHandler und RemoveHandler werden weiter unten ausführlich behandelt (vgl. Kap. 6.3 »Handler«).

Bestimmen des Dokumenttyps anhand des Inhalts

In Fällen, in denen Sie den MIME-Typ eines Dokuments mit *mod_mime* nicht bestimmen können, kann *mod_mime_magic* diesen herausfinden, indem einige Bytes der Datei gelesen werden. Es arbeitet ähnlich wie das UNIX-file-Kommando.

Festlegen der Steuerdatei

Das Modul wird aktiviert, indem man mit der Direktive MimeMagicFile eine Datei festlegt, welche den Erkennungsvorgang steuert.

MimeMagicFile	
Syntax:	MimeMagicFile *Magic-Dateiname*
Voreinstellung:	keine
Kontext:	Serverkonfiguration, virtueller Host

In der Datei wird angegeben, an welcher Stelle eines Dokuments welche Information stehen sollte, falls es sich um einen bestimmten MIME-Typ handelt. Sie ist eine reine ASCII-Textdatei mit vier oder fünf Spalten. Leerzeilen sind erlaubt, werden aber ignoriert. Kommentare werden mit # eingeleitet. Die Bedeutung der Einträge in den einzelnen Spalten ist in der Tabelle angegeben.

Spalte	Bedeutung
1	Nummer des Bytes, bei dem mit der Überprüfung begonnen werden soll. ">" zeigt eine Abhängigkeit von der vorhergehenden Nicht-">"-Zeile an.
2	gesuchter Datentyp

Spalte		Bedeutung
	byte	einzelnes Zeichen
	short	16-Bit-Ganzzahl in maschinenabhängiger Byte-Reihenfolge
	long	32-Bit-Ganzzahl in maschinenabhängiger Byte-Reihenfolge
	string	Zeichenfolge beliebiger Länge
	date	Datum im UNIX-Datumsformat (Sekunden seit 1970)
	beshort	Big-Endian-16-Bit-Ganzzahl
	belong	Big-Endian-32-Bit-Ganzzahl
	bedate	Big-Endian-32-Bit-Datum
	leshort	Little-Endian-16-Bit-Ganzzahl
	lelong	Little-Endian-32-Bit-Ganzzahl
	ledate	Little-Endian-32-Bit-Datum
3		Inhalt der gesuchten Daten
4		MIME-Typ, falls gefunden
5		MIME-Kodierung, falls gefunden (optional)

Tab. 7.1: Aufbau der *MimeMagic-Steuerdatei*

Beispiele (vgl. Originaldokumentation):

Die folgende Steuerdatei würde einige Audioformate erkennen.

```
# Sun/NeXT audio data
0       string       .snd
>12     belong       1             audio/basic
>12     belong       2             audio/basic
>12     belong       3             audio/basic
>12     belong       4             audio/basic
>12     belong       5             audio/basic
>12     belong       6             audio/basic
```

```
>12    belong         7            audio/basic
>12    belong         23               audio/x-adpcm
```

Die nächste Steuerdatei würde den Unterschied zwischen Microsoft-Word-Dateien und FrameMaker-Dokumenten erkennen (beide haben die Erweiterung *.doc*).

```
# Frame
0 string \<MakerFile        application/x-frame
0 string \<MIFFile          application/x-frame
0 string \<MakerDictionary  application/x-frame
0 string \<MakerScreenFon   application/x-frame
0 string \<MML              application/x-frame
0 string \<Book             application/x-frame
0 string \<Maker            application/x-frame

# MS-Word
0 string \376\067\0\043           application/msword
0 string \320\317\021\340\241\261 application/msword
0 string \333\245-\0\0\0          application/msword
```

Eine optionale MIME-Kodierung kann in der fünften Spalte angegeben werden.

Beispiel:

Die folgende Steuerdatei kann *gzip*-komprimierte Dateien erkennen und die entsprechende MIME-Kodierung setzen.

```
# gzip
0 string \037\213 application/octet-stream  x-gzip
```

6.2 Aktionen

Die Direktiven des Moduls *mod_actions* (ab Apache 1.1) legen Aktionen (in der Regel CGI-Skripte) fest, die bei der Bearbeitung von Anforderungen automatisch ausgeführt werden.

Skriptausführung in Abhängigkeit von Dateityp/Methode

Die Einstellung `Action` assoziiert ein bestimmtes Skript mit einem Handler (vgl. auch das folgende Kap. 6.3 »Handler«) oder einem MIME-Typ. Damit können Sie erreichen, dass alle Dateien des angegebenen Typs zunächst durch das Skript »gefiltert« werden.

`Action`	
Syntax:	`Action` *`Aktionstyp CGI-Skript`*
Kontext:	Serverkonfiguration, virtueller Host, Verzeichnis, *.htaccess*

> **HINWEIS**
> Beispiele für die Verwendung der `Action`-Direktive finden Sie in Kap. 10.4 »PHP«.

Die Einstellung `Script` verknüpft ein Skript mit einer HTTP-Methode wie `GET` oder `POST`.

`Script`	
Syntax:	`Script` *`Methode CGI-Skript`*
Kontext:	Serverkonfiguration, virtueller Host, Verzeichnis

Beispiel:

```
Script GET /cgi-bin/search
```

Bei einer Anforderung mit der `GET`-Methode wird das Skript *search* im Verzeichnis */cgi-bin* aktiviert.

6.3 Handler

Ein *Handler* beschreibt die Aktionen, die beim Zugriff auf bestimmte Dokumente ausgeführt werden. Normalerweise hängt es vom MIME-Typ eines Dokuments ab, welcher Handler verwendet wird. Mit den

Direktiven AddHandler bzw. SetHandler können Sie dagegen den Handler in Abhängigkeit von der Dateierweiterung bzw. dem Verzeichnis oder der URI festlegen.

Beispiel:

```
AddHandler cgi-script cgi
```

Für alle Dateien mit der Erweiterung *cgi* wird der Handler *cgi-script* aufgerufen.

Beispiel:

```
<Directory /usr/local/apache2/htdocs/image_maps>
SetHandler imap-file
</Directory>
```

Für alle Dateien im Verzeichnis *image_maps* wird der Handler *imap-file* aufgerufen.

Beispiel:

```
<Location /server-status>
SetHandler server-status
</Location>
```

Für alle Zugriffe auf die URI */server-status* wird der Handler *server-status* aufgerufen.

Mit RemoveHandler wird die Zuordnung eines Handlers zu einer Dateierweiterung (die beispielsweise ein Unterverzeichnis von seinem übergeordneten Verzeichnis »geerbt« hat) wieder aufgehoben.

Eingebaute Handler in der Standarddistribution (in Klammern ist jeweils das Modul angegeben):

- *default-handler*:
  Datei mit der internen Funktion default_handler() senden, welches der standardmäßig verwendete Handler für statische Inhalte ist. (*core*)

- *send-as-is*:
  Datei mit HTTP-Header senden, so wie sie ist (engl.: as is). (*mod_asis*)
- *cgi-script*:
  Datei als CGI-Skript behandeln. (*mod_cgi*)
- *imap-file*:
  Imagemap-Regel-Datei. (*mod_imap*)
- *isapi-isa* (nur Win32):
  Erlaubt das Laden von ISA-DLLs im `DocumentRoot`-Verzeichnis, wenn auf ihre URLs zugegriffen wird (vgl. Abschnitt »ISAPI« weiter hinten in diesem Kapitel). (*mod_isapi*)
- *server-info*:
  Konfigurationsinformation vom Server holen. (*mod_info*)
- *server-parsed*:
  Für Server-side Includes parsen. (*mod_include*)
- *server-status*:
  Statusbericht vom Server holen. (*mod_status*)
- *type-map*:
  Als Type-Map-Datei für Content Negotiation parsen. (*mod_negotiation*)

CGI

Das Modul *mod_cgi* kontrolliert die Ausführung von CGI-Skripten (vgl. auch Kap. 10 »Skriptausführung«).

Protokollieren von Fehlern in CGI-Skripten

Die Direktive `ScriptLog` legt eine Protokolldatei fest, in der Informationen für die Fehlersuche in CGI-Skripten gespeichert werden.

ScriptLog	
Syntax:	`ScriptLog` *`Dateiname`*
Voreinstellung:	Keine
Kontext:	Serverkonfiguration

`ScriptLogLength` legt die Maximallänge der Protokolldatei fest. Nachdem das Skript fehlerfrei läuft, sollte die Protokollierung jedoch abgeschaltet werden, da sie den Server stark belastet und Angriffsmöglichkeiten für Hacker bietet.

ScriptLogLength	
Syntax:	`ScriptLogLength` *`Zahl`*
Voreinstellung:	`10385760`
Kontext:	Serverkonfiguration

`ScriptLogBuffer` legt die Maximalgröße des Puffers für die Speicherung einer `POST`-Anforderung fest.

ScriptLogBuffer	
Syntax:	`ScriptLogBuffer` *`Zahl`*
Voreinstellung:	`1024`
Kontext:	Serverkonfiguration

Senden von Dateien ohne Header

Das Modul *mod_asis* ist der Handler für *.asis*-Dateien. Dieses Modul wird standardmäßig in Apache einkompiliert.

Wenn Sie eine Zeile wie

```
AddType httpd/send-as-is asis
```

in die Konfigurationsdatei einfügen, so können Sie Dateien mit der angegebenen Erweiterung (hier *.asis*) »as is« (deutsch: wie sie sind), also ohne HTTP-Header an den Client senden. Die Datei muss dann selbst den passenden Header enthalten.

Imagemaps

Das Modul *mod_imap* ist der Handler für *Imagemap*-Dateien.

Wenn Sie eine Zeile wie

```
AddHandler imap-file map
```

in Ihre Konfigurationsdatei einfügen, so wird für Dateien mit der Erweiterung *.map* automatisch der Imagemap-Handler aus *mod_imap* aufgerufen.

Mithilfe dieses Handlers können Sie anklickbare Bilder (*Clickable Images*) realisieren. Solche Bilder sind in verschiedene Bereiche eingeteilt, welche praktisch Links darstellen: Wird ein bestimmter Bereich angeklickt, so wird die dazugehörige URL angesteuert. Ein typisches Beispiel sind Landkarten: Durch Anklicken eines bestimmten Landes oder Gebiets können Informationen zu dieser Region abgerufen werden.

Ein einfaches HTML-Dokument mit einer Imagemap sieht etwa so aus:

```
<html>
<head>
<title>Imagemap-Test</title>
</head>
<body>
<a href="map1.map">
<img src="map1.gif" alt="[ImagepMap]" ismap="ismap">
</a>
</body>
</html>
```

Eine Imagemap-Datei enthält Zeilen, die wie folgt aufgebaut sind:

```
Anweisung Wert x,y ... Menütext
```

Der Menütext steht in Anführungszeichen. Er kann auch ganz fehlen. Die Koordinaten `x` und `y`, von denen je nach Anweisung gar kein, ein oder mehrere Paare notwendig sind, dürfen auch am Ende stehen.

Die folgenden Anweisungen legen anklickbare Bereiche fest:

- `poly`
  Legt ein Polygon (Vieleck) fest.
- `circle`
  Legt einen kreisförmigen Bereich fest.
- `rect`
  Legt einen rechteckigen Bereich fest.

Weiterhin sind auch noch die folgenden Anweisungen möglich:

- `point`
  Legt einen einzelnen Punkt fest. Wenn nicht außerhalb aller Bereiche geklickt wurde, so wird diejenige `point`-Anweisung ausgeführt, deren Koordinaten den angeklickten am nächsten sind.
- `default`
  Legt die Standard-Aktion fest, welche ausgeführt wird, wenn die angeklickten Koordinaten in keinem der mit den `poly`-, `circle`- oder `rect`-Anweisungen festgelegten Bereiche liegt und keine `point`-Anweisung vorhanden ist.
- `base`
  Legt die Basis-URL fest. Relative URLs in den anderen Anweisungen werden auf diese Basis-URL bezogen.

Der Wert zu jeder Anweisung ist jeweils eine URL, welche im Fall der verschiedenen Bereiche und der `point`-Anweisung angesteuert wird, wenn die angeklickten Koordinaten im entsprechenden Bereich bzw. dem angegebenen Punkt am nächsten liegen.

Der angegebene Menütext wird als Beschreibung des Links angezeigt, wenn ein Imagemap-Menü erzeugt wird (vgl. Abschnitt »Menü« weiter hinten in diesem Kapitel).

Beispiel:

```
#Dies ist eine Beispiel-Imagemap-Datei
base http://meinname.meine.domain/
default doc0.html "doc0"
rect doc1.html 61,0 90,30 "doc1"
rect doc2.html 31,0 60,30 "doc2"
rect doc3.html 0,0 30,30 "doc3"
```

Kommentare in der Imagemap-Datei werden durch # eingeleitet.

Basis-URL

Die `ImapBase`-Konfigurationseinstellung gibt die Standard-Basis-URL an. Diese Voreinstellung kann durch die `base`-Anweisung innerhalb der Datei überschrieben werden. Standardwert ist *http://Servername/*.

`ImapBase`	
Syntax:	`ImapBase map | referer | URL`
Kontext:	Serverkonfiguration, virtueller Host, Verzeichnis, *.htaccess*

Voreinstellung

Die Direktive `ImapDefault` legt die Voreinstellung für die Standardaktion fest. Diese Voreinstellung kann durch die `default`-Anweisung innerhalb der Datei überschrieben werden.

`ImapDefault`	
Syntax:	`ImapDefault error | nocontent | map | referer | URL`
Kontext:	Serverkonfiguration, virtueller Host, Verzeichnis, *.htaccess*

Menü

Die Direktive `ImapMenu` bestimmt das Aussehen des Imagemap-Menüs, wenn keine gültigen Koordinaten angeklickt wurden.

ImapMenu	
Syntax:	`ImapMenu none | formatted | semiformatted | unformatted`
Kontext:	Serverkonfiguration, virtueller Host, Verzeichnis, *.htaccess*

Die folgenden Werte sind möglich:

- `none`
  Es wird kein Menü erzeugt und die Standardaktion ausgeführt.
- `formatted`
  Erzeugung des einfachsten Menüs: ohne Kommentare, mit einer Überschrift, einer waagerechten Linie und je einer Zeile für die Links.
- `semiformatted`
  Halbformatiertes Menü mit Kommentaren, ohne Überschrift und Linie.
- `unformatted`
  Unformatiertes Menü mit Kommentaren. Leere Zeilen werden ignoriert.

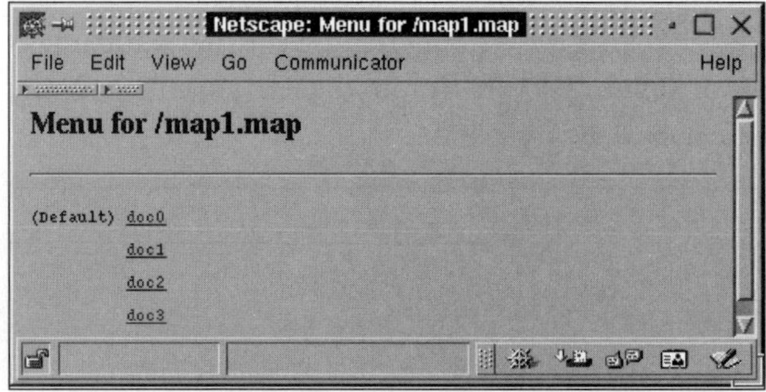

Abb. 6.1: Formatiertes Imap-Menü mit Überschrift

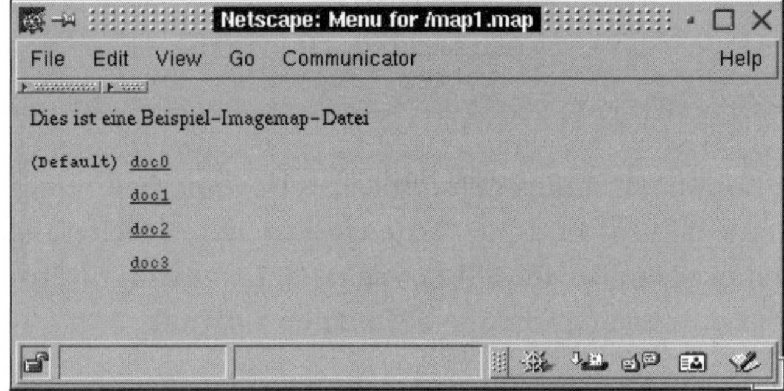

Abb. 6.2: Halbformatiertes Imap-Menü mit Kommentar

ISAPI

Das Modul *mod_isapi* stellt unter Windows Unterstützung für *ISAPI*-Erweiterungen zur Verfügung. Das Modul wird standardmäßig mit einkompiliert.

ISAPI (***I**nternet **S**erver **A**pplication **P**rogramming **I**nterface*) ist ähnlich wie CGI eine Methode, dynamische Inhalte im Web darzustellen.

Mit der Direktive

```
AddHandler isapi-isa dll
```

richten Sie für Dateien mit der Erweiterung *.dll* den Handler *ISAPI* ein.

Nun müssen die ISA-DLLs in das `DocumentRoot`-Verzeichnis gestellt werden, und immer wenn Clients auf die entsprechenden URLs zugreifen, werden diese geladen.

Server-side Includes

Das Modul *mod_include* ermöglicht das Parsen von Dokumenten auf dem Server.

Wenn Sie die Zeilen

```
AddHandler server-parsed shtml
Options +Includes
```

in Ihre Konfigurationsdatei einfügen (normalerweise innerhalb eines `<Directory>`-Containers), so wird für Dateien mit der Erweiterung *.shtml* automatisch der Handler für SSI (***S**erver-**s**ide **I**ncludes*) aufgerufen. Mit der `Options`-Anweisung wird die SSI-Engine aktiviert.

Server-side Includes (deutsch: Einschließen – von Dateien oder anderen Informationen – auf Server-Seite) ermöglichen es, ohne CGI-Skripte durch eingebettete Anweisungen in einem HTML-Dokument bestimmte Aktionen auf dem Server auszulösen.

Die Syntax für einen SSI-Befehl lautet:

```
<!--#element attribut=wert attribut=wert...-->
```

Vom HTML-Standpunkt aus ist dies ein Kommentar; der Server interpretiert jedoch den Befehl und ersetzt ihn durch dynamisch erzeugte Texte.

Die folgenden Elemente sind möglich:

- `config`
- `echo`
- `exec`
- `fsize`
- `flastmod`
- `include`
- `printenv`
- `set`
- `if, else, elif und endif`

config

Das Element `config` kontrolliert das Parsen der SSI-Befehle. Die folgenden Attribute sind gültig:

- `errmsg`
  Der Wert ist die Meldung, die an den Client gesendet wird, wenn während des Parsens ein Fehler auftritt.
- `sizefmt`
  Der Wert setzt das Format für die Angabe der Dateigröße.
- `timefmt`
  Der Wert setzt das Format für die Angabe eines Datums.

Beispiel:

```
<html>
<head>
<title>errmsg-Test</title>
</head>
<body>
<h1>Fehler<h1>
<!--#config errmsg="Da ging etwas schief."-->
<!--#config unsinn="Dies erzeugt einen Fehler."-->
</body>
</html>
```

Die zweite SSI-Zeile enthält das ungültige Element `unsinn` und löst einen Fehler aus. Dadurch wird die in der darüber stehenden Zeile festgelegte Fehlermeldung angezeigt.

echo

`echo` gibt eine Umgebungsvariable aus.

Beispiele:

- Dokument-URI:

```
<html>
<head>
<title>echo-Test</title>
</head>
<body>
<h1>DOCUMENT_URI<h1>
<!--#echo var="DOCUMENT_URI"-->
</body>
</html>
```

- Datum und Uhrzeit Greenwich Mean Time:

```
<html>
<head>
<title>echo-Test</title>
</head>
<body>
<h1>DATE_GMT<h1>
<!--#echo var="DATE_GMT"-->
</body>
</html>
```

exec

`exec` führt einen Shell-Befehl oder ein CGI-Skript aus.

- `cgi`
  Der Wert gibt einen relativen URL-Pfad zu dem auszuführenden CGI-Skript an.
- `cmd`
  Führt den angegebenen Text mit *bin/sh* aus.

Beispiel:

```
<html>
```

```
<head>
<title>exec-Test</title>
</head>
<body>
<h1>cmd<h1>
Jetzt wird das Kommando "ls -l" ausgeführt:<br>
<< <!--#exec cmd="ls -l"--> >>
</body>
</html>
```

fsize

`fsize` gibt die Größe der angegebenen Datei aus. Die folgenden Attribute sind gültig:

- `file`
  Der Wert ist ein relativer Pfad, bezogen auf das Verzeichnis, in dem das aktuelle Dokument sich befindet.
- `virtual`
  Der Wert ist eine relative URL, bezogen auf das aktuelle Dokument.

Beispiel:

```
<html>
<head>
<title>filesize-Test</title>
</head>
<body>
<h1>Dateigroesse<h1>
<!--#config sizefmt="bytes"-->
Die Groesse der Datei test.dat ist
<!--#filesize file="test.dat"--> Bytes.
</body>
</html>
```

Die Größe der Datei *test.dat* wird angezeigt.

flastmod

`flastmod` gibt das Datum der letzten Änderung der angegebenen Datei aus. Die Attribute sind dieselben wie bei `fsize`.

Beispiel:

```
<html>
<head>
<title>flastmod-Test</title>
</head>
<body>
<h1>Aenderungsdatum<h1>
<!--#config timefmt="%A %B %C"-->
Das Datum der letzten Aenderung der Datei test.dat
ist <!--#flastmod file="test.dat"-->
</body>
</html>
```

Das Datum der letzten Änderung der Datei *test.dat* wird angezeigt.

include

`include` fügt andere Dateien unmittelbar an dieser Stelle ein. Die folgenden Attribute sind gültig:

- `file`
  Der Wert ist ein relativer Pfad, bezogen auf das Verzeichnis, in dem das aktuelle Dokument sich befindet.
- `virtual`
  Der Wert ist eine relative URL, bezogen auf das aktuelle Dokument.

Beispiel:

```
<html>
<head>
<title>include-Test</title>
```

```
</head>
<body>
<h1>Datei inkludieren<h1>
Es folgt der Inhalt der Datei test.dat:<br>
<< <!--#include file="test.dat"--> >>
</body>
</html>
```

printenv

`printenv` gibt eine Liste aller Umgebungsvariablen aus.

Beispiel:

```
<html>
<head>
<title>printenv-Test</title>
</head>
<body>
<h1>Umgebung<h1>
<< <!--#printenv --> >>
</body>
</html>
```

set

Setzt den Wert einer Umgebungsvariablen. Die folgenden Attribute sind gültig:

- `var`
  Name der festzulegenden Variablen
- `value`
  Der neue Wert

Beispiel:

```
<html>
<head>
<title>set-Test</title>
</head>
<body>
<h1>MEIN_TEXT<h1>
<!--#set var="MEIN_TEXT" value="Hallo Welt" -->
<!--#echo var="MEIN_TEXT"-->
</body>
</html>
```

if, else, elif und endif

Mit den Elementen `if` (wenn), `else` (andernfalls) und `endif` können Sie die Ausführung der SSI-Anweisungen von einer Bedingung abhängig machen. `if` hat das Attribut `expr`, welches einen Testausdruck festlegt. Ergibt die Auswertung dieses Testausdrucks den Wert »wahr«, so werden die folgenden Zeilen ausgegeben (bzw., wenn es sich wieder um SSI-Anweisungen handelt, ausgeführt). Die auf das `else`-Element (welches auch fehlen kann) folgenden Anweisungen werden ausgeführt, wenn der Testausdruck »falsch« ergibt. Mit `elif` (else if) können weitere Bedingungen eingefügt werden.

Wenn der Testausdruck zwischen Schrägstrichen (`/`) steht, wird er als Regulärer Ausdruck (vgl. Anhang, Abschnitt »Reguläre Ausdrücke«) interpretiert.

Beispiel:

```
<html>
<head>
<title>if-Test</title>
</head>
<body>
```

```
<!--#if expr="${HTTP_USER_AGENT} = /MSIE/" -->
<h1>Microsoft Internet Explorer<h1>
<!--#else-->
<h1>Netscape Navigator<h1>
<!--#endif-->
</body>
</html>
```

Include-Variablen

Zusätzlich zu den für CGI-Skripten zur Verfügung stehenden Umgebungsvariablen (vgl. Kap. 11 »Umgebungsvariablen«) definiert das SSI-Modul die folgenden Variablen:

- `DATE_GMT`
  Datum nach GMT (***G**reenwich **M**ean **T**ime*)
- `DATE_LOCAL`
  Datum nach lokaler Zeitzone
- `DOCUMENT_NAME`
  Name des aktuellen SSI-Dokuments
- `DOCUMENT_URI`
  URL-Pfad zum Dokument
- `LAST_MODIFIED`
  Datum der letzten Änderung des aktuellen SSI-Dokuments im eingestellten Zeitformat

Rückwärtskompatibilität

Die Direktive `XBitHack` existiert nur noch aus Gründen der Rückwärtskompatibilität. Sie ermöglicht die automatische Behandlung von Server-side Includes, falls die Ausführungsberechtigung für eine Datei gesetzt ist. Stattdessen sollte besser ein Handler verwendet werden, wie oben beschrieben.

XBitHack	
Syntax:	`XBitHack On	Off`
Voreinstellung:	`XBitHack Off`
Kontext:	Serverkonfiguration, virtueller Host, Verzeichnis, *.htaccess*

Content Negotiation

Das Modul *mod_negotiation* ist verantwortlich für das Aushandeln des Inhalts (Content Negotiation).

Unter *Content Negotiation* versteht man das Auswählen einer Variante aus mehreren Alternativen für ein Dokument in Abhängigkeit von den Fähigkeiten und Präferenzen des Clients. Beispiele sind Bilder, die in unterschiedlichen Formaten vorliegen, oder HTML-Dokumente mit Text, von denen mehrere Versionen in unterschiedlichen Sprachen vorliegen. Je nach den Bilddarstellungsfähigkeiten des Browsers oder der bevorzugten Sprache des Anwenders kann dann die jeweils passende Version des Dokuments geliefert werden (vgl. auch Kap. 6.1 »Metainformationen«).

Es gibt grundsätzlich zwei Methoden, Content Negotiation zu realisieren:

- Multiviews
- Type Maps

> **HINWEIS**
> Die Verwendung von Content Negotiation kann Ihre Website beträchtlich aufwerten. Die Performance des Servers wird dadurch allerdings negativ beeinflusst.

Multiviews

Um Multiviews zu aktivieren, müssen Sie die Zeile

```
Options +MultiViews
```

in Ihre Konfigurationsdatei aufnehmen.

Wenn der Client nun eine Datei namens *bild1* anfordert, so wird *bild1.jpg* oder *bild1.gif* oder *bild1.png* zurückgegeben – je nachdem, welches Format der Browser des Clients akzeptieren kann. Kommen mehrere Formate infrage, so wählt der Server die kleinere Datei.

Dasselbe gilt für Dokumente in mehreren Sprachen: Fordert der Client die Datei *test.html* an, so wird *test.html.de* gesendet, falls die bevorzugte Sprache des Browsers Deutsch ist; ist es Englisch, so wird *test.html.en* geliefert usw.

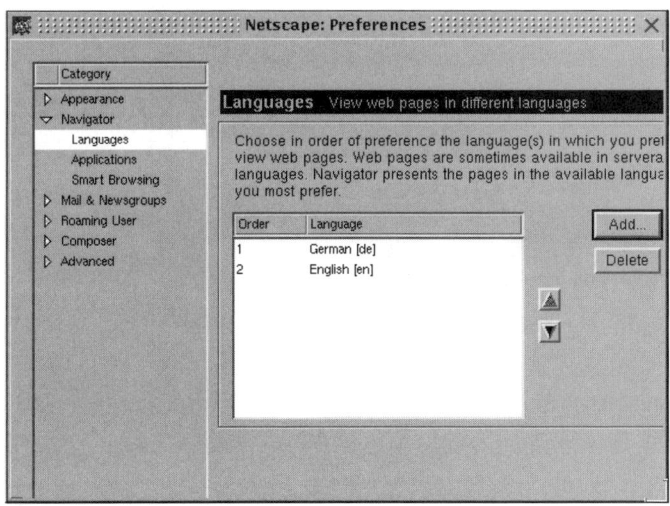

Abb. 6.3: Einstellen der bevorzugten Sprache beim Netscape-Browser

Mit der `AddLanguage`-Direktive (vgl. Kap. 6.1 »Metainformationen«, Abschnitt »Content Language«) ordnen Sie die verfügbaren Sprachen bestimmten Dateierweiterungen zu:

```
AddLanguage en .en
AddLanguage de .de
```

Die Einstellung `LanguagePriority` setzt die bevorzugte Sprache für den Fall, dass der Client keine Präferenz zum Ausdruck bringt.

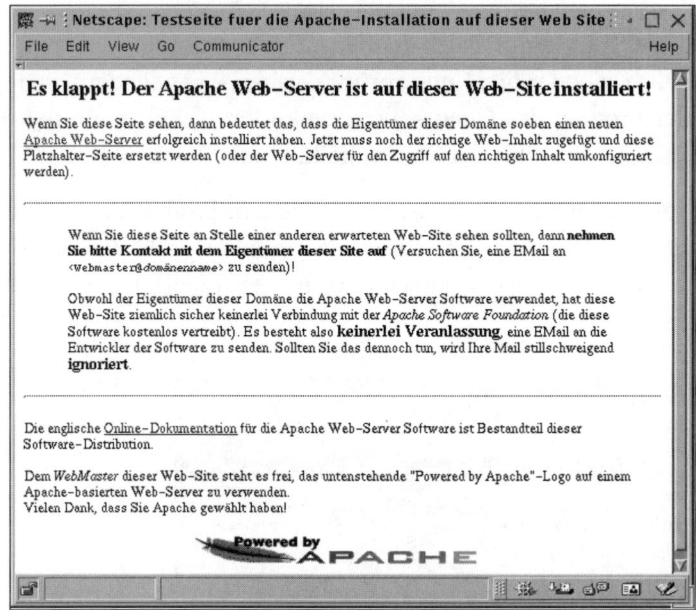

Abb. 6.4: Deutsche Version der Apache-Begrüßungsseite

Type Maps

Eine Alternative zur Verwendung von Multiviews mit der `Options`-Direktive stellen *Type Maps* dar. Wenn Sie die Zeile

```
AddHandler type-map var
```

in Ihre Konfigurationsdatei einfügen, so wird für Dateien mit der Erweiterung *.var* automatisch der Handler für Type Maps aufgerufen. Die zusätzliche Zeile

```
DirectoryIndex index.var
```

ermöglicht es, eine Reihe von sprachspezifischen Indexdateien *index.de.html*, *index.en.html* usw. zur Verfügung zu stellen. Die Datei *index.var* sieht wie folgt aus:

```
URI: index; vary="language"

URI: index.de.html
Content-type: text/html
Content-language: de

URI: index.en.html
Content-type: text/html
Content-language: en
```

Analog kann eine Type-Map-Datei *bild1.var* erstellt werden, um das Bild *bild1* in unterschiedlichen Formaten zu liefern:

```
URI: bild1; vary="type"

URI: bild1.jpg
Content-type: image/jpeg; qs=0.8 level=3

URI: bild1.gif
Content-type: image/gif; qs=0.5 level=1
```

Der Parameter `vary` kann die folgenden Werte annehmen:

- `type`
- `language`
- `charset`
- `encoding`

Die in obigem Beispiel angegebenen `qs`-Zahlen sind so genannte *Quality Scores*. Sie können Werte im Bereich von `0` bis `1` annehmen und stellen ein Maß für die Qualität eines bestimmten Dateiformats dar. Der gesamte `qs`-Faktor einer Variante wird ermittelt, indem die `qs`-Zahlen für `type`, `language`, `charset` und `encoding` miteinander multipliziert werden. Die Variante mit dem höchsten Wert wird zurückgegeben. Die `level`-Zahlen können frei gewählt werden. Sie werden berücksichtigt, wenn anhand der `qs`-Faktoren noch keine eindeutige Entscheidung zwischen mehreren Varianten möglich ist.

Konfigurationsinformation

Wenn das Modul *mod_info* (ab Apache 1.1) aktiviert ist, können Sie ausführliche Informationen über die Serverkonfiguration einschließlich aller aktiven Module erhalten.

Sie aktivieren die Erzeugung der Serverinformation mit den folgenden Zeilen:

```
<Location /server-info>
SetHandler server-info
</Location>
```

Beim Zugriff auf die URI */server-info* wird der Handler *server-info* aufgerufen, welcher die Informationen an den Browser sendet. Um die Serverinformationen abzufragen, brauchen Sie also nur diese URI anzusteuern. Geben Sie beispielsweise *http://localhost/server-info* in Ihrem Browser ein, wenn der Server lokal auf demselben Rechner läuft – ansonsten ersetzen Sie *localhost* eben durch den Servernamen und die Domain, z.B. *http://susanne-wigard.de/server-info*.

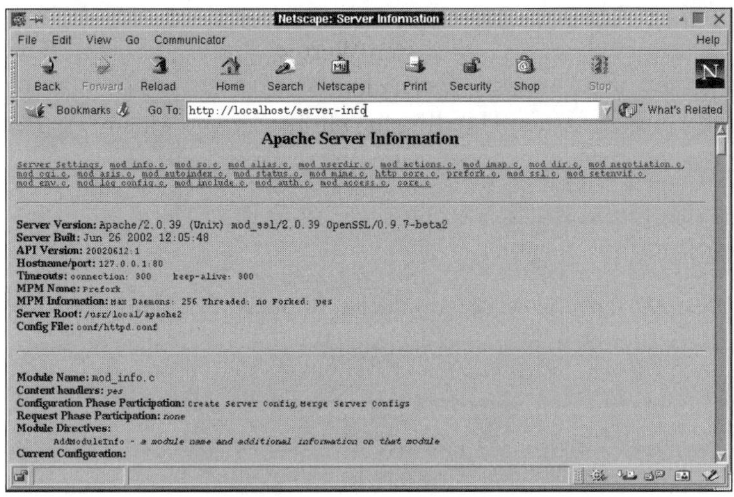

Abb. 6.5: Serverinformationen im Netscape-Browser

Informationen zu Modulen

Zusätzliche Informationen zu einem Modul können mit der Direktive `AddModuleInfo` in Form von HTML-Code eingefügt werden.

AddModuleInfo	
Syntax:	`AddModuleInfo` *`Modulname Zeichenkette`*
Kontext:	Serverkonfiguration, virtueller Host

Beispiel:

```
AddModuleInfo mod_auth.c "Anmerkung: ... <br>"
```

Der Browser zeigt die hier eingetragenen Informationen an, wenn Sie den Hyperlink *mod_auth.c* auf der Seite mit den Serverinformationen (vgl. Abbildung 6.5) anklicken, oder wenn Sie direkt */server-info/#mod_auth.c* ansteuern.

Anzeige des Server-Status

Die Anzeige von Statusinformationen mit *mod_status* erfolgt ähnlich wie bei *mod_info* über einen Handler:

```
<Location /server-status>
SetHandler server-status
</Location>
```

Über *http://servername.dom/server-status* können Sie dann auf die Informationen zugreifen.

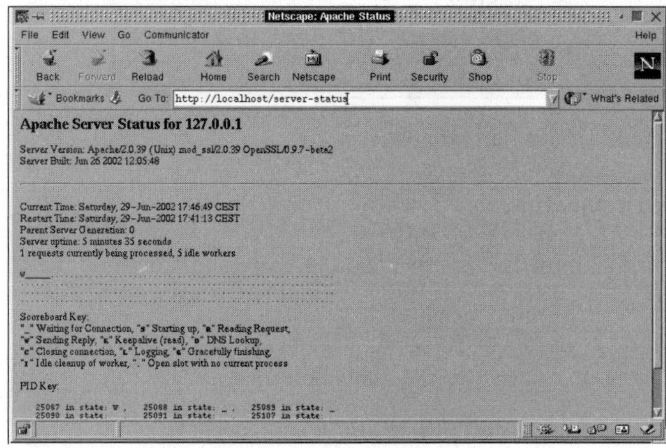

Abb. 6.6: Statusinformationen im Netscape-Browser

Erweiterte Informationen

Mit der Direktive `ExtendedStatus` legen Sie fest, ob erweiterte Statusinformationen angezeigt werden.

ExtendedStatus	
Syntax:	`ExtendedStatus On | Off`
Voreinstellung:	`ExtendedStatus Off`
Kontext:	Serverkonfiguration

6.4 Zusammenfassung, Fragen und Übungen

Zusammenfassung

- AddType legt den MIME-Typ, AddEncoding die MIME-Kodierung, AddLanguage die Sprache und AddHandler einen Handler für Dokumente mit bestimmten Dateierweiterungen fest. TypesConfig legt eine Datei fest, welche Dateierweiterungen einen MIME-Typ zuordnet. ForceType legt einen MIME-Typ, DefaultLanguage eine Standardsprache und SetHandler einen Handler fest für alle Dateien in einem bestimmten Verzeichnis oder einer URI.
- Mit der Kerndirektive DefaultType legen Sie den Inhaltstyp für Dateien fest, deren Typ anhand der Liste von MIME-Typen nicht identifiziert werden kann. MimeMagicFile legt eine Datei fest, welche die Erkennung des MIME-Typs steuert. Action assoziiert ein bestimmtes Skript mit einem MIME-Typ, Script mit einer HTTP-Methode wie GET oder POST. Mit AddHandler bzw. SetHandler können Sie einen Handler festlegen. Mit RemoveHandler wird die Zuordnung eines Handlers wieder aufgehoben.
- ScriptLog legt eine Protokolldatei für die Fehlersuche in CGI-Skripten fest, ScriptLogLength gibt deren Maximallänge an. ScriptLogBuffer legt die Maximalgröße des Puffers für eine POST-Anforderung fest. ImapBase gibt die Basis-URL für Imagemaps an. ImapDefault legt die Voreinstellung für die Standardaktion fest. ImapMenu bestimmt das Aussehen des Imagemap-Menüs. LanguagePriority setzt die bevorzugte Sprache bei Multiviews. Zusätzliche Informationen zu einem Modul können mit AddModuleInfo in den Server-Status-Bericht eingefügt werden. Mit ExtendedStatus legen Sie fest, ob erweiterte Server-Status-Informationen angezeigt werden.

Fragen und Übungen

1. Erstellen Sie eine Imagemap der Größe 100 x 1000, die in vier gleiche Teile aufgeteilt ist. Je nachdem, in welches Viertel der Anwender klickt, soll ein HTML-Dokument mit einem der Texte »oben links«, »oben rechts«, »unten links« oder »unten rechts« ausgegeben werden.

2. Erstellen Sie ein SSI-Skript, das den Inhalt der Datei *test.txt* ausgibt.

3. Stellen Sie die Seite *info.html* in mehreren Sprachen zur Verfügung.

4. Konfigurieren Sie den Server so, dass er unter der URL */info* die Serverkonfigurationsinformationen und unter */status* den Server-Status ausgibt.

7 Indexerstellung

Der beim Aufruf eines Verzeichnisses ohne Angabe eines Dateinamens angezeigte *Index* (Inhaltsverzeichnis) kann auf zwei Arten entstehen:

- eine durch den Anwender erstellte Seite, z.B. *index.html* oder *default.html* (vgl. Direktive `DirectoryIndex` in Kap. 7.2 »Standardverhalten für Verzeichnisse«)
- eine automatisch durch den Server erzeugte Seite (vgl. Abbildung 7.1)

Index of /

Name	Last modified	Size	Description
Parent Directory	08-Apr-2000 22:48	-	
apache_pb.gif	03-Jul-1996 07:18	2k	
index.alt.html	08-Apr-2000 22:49	2k	
manual/	08-Apr-2000 22:48	-	

Apache/1.3.4 Server at 127.0.0.1 Port 80

Abb. 7.1: Automatisch erzeugte Verzeichnisauflistung

7.1 Automatisches Auflisten von Verzeichnissen

Das Modul *mod_autoindex* kontrolliert das automatische Erzeugen einer Verzeichnisauflistung durch den Server. *mod_mime* muss dazu ebenfalls einkompiliert oder geladen sein.

Die Direktiven in der Datei *httpd.conf*, die dieses Modul betreffen, könnten in etwa wie folgt aussehen (vgl. mit der Distribution ausgelieferte Konfigurationsdatei):

```
Alias /icons/ "C:/Programme/Apache Group/Apache2/icons/"
# ...
IndexOptions FancyIndexing VersionSort
AddIconByEncoding (CMP,/icons/compressed.gif) x-compress x-gzip
AddIconByType (TXT,/icons/text.gif) text/*
#Weitere AddIconByType-Direktiven
AddIcon /icons/binary.gif .bin .exe
#Weitere AddIcon-Direktiven
DefaultIcon /icons/unknown.gif
AddDescription "GZIP-komprimiertes Dokument" .gz
#Weitere AddDescription-Direktiven
ReadmeName README.html
HeaderName HEADER.html
IndexIgnore .??* *~ *# HEADER* README* RCS CVS *,v *,t
AddEncoding x-compress Z
#Weitere AddEncoding-Direktiven
```

Optionen

Die Direktive IndexOptions legt Einstellungen für die automatische Erstellung der Index-Seite fest.

IndexOptions	
Syntax:	IndexOptions [+|-]*Option* [+|-]*Option* ...
Kontext:	**Serverkonfiguration, virtueller Host, Verzeichnis, *.htaccess***

Die folgenden Optionen sind möglich:

- DescriptionWidth legt die Breite der Beschreibungsspalte in Zeichen fest.
- FancyIndexing schaltet die Aufbereitung der Verzeichnisauflistung ein (vgl. Abschnitt »FancyIndexing« weiter unten in diesem Kapitel).

- FoldersFirst stellt sicher, dass Unterverzeichnisse zuerst angezeigt werden.
- HTMLTable erzeugt eine Verzeichnisauflistung in Form einer HTML-Tabelle.
- IconsAreLinks macht bei Verwendung von IndexOptions FancyIndexing die Symbole zu einem Teil des Ankers für den Dateinamen.
- IconHeight[=pixels], IconWidth[=pixels] veranlasst den Server, HEIGHT- und WIDTH-Attribute in das IMG-Tag für das Dateisymbol einzufügen. Dadurch kann der Browser die Seite vorausberechnen, ohne abzuwarten, bis alle Bilder geladen sind. Wenn kein Wert für die Optionen angegeben wird, ist die Voreinstellung die Standardhöhe und -breite der Symbole, die mit der Apache-Software ausgeliefert werden.
- IgnoreClient sorgt dafür, dass alle vom Client mit der Anforderung übermittelten Parameter (einschließlich Sortierreihenfolge) ignoriert werden.
- NameWidth=[n | *] gibt die Breite der Dateinamenspalte in Bytes an. Wenn der Wert * ist, wird die Breite automatisch eingestellt auf die Länge des längsten Dateinamens in der Anzeige.
- ScanHTMLTitles ermöglich die Extraktion des Titels aus HTML-Dokumenten bei Verwendung von IndexOptions FancyIndexing. Wenn die Datei keine mit AddDescription festgelegte Beschreibung hat, wird das Dokument nach dem Wert des TITLE-Tags durchsucht. Dies belastet sowohl den Prozessor als auch den Speicher sehr stark.
- SuppressColumnSorting legt fest, dass Apache die Spaltenüberschriften in einer Verzeichnisauflistung bei Verwendung von IndexOptions FancyIndexing nicht als Links zum Sortieren darstellt. Standardmäßig sind sie Links; durch Auswählen der Spaltenüberschrift wird die Verzeichnisauflistung nach den Werten in dieser Spalte sortiert.

- `SuppressDescription` unterdrückt die Dateibeschreibung in Verzeichnisauflistungen bei Verwendung von `IndexOptions FancyIndexing`.
- `SuppressHTMLPreamble` – wenn das Verzeichnis eine Datei enthält, die in der `HeaderName`-Direktive angegeben ist, fügt das Modul normalerweise den Inhalt der Datei nach einer Standard-HTML-Präambel (einem Vorspann wie `<html>`, `<head>` usw.) ein. Die Direktive `SuppressHTMLPreamble` deaktiviert dieses Verhalten; sodass das Modul die Anzeige mit dem Inhalt der Header-Datei beginnt. Die Header-Datei muss in diesem Fall geeignete HTML-Anweisungen enthalten. Wenn keine Header-Datei existiert, wird der Vorspann wie gewöhnlich erzeugt.
- `SuppressIcon` unterdrückt die Dateibeschreibung in Verzeichnisauflistungen bei Verwendung von `IndexOptions FancyIndexing`.
- `SuppressLastModified` unterdrückt die Anzeige des Datums der letzten Änderung in einer Verzeichnisauflistung bei Verwendung von `IndexOptions FancyIndexing`.
- `SuppressRules` unterdrückt die horizontalen Linien (`<HR>`-Tags) in Verzeichnisauflistungen bei Verwendung von `IndexOptions FancyIndexing`.
- `SuppressSize` unterdrückt die Anzeige der Dateigröße in einer Verzeichnisauflistung bei Verwendung von `IndexOptions FancyIndexing`.
- `TrackModified` gibt die Last-Modified- und ETag-Werte für das aufgelistete Verzeichnis im HTTP-Header zurück (funktioniert unter Windows nur mit NTFS-Dateisystem.)
- `VersionSort` sorgt dafür, dass Dateien mit Versionsnummern in der entsprechenden Reihenfolge sortiert werden (sodass z.B. die Datei *foo-1.7.2* vor der Version *foo-1.7.12* eingeordnet wird).

FancyIndexing

Die Einstellung `IndexOptions FancyIndexing` aktiviert die aufbereitete Darstellung für ein Verzeichnis. Abbildung 7.1 im ersten Abschnitt dieses Kapitels stellt die Ausgabe mit `FancyIndexing` dar. Abbildung. 7.2 zeigt die Ausgabe ohne `FancyIndexing`.

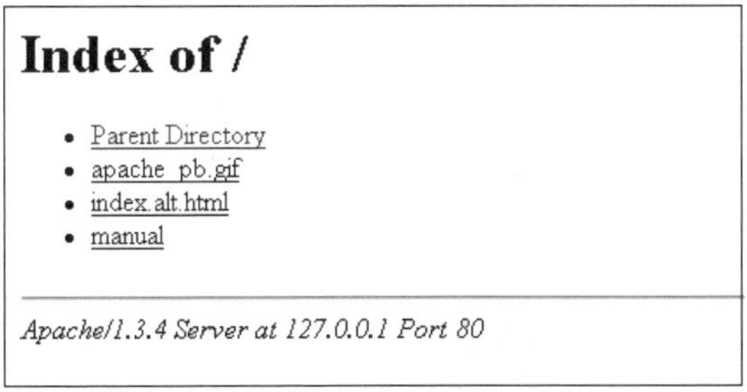

Index of /

- Parent Directory
- apache_pb.gif
- index.alt.html
- manual

Apache/1.3.4 Server at 127.0.0.1 Port 80

Abb. 7.2: Verzeichnisauflistung ohne IndexOptions FancyIndexing

Angabe von Alternativtexten

Mit den folgenden Direktiven können Sie einen Alternativtext festlegen, der bei Verwendung von `IndexOptions FancyIndexing` anstelle eines Symbols für eine Datei angezeigt werden soll, falls der Client keine Bilder darstellen kann (z.B. Lynx-Browser) oder die Darstellung von Bildern deaktiviert hat.

Dieser Alternativtext wird unter Windows bei einigen Browsern auch während des Ladevorgangs oder als Quickinfo beim Zeigen mit der Maus auf ein Symbol angezeigt.

Der Ersatztext muss in Anführungszeichen angegeben werden.

`AddAlt` legt den Alternativtext fest für Dateierweiterungen, Teile von Dateinamen, Ausdrücke mit Platzhaltern oder für komplette Dateinamen.

AddAlt	
Syntax:	`AddAlt` *Zeichenkette Dateiname Dateiname ...*
Kontext:	Serverkonfiguration, virtueller Host, Verzeichnis, *.htaccess*

`AddAltByEncoding` verhält sich wie `AddAlt`, jedoch für bestimmte MIME-Kodierungen (Content Encoding) wie z.B. `x-compress`.

AddAltByEncoding	
Syntax:	`AddAltByEncoding` *Zeichenkette MIME-Kodierung MIME-Kodierung ...*
Kontext:	Serverkonfiguration, virtueller Host, Verzeichnis, *.htaccess*

`AddAltByType` verhält sich wie `AddAlt`, jedoch für bestimmte MIME-Typen (Content Type) wie z.B. `text/html`.

AddAltByType	
Syntax:	`AddAltByType` *Zeichenkette MIME-Typ MIME-Typ ...*
Kontext:	Serverkonfiguration, virtueller Host, Verzeichnis, *.htaccess*

Dateibeschreibung festlegen

Die Direktive `AddDescription` setzt bei Verwendung von `IndexOptions FancyIndexing` die Dateibeschreibung für Dateierweiterungen, Teile von Dateinamen, Ausdrücke mit Platzhaltern oder für komplette Dateinamen. Die Beschreibung muss in Anführungszeichen angegeben werden.

AddDescription	
Syntax:	`AddDescription` *Zeichenkette Dateiname Dateiname ...*
Kontext:	Serverkonfiguration, virtueller Host, Verzeichnis, *.htaccess*

Beispiel:

```
AddDescription "GZIP-komprimiertes Dokument" .gz
```

Für alle Dateien mit der Erweiterung *.gz* wird die Beschreibung »GZIP-komprimiertes Dokument« angezeigt.

Symbole festlegen

Die folgenden Direktiven setzen das Symbol, das bei Verwendung von `IndexOptions FancyIndexing` neben der entsprechenden Datei angezeigt werden soll. Das Symbol wird angegeben entweder als relative URL oder im Format `(alttext,url)`, wobei `alttext` der Ersatztext für nichtgrafische Browser ist.

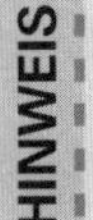

Zwischen dem Komma nach dem Ersatztext und der URL darf kein Leerzeichen stehen.

`AddIcon` setzt das Symbol für Dateierweiterungen, Teile von Dateinamen, Ausdrücke mit Platzhaltern, für komplette Dateinamen, für Verzeichnisse (`^^DIRECTORY^^`) oder für leere Zeilen (`^^BLANKLINE^^`).

AddIcon	
Syntax:	`AddIcon` *`Symbol Name Name ...`*
Kontext:	Serverkonfiguration, virtueller Host, Verzeichnis, *.htaccess*

Wenn das Verzeichnis, in dem sich die Symbole befinden, nicht unterhalb von `DocumentRoot` liegt, können Sie eine `Alias`-Direktive dafür angeben (vgl. Kap. 4.1 »Aliase und Redirections«).

Beispiel:

```
Alias /icons/ "C:/Programme/Apache Group/Apache2/icons/"
AddIcon /icons/binary.gif .bin .exe
```

Für Dateien mit den Erweiterungen *.bin* und *.exe* wird das Symbol in der Datei */icons/binary.gif* angezeigt.

`AddIconByEncoding` funktioniert wie `AddIcon`, jedoch für bestimmte MIME-Kodierungen (Content Encoding) wie z.B. `x-compress`.

AddIconByEncoding	
Syntax:	`AddIconByEncoding` *Symbol MIME-Kodierung MIME-Kodierung ...*
Kontext:	Serverkonfiguration, virtueller Host, Verzeichnis, *.htaccess*

Beispiele:

Für Dateien mit der MIME-Kodierung `x-compress` wird das Symbol in der Datei */icons/compressed.gif* angezeigt. Bei nichtgrafikfähigen Browsern oder wenn die Grafikanzeige deaktiviert ist, erscheint der Ersatztext `CMP`:

```
AddIconByEncoding (CMP,/icons/compressed.gif) x-compress x-gzip
```

Für Verzeichnisse wird das Symbol in der Datei */icons/folder.gif* angezeigt:

```
AddIcon /icons/folder.gif ^^DIRECTORY^^
```

Für leere Zeilen wird das Symbol in der Datei */icons/blank.gif* angezeigt:

```
AddIcon /icons/blank.gif ^^BLANKICON^^
```

`AddIconByType` funktioniert wie `AddIcon`, jedoch für bestimmte MIME-Typen (*Content Type*) wie z.B. `text/html`.

AddIconByType	
Syntax:	`AddIconByType` *Symbol MIME-Typ MIME-Typ ...*
Kontext:	Serverkonfiguration, virtueller Host, Verzeichnis, *.htaccess*

Beispiel:

Für Dateien mit dem MIME-Typ `text/*` (der Stern dient hier als Platzhalter) wird das Symbol in der Datei */icons/text.gif* angezeigt. Bei nichtgrafikfähigen Browsern oder wenn die Grafikanzeige deaktiviert ist, erscheint der Ersatztext `TXT`:

```
AddIconByType (TXT,/icons/text.gif) text/*
```

`DefaultIcon` setzt das Symbol für Dateien, für die kein spezielles Symbol festgelegt ist.

DefaultIcon	
Syntax:	`DefaultIcon` *URL*
Kontext:	Serverkonfiguration, virtueller Host, Verzeichnis, *.htaccess*

Beispiel:

Für Dateien, denen kein anderes Symbol zugeordnet ist, wird das Symbol in der Datei */icons/unknown.gif* angezeigt:

```
DefaultIcon /icons/unknown.gif
```

Dateien einfügen

Mit den folgenden Direktiven können Sie den Inhalt zusätzlicher HTML- oder Textdateien mit in die Verzeichnisauflistung aufnehmen.

`HeaderName` setzt den Namen der Datei, die am Anfang der Verzeichnisauflistung eingesetzt wird.

HeaderName	
Syntax:	`HeaderName` *Dateiname*
Kontext:	Serverkonfiguration, virtueller Host, Verzeichnis, *.htaccess*

Beispiel:

```
HeaderName HEADER.html
```

`ReadmeName` setzt den Namen der Datei, die am Ende der Verzeichnisauflistung eingesetzt wird.

ReadmeName	
Syntax:	`ReadmeName` *Dateiname*
Kontext:	Serverkonfiguration, virtueller Host, Verzeichnis, *.htaccess*

Beispiel:

```
ReadmeName README.html
```

Dateien aus der Liste ausschließen

Die Direktive `IndexIgnore` fügt einen Eintrag zu der Liste der Dateien (bzw. Dateierweiterungen, Teile von Dateinamen, Ausdrücke mit Platzhaltern oder kompletten Dateinamen) hinzu, die in der Verzeichnisauflistung nicht mit angezeigt werden.

`IndexIgnore`	
Syntax:	`IndexIgnore` *`Dateiname Dateiname ...`*
Kontext:	Serverkonfiguration, virtueller Host, Verzeichnis, *.htaccess*

Beispiel:

```
IndexIgnore .??* *~ *# HEADER* README* RCS CVS
```

Dateinamen, die mit einem Punkt beginnen und aus mindestens drei Zeichen bestehen oder deren letztes Zeichen die Tilde (~) oder die Raute (#) ist oder die mit `HEADER` bzw. `README` beginnen oder die `RCS` bzw. `CVS` lauten, werden nicht angezeigt.

Sortierreihenfolge festlegen

Die Direktive `IndexOrderDefault` legt die Standard-Sortierreihenfolge bei Verwendung von `IndexOptions FancyIndexing` fest.

`IndexOrderDefault`	
Syntax:	`IndexOrderDefault Ascending	Descending Name	Date	Size	Description`
Kontext:	Serverkonfiguration, virtueller Host, Verzeichnis, *.htaccess*

7.2 Standardverhalten für Verzeichnisse

Das Modul *mod_dir* sorgt für Umleitungen (Redirections) bei URLs, die auf Verzeichnisse verweisen, aber nicht mit einem Schrägstrich enden und liefert Indexdateien. Dieses Modul wird standardmäßig in Apache einkompiliert.

Angabe einer Datei als Inhaltsverzeichnis

Die Direktive `DirectoryIndex` setzt eine Liste von Ressourcen, nach denen gesucht wird, wenn der Client eine Verzeichnisauflistung anfordert, indem er einen Schrägstrich am Ende des Verzeichnisnamens angibt.

DirectoryIndex	
Syntax:	`DirectoryIndex` *`lokale-URL lokale-URL ...`*
Voreinstellung:	`DirectoryIndex index.html`
Kontext:	Serverkonfiguration, virtueller Host, Verzeichnis, *.htaccess*

Beispiel:

```
DirectoryIndex index.html index.html.var
```

Hier wird als zweite Möglichkeit für die Verzeichnisauflistung die Type-Map-Datei *index.html.var* angegeben (vgl. Kap. 6.3 »Handler«, Abschnitt »Content Negotiation«, Unterabschnitt »Type Maps«).

7.3 Zusammenfassung, Fragen und Übungen

Zusammenfassung

- Die Direktive `IndexOptions FancyIndexing` aktiviert die aufbereitete Darstellung für ein Verzeichnis.
- Mit den Direktiven `AddAlt`, `AddAltByEncoding` und `AddAltByType` können Sie einen Alternativtext festlegen, der bei Verwendung von `FancyIndexing` anstelle eines Symbols für eine Datei angezeigt werden soll, falls der Client keine Bilder darstellen kann oder die Darstellung von Bildern deaktiviert hat.
- `AddDescription` setzt die Dateibeschreibung bei Verwendung von `FancyIndexing` für Dateierweiterungen, Teile von Dateinamen, Ausdrücke mit Platzhaltern oder für komplette Dateinamen. Die Beschreibung muss in Anführungszeichen angegeben werden.
- Die Direktiven `AddIcon`, `AddIconByEncoding` und `AddIconByType` setzen das Symbol, das bei Verwendung von FancyIndexing neben der entsprechenden Datei angezeigt werden soll. Das Symbol wird angegeben entweder als relative URL (mit `%` als Escape-Zeichen) oder im Format `(alttext,url)`, wobei `alttext` der Ersatztext für nichtgrafische Browser ist. `DefaultIcon` setzt das Symbol für Dateien, für die kein spezielles Symbol festgelegt ist.
- Mit den Direktiven `HeaderName` und `ReadmeName` können Sie den Inhalt zusätzlicher HTML- oder Textdateien mit in die Verzeichnisauflistung aufnehmen.
- Die Direktive `IndexIgnore` fügt einen Eintrag zu der Liste der Dateien (bzw. Dateierweiterungen, Teile von Dateinamen, Ausdrücke mit Platzhaltern oder kompletten Dateinamen) hinzu, die in der Verzeichnisauflistung nicht mit angezeigt werden.

Zusammenfassung

- `IndexOrderDefault` legt die Standard-Sortierreihenfolge bei Verwendung von `FancyIndexing` fest.
- Die Direktive `IndexOptions` kontrolliert das Erscheinungsbild der vom Server erzeugten Startseite.
- `DirectoryIndex` setzt eine Liste von Ressourcen, nach denen gesucht wird, wenn der Client eine Verzeichnisauflistung anfordert, indem er einen Schrägstrich am Ende des Verzeichnisnamens angibt.

Fragen und Übungen

Schreiben Sie Direktiven für das Auflisten von Verzeichnissen in Ihre Konfigurationsdatei.

1. Generell soll die aufbereitete Darstellung von Verzeichnisauflistungen ausgeschaltet sein – nur für das Verzeichnis */usr/local/apache2/htdocs/produkte* wird sie aktiviert.
2. Für Dateien im Verzeichnis */usr/local/apache2/htdocs/produkte* soll das Symbol */usr/local/apache2/icons/produkt.gif* angezeigt werden, falls nicht ausdrücklich ein anderes Symbol festgelegt wird.
3. Für Dateien mit den Erweiterungen *.php*, *.php3* und *.php4* soll einheitlich das Symbol */usr/local/apache2/icons/php.jpg* angezeigt werden. Clients, die die Darstellung von Bildern deaktiviert haben, sollen den Alternativtext »PHP« angezeigt bekommen. (Aktivieren Sie dazu `FancyIndexing` wieder global.)
4. Für die in der vorhergehenden Aufgabe genannten Dateierweiterungen soll die Beschreibung »PHP-Skript« angezeigt werden.

Fragen und Übungen

5. Am Anfang der Verzeichnisauflistung soll Ihr Firmenlogo angezeigt werden. Die Datei */usr/local/apache2/htdocs/logo.htm* enthält ein entsprechendes HTML-Tag:
   `<img src = /icons/logo.gif>`
   Das Logo befindet sich im Verzeichnis */usr/local/apache2/icons*.

8 HTTP-Header

Ein Webserver sendet mit jedem Dokument bestimmte Header. Diese enthalten allgemeine Informationen und ermöglichen es dem Client, die gesendeten Daten in der gewünschten Weise zu interpretieren und weiterzuverarbeiten.

8.1 HTTP-Header-Metafiles

Das Modul *mod_cern_meta* ermöglicht es, Metainformationen verschiedenster Art, die in einer Datei gespeichert sind, in einem HTTP-Header zu senden.

Unterstützung für Metafiles einrichten

Mit der Direktive `MetaFiles` in der Datei *.htaccess* eines Verzeichnisses wird die Unterstützung für das Metafiles-Feature eingeschaltet.

`MetaFiles`	
Syntax:	`MetaFiles On | Off`
Voreinstellung:	`MetaFiles Off`
Kontext:	Verzeichnis

Die Einstellung `MetaDir` (Voreinstellung: *.web*) legt das Unterverzeichnis fest, in dem die Metaheader-Dateien gespeichert werden.

`MetaDir`	
Syntax:	`MetaDir` *Verzeichnisname*
Voreinstellung:	`MetaDir .web`
Kontext:	Verzeichnis

Die Dateierweiterung dieser Dateien wird mit `MetaSuffix` eingestellt.

`MetaSuffix`	
Syntax:	`MetaSuffix` *`Erweiterung`*
Voreinstellung:	`MetaSuffix .meta`
Kontext:	Verzeichnis

Der Name der Datei, deren Inhalt (bestehend aus zusätzlichen Metainformationen) zusammen mit einer angeforderten Datei gesendet wird, ergibt sich aus dem Namen der angeforderten Datei, an den diese Dateierweiterung angehängt ist.

Beispiel:

```
MetaFiles On
MetaDir meta
MetaSuffix .meta
```

Mit der Datei *test.html* werden dann die Informationen aus *test.html.meta* im Unterverzeichnis *meta* gesendet.

Beispiel:

Der HTML-Seite

www.susanne-wigard.de/beispiel.html

wird die folgende Meta-Datei hinzugefügt:

www.susanne-wigard.de/meta/beispiel.html.meta

Beispiel für eine Datei mit Metainformationen:

```
Expires: Friday, 19-May-00 12:00 GMT
dies = jenes
```

8.2 expires:-Header

Um zu kontrollieren, ob der Browser ein im Cache-Zwischenspeicher gespeichertes Dokument von dort abruft oder ob eine aktuellere Version von der Originalquelle geladen werden muss, kann der Webserver zusammen mit dem Dokument einen HTTP-Header senden, der das »Verfallsdatum« des Dokuments angibt. Das Modul *mod_expires* (ab Apache 1.2) stellt diese Funktionalität zur Verfügung.

Aktivieren und Einrichten des Sendens von expires:-Headern

Die Direktive `ExpiresActive` aktiviert das Senden von `expires:`-Headern.

`ExpiresActive`	
Syntax:	`ExpiresActive On | Off`
Kontext:	Serverkonfiguration, virtueller Host, Verzeichnis, *.htaccess*

Die Einstellungen `ExpiresByType` und `ExpiresDefault` legen fest, mit welchen Dateien ein solcher Header gesendet wird.

Mit `ExpiresByType` wird der Header für einen bestimmten Dokumenttyp festgelegt.

`ExpiresByType`	
Syntax:	`ExpiresByType` *MIME-Typ Code Sekunden*
Kontext:	Serverkonfiguration, virtueller Host, Verzeichnis, *.htaccess*

Mit `ExpiresDefault` wird der Standardwert festgelegt.

`ExpiresDefault`	
Syntax:	`ExpiresDefault` *Code Sekunden*
Kontext:	Serverkonfiguration, virtueller Host, Verzeichnis, *.htaccess*

Bei beiden Direktiven gibt der letzte Parameter die Anzahl der Sekunden, von einem bestimmten Zeitpunkt gerechnet, an. Der vorhergehende Parameter legt diesen Zeitpunkt fest:

- `M` bedeutet den Zeitpunkt der letzten Änderung der Datei
- `A` bedeutet den Zugriffszeitpunkt des Clients

Beispiel:

```
ExpiresActive On
ExpiresByType image/gif A2592000
ExpiresByType text/html M604800
```

8.3 Beliebige HTTP-Header zu Ressourcen hinzufügen

Das Modul *mod_headers* (ab Apache 1.2) ermöglicht es, HTTP-Antwortheader und Anforderungsheader zu kontrollieren und zu verändern.

Header

Mit der `Header`-Direktive können HTTP-Antwortheader ersetzt, zusammengefügt oder entfernt werden.

Header	
Syntax:	`Header set | append | add | unset | echo` *`Header`* `[`*`Wert`*`]`
Kontext:	Serverkonfiguration, virtueller Host, Verzeichnis, *.htaccess*

Der erste Parameter kann einen der folgenden Werte annehmen:

- `set`
  Der Antwortheader wird gesetzt.

- `append`
  Der Antwortheader wird an einen existierenden Header desselben Namens angehängt.
- `add`
  Der Antwortheader wird zu den existierenden Headern hinzugefügt, selbst wenn dieser Header bereits existiert. Dies kann dazu führen, dass zwei Header mit demselben Namen existieren, deshalb sollte normalerweise besser `append` verwendet werden.
- `unset`
  Der Antwortheader dieses Namens wird entfernt.
- `echo`
  Anforderungsheader mit diesem Namen werden mit den Antwortheadern zurückgeschickt.

Beispiel:

```
Header set Author "Susanne M. Wigard"
```

Für `add`, `append` und `set` kann als dritter Parameter ein Wert angegeben werden. Falls dieser Leerzeichen enthält, sollte er in Anführungszeichen gesetzt werden. Innerhalb der Zeichenfolgen für den Wert können Sie die folgenden Formatierungssymbole verwenden:

- `%t` Zeit, zu der die Anforderung empfangen wurde, angegeben in Mikrosekunden seit dem 1.1.1970
- `%D` Zeit zwischen Empfang der Anforderung und Absenden der Header
- `%{FOOBAR}e` Inhalt der Umgebungsvariablen `FOOBAR`

Als vierter Parameter kann für `add`, `append` und `set` eine Bedingung in der Form `env=Umgebungsvariable` bzw. `env=!Umgebungsvariable` angegeben werden. Wenn die betreffende Umgebungsvariable existiert bzw. nicht existiert, wird die Aktion ausgeführt.

RequestHeader

Mit der RequestHeader-Direktive können HTTP-Anforderungsheader ersetzt, zusammengefügt oder entfernt werden.

RequestHeader	
Syntax:	RequestHeader set | append | add | unset *Header* [*Wert*]
Kontext:	Serverkonfiguration, virtueller Host, Verzeichnis, *.htaccess*

Der erste Parameter kann einen der folgenden Werte annehmen:

- set
  Der Anforderungsheader wird gesetzt.
- append
  Der Anforderungsheader wird an einen existierenden Header desselben Namens angehängt.
- add
  Der Anforderungsheader wird zu den existierenden Headern hinzugefügt, selbst wenn dieser Header bereits existiert. Dies kann dazu führen, dass zwei Header mit demselben Namen existieren, deshalb sollte normalerweise besser append verwendet werden.
- unset
  Der Anforderungsheader dieses Namens wird entfernt.

Für add, append und set kann als dritter Parameter ein Wert angegeben werden. Falls dieser Leerzeichen enthält, sollte er in Anführungszeichen gesetzt werden.

8.4 Zusammenfassung, Fragen und Übungen

Zusammenfassung

- Mit `MetaFiles` in der *.htaccess*-Datei eines Verzeichnisses wird die Unterstützung für Metafiles eingeschaltet. `MetaDir` legt das Unterverzeichnis fest, in dem die Metaheader-Dateien gespeichert werden. Die Dateierweiterung dieser Dateien wird mit `MetaSuffix` eingestellt.
- Die Direktive `ExpiresActive` aktiviert das Senden von `expires:`-Headern. Die Einstellungen `ExpiresByType` und `ExpiresDefault` legen fest, mit welchen Dateien ein solcher Header gesendet wird.
- Mit der `Header`-Direktive können HTTP-Antwortheader und mit `RequestHeader` HTTP-Anforderungsheader ersetzt, zusammengefügt oder entfernt werden.

Fragen und Übungen

1. Konfigurieren Sie Ihren Server so, dass alle Dateien eine Stunde nach dem Abruf als nicht mehr aktuell gelten.

9 Proxyserver

Das Modul *mod_proxy* stellt die Funktionalität des Apache als Proxy zur Verfügung. Zusätzlich müssen auch die Proxy-Submodule *mod_prox_connect*, *mod_proxy_htttp* und *mod_proxy_ftp* in den Server einkompiliert oder zur Laufzeit dynamisch geladen werden.

Um *mod_proxy* und alle Submodule in den Server einzukompilieren, wechseln Sie in das Hauptverzeichnis Ihrer entpackten Apache-Distribution und rufen Sie das *configure*-Shellskript mit dem entsprechenden Parameter auf:

```
./configure --enable-modules=all \
--enable-proxy \
--enable-proxy-connect \
--enable-proxy-ftp \
--enable-proxy-http
# weitere Optionen ...
```

Ein *Proxy* ist ein Rechner, der stellvertretend für die Clients in einem lokalen Netzwerk Dokumente von externen Servern anfordert, diese zwischenspeichert und an die Clients weiterleitet. Im Gegensatz zu einem *Router*, der IP-Pakete unmittelbar zwischen LAN-internen und externen IP-Adressen weiterleitet, und einem *Firewall*, der dies erst nach einer Reihe von Prüfungen tut, bedient der Proxy Clients in einem LAN mit nichtroutingfähigen IP-Adressen, die also keine direkte Verbindung zum Internet haben und auch nicht haben können.

HINWEIS

Im Gegensatz zu den »offiziellen«, im weltweiten Internet eindeutigen IP-Adressen sind Adressen mit bestimmten Anfangsziffern reserviert für den internen Gebrauch innerhalb privater Netzwerke. Diese werden als nichtroutingfähige Adressen bezeichnet, da sie nur innerhalb des LAN eindeutig sind und eine Verbindung mit dem Internet deshalb nicht möglich ist.

Vgl. auch Anhang, Abschnitt »Internet-Hintergrundinformationen«, Unterabschnitt »TCP/IP«, »Aufbau von IP-Adressen«.

Gegenüber den Clients im LAN tritt der Proxy als Server auf, gegenüber den externen Servern als Client.

Zusätzlich ermöglicht der Proxy eine Reihe von Steuerungsmechanismen wie Authentifizierung mit Benutzername und Kennwort, Verhindern des Zugriffs auf bestimmte Server etc.

9.1 Apache als Proxy

Ob der Apache-Server als Proxy fungiert oder nicht, legen Sie mit der Direktive `ProxyRequests` fest:

`ProxyRequests`	
Syntax:	`ProxyRequests On | Off`
Voreinstellung:	`ProxyRequests Off`
Kontext:	**Serverkonfiguration, virtueller Host**

Geben Sie außerdem eine `Listen`-Direktive für den Port an, auf den die Clients eingestellt sind (s.u.).

Beispiel:

```
Listen 8080
ProxyRequests On
```

Sicherheit

Aus Sicherheitsgründen sollten Sie mithilfe des `Proxy`-Containers die IP-Adressen derjenigen Clients festlegen, die auf Ihren Proxy zugreifen dürfen.

Beispiel:

```
<Proxy *>
Order Deny,Allow
Deny from all
Allow from 192.168.0
</Proxy>
```

Bestimmte Hosts ausschließen

Mit der Direktive `ProxyBlock` können Sie den Zugriff auf bestimmte Hosts blockieren und somit das Surfverhalten der Clients in Ihrem LAN kontrollieren.

`ProxyBlock`	
Syntax:	`ProxyBlock` *`Wort`* | *`Host`* | *`Domain-Liste`*
Voreinstellung:	keine
Kontext:	Serverkonfiguration, virtueller Host

Beispiel:

Mit der Zeile

```
ProxyBlock pizza-service.de
```

verhindern Sie, dass die Angestellten Ihrer Firma den firmeneigenen Internetzugang zum Bestellen von Pizza missbrauchen.

9.2 Client-Konfiguration

Netscape Navigator

Um den Netscape Navigator für den Betrieb über einen Proxy einzurichten, wählen Sie im Menü *Bearbeiten* (*Edit*) den Befehl *Einstellungen* (*Preference*).

In dem folgenden Dialogfenster klicken Sie im Feld *Kategorien* (*Category*) auf den Eintrag *Erweitert* (*Advanced*) / *Proxies*.

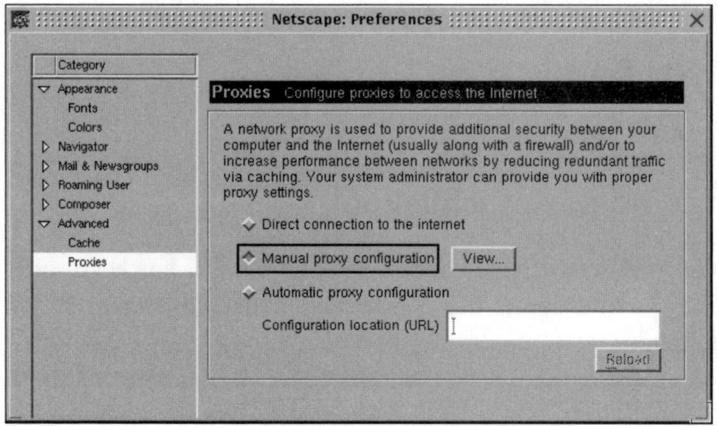

Abb. 9.1: Einstellungen für Netscape Navigator (hier englische Version)

Auf der rechten Seite markieren Sie das Optionsfeld *Manuelle Proxy-Konfiguration* (*Manual proxy configuration*) und klicken auf die Schaltfläche *Anzeigen* (*View*).

In dem nun angezeigten Dialogfeld tragen Sie den Servernamen oder die IP-Adresse des Proxyservers und den zugehörigen Port in die Zeilen *HTTP*, *Sicherheit* (*Security*) und *FTP* ein. (Sie können auch unterschiedliche Server und/oder Ports verwenden.) In der Server-Konfigurationsdatei muss eine `Listen`-Direktive für denjenigen Port stehen, an den der Client seine Proxy-Anforderungen sendet.

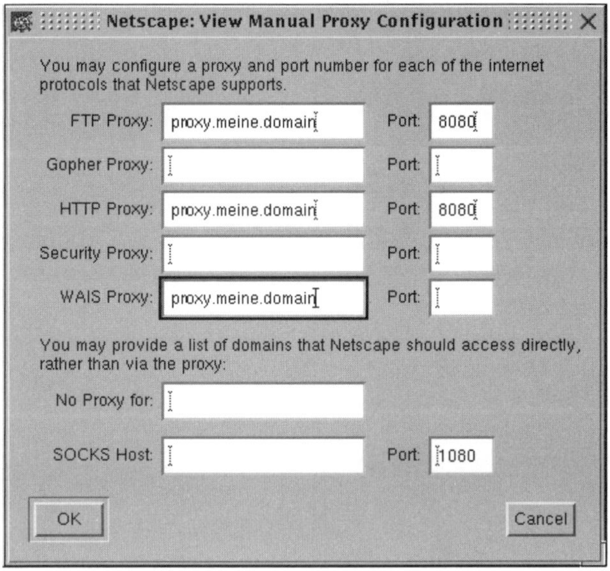

Abb. 9.2: Manuelle Proxy-Konfiguration beim Netscape Navigator

Bestätigen Sie Ihre Einstellungen mit *OK*.

Microsoft Internet Explorer

Um den Microsoft Internet Explorer für den Betrieb über einen Proxy einzurichten, wählen Sie im Menü *Ansicht* den Befehl *Internetoptionen*. In dem folgenden Dialogfenster wählen Sie die Registerkarte *Verbindungen* und klicken dort auf die Schaltfläche *LAN-Einstellungen* (siehe Abbildung 9.3).

Markieren Sie das Kontrollkästchen *Proxyserver verwenden*. Tragen Sie den Servernamen des Proxyservers oder die IP-Adresse und den zugehörigen Port in die Felder *Adresse* bzw. *Anschluss* ein. (Wenn Sie unterschiedliche Server und/oder Ports für die verschiedenen Protokolle verwenden möchten, klicken Sie auf *Erweitert*.) In der Server-Konfigurationsdatei muss eine `Listen`-Direktive für denjenigen Port stehen, an den der Client seine Proxy-Anforderungen sendet (siehe Abbildung 9.4).

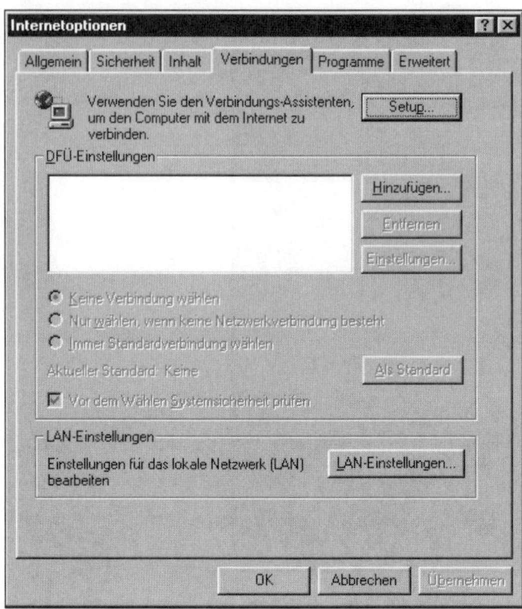

Abb. 9.3: *Internetoptionen* beim MS Internet Explorer

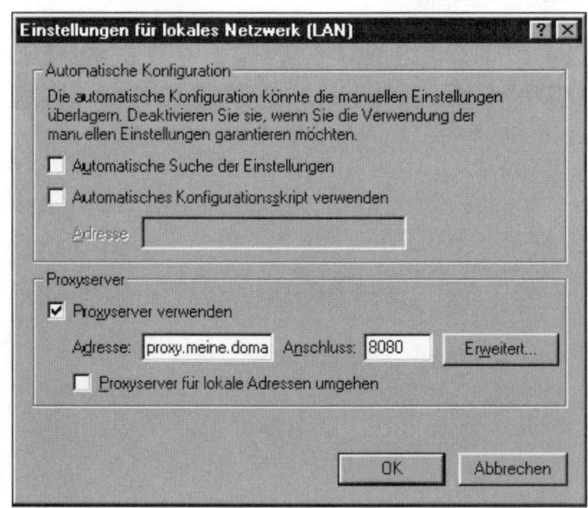

Abb. 9.4: Manuelle Proxy-Konfiguration beim MS Internet Explorer

Bestätigen Sie Ihre Einstellungen mit *OK*.

Bei einem falschen Proxyeintrag bringt der Browser die etwas irreführende Fehlermeldung, der Rechner sei nicht erreichbar – dabei ist eigentlich nur der Proxy nicht erreichbar.

9.3 Proxy-Ketten

Mit `ProxyRemote` können Sie den Proxy veranlassen, die Anforderungen an einen anderen, entfernten Proxy weiterzuleiten, sodass sie von diesem ausgeführt werden.

ProxyRemote	
Syntax:	`ProxyRemote` *`Match Remote-Server`*
Voreinstellung:	keine
Kontext:	Serverkonfiguration, virtueller Host

Mit der `ProxyVia`-Direktive können Sie den Weg der Proxy-Anforderungen entlang einer Kette von Proxyservern kontrollieren, indem Sie die Verwendung des `Via:`- HTTP-Headers einstellen.

ProxyVia	
Syntax:	`ProxyVia Off	On	full	block`
Voreinstellung:	`ProxyVia Off`
Kontext:	Serverkonfiguration, virtueller Host

9.4 Einen anderen Server spiegeln

Mit der Einstellung `ProxyPass` können Sie einen externen Server »spiegeln«: Zugriffe auf Ihren Webserver werden dann intern umgesetzt in Proxy-Zugriffe auf den gespiegelten Server.

ProxyPass	
Syntax:	`ProxyPass` *Pfad URL*
Voreinstellung:	keine
Kontext:	Serverkonfiguration, virtueller Host

Die Direktive `ProxyPassReverse` sorgt in diesem Fall dafür, dass Umleitungen (Redirections) durch den Originalserver in entsprechende Umleitungen auf dem Spiegelserver umgesetzt werden.

ProxyPassReverse	
Syntax:	`ProxyPassReverse` *Pfad URL*
Voreinstellung:	keine
Kontext:	Serverkonfiguration, virtueller Host

Mit `ProxyReceiveBufferSize` können Sie explizit die Größe des Netzwerkpuffers für ausgehende HTTP- und FTP-Verbindungen einstellen, um den Durchsatz zu verbessern.

ProxyReceiveBufferSize	
Syntax:	`ProxyReceiveBufferSize` *Bytes*
Voreinstellung:	keine
Kontext:	Serverkonfiguration, virtueller Host

9.5 Caching

In der Regel ist es zweckmäßig, dass der Proxy einmal angeforderte Inhalte in einem Zwischenspeicher, dem *Cache*, aufbewahrt, sodass diese beim nächsten Zugriff nicht nochmals vom externen Server geholt werden müssen. Internetzugriffe sind dann nur noch notwendig, wenn ein angefordertes Dokument sich nicht im Cache befindet – oder aber wenn sein »Verfallsdatum« überschritten ist: eine einstellbare Zeit, nach der die im Cache gespeicherten Dokumente als veraltet gelten.

Damit kommt dem Proxy eine weitere wichtige Funktion zu: Durch das Caching haben die Clients schnelleren Zugriff auf Informationen; außerdem werden Bandbreite und Kosten gespart.

Dazu muss dass Modul *mod_cache* und eins der Module *mod_disk_cache* bzw. *mod_mem_cache* in den Server einkompiliert oder zur Laufzeit dynamisch geladen werden.

Um *mod_cache* und *mod_disk_cache* in den Server einzukompilieren, wechseln Sie in das Hauptverzeichnis Ihrer entpackten Apache-Distribution und rufen Sie das *configure*-Shellskript mit dem entsprechenden Parameter auf:

```
./configure --enable-modules=all \
--enable-cache \
--enable-disk-cache
# weitere Optionen ...
```

Durch das Setzen der Einstellung `CacheOn On` wird das Caching aktiviert.

CacheOn	
Syntax:	`CacheOn`
Voreinstellung:	keine
Kontext:	Serverkonfiguration

Mit der Direktive `CacheEnable` legen Sie fest, ob die Zwischenspeicherung mit *mod_disk_cache* auf der Festplatte oder mit *mod_mem_cache* im Hauptspeicher erfolgt. Der zweite Parameter gibt an, unterhalb welcher URL Dokumente zwischengespeichert werden sollen.

CacheEnable	
Syntax:	`CacheEnable` *Cache-Typ URL-String*
Voreinstellung:	keine
Kontext:	Serverkonfiguration

Beispiel:

```
CacheOn On
CacheEnable disk /
```

Startverzeichnis

Die mittels *mod_disk_cache* im Cache zu speichernden Daten werden in dem in der Direktive CacheRoot angegebenen Verzeichnis abgelegt.

CacheRoot	
Syntax:	CacheRoot *Verzeichnisname*
Voreinstellung:	keine
Kontext:	Serverkonfiguration, virtueller Host

Beispiel:

```
CacheRoot /usr/local/apache2/cache
```

In CacheDirLevels wird die maximale Anzahl an Unterverzeichnisebenen unterhalb des *CacheRoot*-Verzeichnisses angegeben, in CacheDirLength die maximale Anzahl von Zeichen pro Unterverzeichnis in den Namen von Dateien, die für die Speicherung von Unterverzeichnissen verwendet werden.

CacheDirLevels	
Syntax:	CacheDirLevels *Zahl*
Voreinstellung:	CacheDirLevels 3
Kontext:	Serverkonfiguration, virtueller Host

CacheDirLength	
Syntax:	CacheDirLength *Zahl*
Voreinstellung:	CacheDirLength 1
Kontext:	Serverkonfiguration, virtueller Host

Das Produkt aus `CacheDirLevels` und `CacheDirLength` darf nicht größer als 20 sein.

Maximalgröße

Die Größe des Cache in KB wird mit der Direktive `CacheSize` festgelegt.

CacheSize	
Syntax:	`CacheSize` *Zahl*
Voreinstellung:	`CacheSize 5`
Kontext:	Serverkonfiguration, virtueller Host

Die Größe wird nach der in `CacheGcInterval` angegebenen Anzahl von Stunden geprüft, und falls der angegebene Maximalwert überschritten ist, werden Dateien gelöscht.

CacheGcInterval	
Syntax:	`CacheGcInterval` *Stunden*
Voreinstellung:	keine
Kontext:	Serverkonfiguration, virtueller Host

Nach der in `CacheGcUnused` bzw. `CacheGcClean` angegebenen Anzahl von Stunden werden unbenutzte bzw. unveränderte Dateien aus dem Cache gelöscht.

CacheGcUnused	
Syntax:	`CacheGcUnused` *Stunden*
Voreinstellung:	keine
Kontext:	Serverkonfiguration, virtueller Host

CacheGcClean	
Syntax:	`CacheGcClean` *Stunden*
Voreinstellung:	keine
Kontext:	Serverkonfiguration, virtueller Host

Verfallsdatum

Normalerweise verbleiben Dateien bis zu dem vom Originalserver angegebenen Ablaufdatum im Cache. Wenn der Originalserver kein Ablaufdatum für eine Datei angegeben hat, wird dieses geschätzt nach der Formel

```
ablaufzeitraum =
zeit-seit-der-letzten-änderung * <faktor>
```

Die folgenden Direktiven sind Direktiven des Moduls *mod_cache*:

Der zur Berechnung des Ablaufdatums verwendete Faktor kann mit der Direktive `CacheLastModifiedFactor` festgelegt werden.

CacheLastModifiedFactor	
Syntax:	`CacheLastModifiedFactor` *Zahl*
Voreinstellung:	keine
Kontext:	Serverkonfiguration

Bei Dokumenten, die über ein Protokoll übertragen werden, das kein Ablaufdatum unterstützt, wird der in `CacheDefaultExpire` angegebene Wert verwendet.

CacheDefaultExpire	
Syntax:	`CacheDefaultExpire` *Sekunden*
Voreinstellung:	keine
Kontext:	Serverkonfiguration

Spätestens nach der in `CacheMaxExpire` angegebenen Anzahl von Sekunden werden Dateien aus dem Cache gelöscht, unabhängig von ihrem angegebenen Ablaufdatum.

CacheMaxExpire	
Syntax:	CacheMaxExpire *Sekunden*
Voreinstellung:	keine
Kontext:	Serverkonfiguration

Content Negotiation

Die Direktive CacheNegotiatedDocs des Moduls *mod_negotiation* kontrolliert, ob mit Content Negotiation ausgehandelte Dokumente im Cache zwischengespeichert werden dürfen. Ist dies zugelassen, so kann es passieren, dass der Client eine Version geliefert bekommt, die nicht optimal seinen Bedürfnissen entspricht (vgl. Kap. 6.3 »Handler«, Abschnitt »Content Negotiation«).

CacheNegotiatedDocs	
Syntax:	CacheNegotiatedDocs On|Off
Voreinstellung:	CacheNegotiatedDocs Off
Kontext:	Serverkonfiguration

9.6 Zusammenfassung, Fragen und Übungen

Zusammenfassung

- Ob der Apache-Server als Proxy fungiert, legen Sie mit ProxyRequests fest. Mit ProxyBlock blockieren Sie den Zugriff auf bestimmte Hosts. Mit ProxyRemote veranlassen Sie den Proxy, die Anforderungen an einen anderen Proxy weiterzuleiten. Mit ProxyVia kontrollieren Sie den Weg der Proxy-Anforderungen entlang einer Kette von Proxyservern. Mit ProxyPass »spiegeln« Sie einen externen Server. ProxyPassReverse sorgt in diesem Fall

Zusammenfassung

dafür, dass Umleitungen durch den Originalserver in Umleitungen auf dem Spiegelserver umgesetzt werden. Mit `ProxyReceiveBufferSize` stellen Sie explizit die Größe des Netzwerkpuffers für ausgehende HTTP- und FTP-Verbindungen ein.

- Die im Cache zu speichernden Daten werden in dem unter `CacheRoot` angegebenen Verzeichnis abgelegt. Durch die Direktive `CacheOn On` wird das Caching aktiviert. In `CacheDirLevels` wird die maximale Anzahl an Unterverzeichnisebenen unterhalb des `CacheRoot`-Verzeichnisses angegeben, in `CacheDirLength` die maximale Anzahl von Zeichen in Unterverzeichnisnamen. Die Größe des Cache wird mit `CacheSize` festgelegt. Die Größe wird nach der in `CacheGcInterval` angegebenen Anzahl von Stunden geprüft. Nach der in `CacheGcUnused` bzw. `CacheGcClean` angegebenen Anzahl von Stunden werden unbenutzte bzw. unveränderte Dateien aus dem Cache gelöscht. Wenn der Originalserver kein Ablaufdatum für eine Datei angegeben hat, wird dieses unter Verwendung von `CacheLastModifiedFactor` geschätzt. Bei Dokumenten, die über ein Protokoll ohne Ablaufdatum übertragen werden, wird der in `CacheDefaultExpire` angegebene Wert verwendet. Spätestens nach der in `CacheMaxExpire` angegebenen Anzahl von Sekunden werden Dateien aus dem Cache gelöscht. `CacheNegotiatedDocs` kontrolliert, ob mit Content Negotiation ausgehandelte Dokumente im Cache gespeichert werden dürfen.

Fragen und Übungen

1. Konfigurieren Sie den Apache als Proxyserver.
2. Aktivieren Sie das Caching im Verzeichnis */usr/local/apache2/cache*.
3. Es sollen vier Unterverzeichnisebenen im Cache gespeichert werden, wobei die Dateinamen für die Speicherung von Unterverzeichnissen maximal 5 Zeichen lang sein können.
4. Setzen Sie die Größe des Cache auf 10 KB. Dieser Maximalwert soll einmal pro Stunde überprüft werden.
5. Setzen Sie die Direktive `CacheLastModifiedFactor` so, dass Dokumente, die vor 10 Tagen zuletzt geändert wurden, nach ca. 5 Tagen als nicht mehr aktuell gelten.
6. Kein Dokument soll länger als 5 Tage insgesamt im Cache verbleiben.

10 Skriptausführung

CGI (*Common* ***G****ateway* ***I****nterface*) ist eine Schnittstelle für die Ausführung von Programmen auf dem Server, die in verschiedenen Programmiersprachen wie z.B. C, C++ oder Java oder auch in speziellen Skriptsprachen wie Perl oder PHP geschrieben sein können. Häufig handelt es sich einfach um so genannte *Shellskripte*, die von der Befehlsausführungs-Shell (dem Kommando-Interpreter) des Betriebssystems ausgeführt werden. Solche CGI-Skripte erledigen beispielsweise die Auswertung von HTML-Formularen.

HINWEIS

Die Begriffe »CGI-Programm«, »CGI-Skript« und »CGI-Anwendung« werden häufig synonym gebraucht und auch in diesem Buch nicht streng unterschieden. Im engeren Sinne versteht man unter einem *Skript* ein (meist kleineres) Programm zur Automatisierung von häufig wiederkehrenden Aufgaben, welches von einem (Kommando-) Interpreter unmittelbar ausgeführt wird. Andere *Programme* werden dagegen vorab von einem Compiler in Maschinencode übersetzt und können dann ohne einen Interpreter ablaufen.

Die CGI-Schnittstellenspezifikation regelt die Einzelheiten, wie der Server Informationen vom Client an das Skript übergeben kann und wie die Ausgaben des Skripts an den Server (und von dort aus an den Client) zurückgelangen.

Die CGI-Programme schreiben eine Angabe des Inhaltstyps (Content Type) sowie den eigentlichen Inhalt – beispielsweise HTML-Code – auf die Standardausgabe (das wäre bei normaler Ausführung von der Kommandozeile aus in der Regel der Bildschirm). Dieser vom Skript erzeugte HTML-Quelltext wird vom Webserver mit den nötigen HTTP-Headern versehen, an den Browser weitergeleitet und dort wie ein normales HTML-Dokument angezeigt.

Auf diese Weise entstehen also *dynamische* Webseiten, d.h. Seiten, deren Inhalt an die vom Client empfangenen Informationen angepasst werden kann.

10.1 HTTP-Methoden

Um Daten vom Client zum Server zu übertragen, kann eine der HTTP-Methoden `GET` oder `POST` verwendet werden. Das CGI-Programm kann anhand der Umgebungsvariablen `REQUEST_METHOD` feststellen, um welche Methode es sich handelt.

GET-Methode

Bei Verwendung der `GET`-Methode werden Informationen vom Client in der URL an den Server gesendet. Der Ablauf ist dabei wie folgt:

Der Client gibt eine URL für ein CGI-Dokument in seinen Browser ein. Dieser sendet eine HTTP-`GET`-Anforderung an den Server. In der URL bzw. der zugehörigen `GET`-Anforderung können auch Parameter enthalten sein.

Beispiel:

www.meinname.meine.domain/cgi-bin/test1.cgi?param1=w1¶m2=w2

Die Übergabe dieser Parameter an das CGI-Programm erfolgt mittels der Umgebungsvariablen `QUERY_STRING`. Im obigen Beispiel hätte diese den Wert `"param1=w1¶m2=w2"`

Ein einfaches HTML-Beispieldokument, das Daten in einer `GET`-Anforderung an den Server überträgt:

Beispiel:

```
<html>
<head>
<title>GET-Test</title>
```

```
</head>
<body>
Welches Betriebssystem bevorzugen Sie?<br>
<a href="/cgi-bin/test1.cgi?os=unix">UNIX</a><br>
<a href="/cgi-bin/test1.cgi?os=windows">Windows</a>
</body>
</html>
```

Welches Betriebssystem bevorzugen Sie?
Unix
Windows

Abb. 10.1: Testdokument mit zwei Hyperlinks

POST-Methode

Die POST-Methode wird häufig für die Übertragung von Daten aus HTML-Formularen verwendet.

Im Unterschied zur GET-Methode werden die Parameter nicht in der URL, sondern im Rumpf (Body) der Nachricht übertragen. Unter dem Gesichtspunkt der Sicherheit ist das ein Vorteil, da die Werte in diesem Fall im Browser nicht sichtbar sind. Andererseits kann die URL deshalb aber auch nicht als Bookmark gespeichert werden.

Beispiel:

```
<html>
<head>
<title>POST-Test</title>
</head>
<body>
<form ACTION="/cgi-bin/test2.cgi" METHOD="POST">
<pre>
Parameter 1<input TYPE="TEXT" NAME="param1">
```

```
Parameter 2<INPUT TYPE="TEXT" NAME="param2">
</pre>
<input TYPE="SUBMIT" VALUE="ABSENDEN">
</form>
</body>
</html>
```

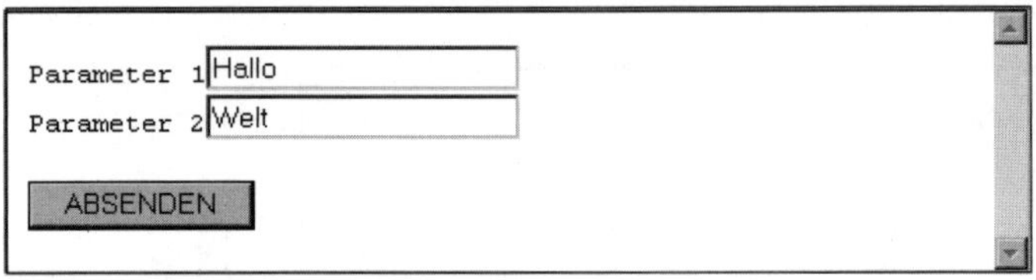

Abb. 10.2: HTML-Formular

Hierbei werden die Daten vom Client – etwa die Werte der Eingabefelder im Formular (hier `param1` und `param2`) – im Körper (Body) der HTTP-Nachricht zum Server übertragen.

Die Parameterwerte gelangen dann über die Standardeingabe (bei Ausführung von der Kommandozeile aus wäre das in der Regel die Tastatur) an das CGI-Programm. Die Anzahl der von dort abzuholenden Bytes erfährt das CGI-Programm über die Umgebungsvariable `CONTENT_LENGTH`.

10.2 Sicherheit

Die Möglichkeit, dass Clients Programme auf dem Server (einschließlich Betriebsystembefehle z.B. zum Löschen von Daten) starten können, birgt natürlich gewisse Sicherheitsrisiken, denen Sie durch eine sorgfältige Konfiguration des Webservers begegnen müssen.

Speicherort für Skriptdateien

Üblicherweise werden alle Skripte einer Website in einem gemeinsamen Verzeichnis gespeichert, z.B. *cgi-bin*. Damit die Skripte von den Clients nicht direkt aufgerufen werden können, sollte sich dieses Verzeichnis außerhalb der Dokumentenhierarchie, also *nicht* unterhalb von `DocumentRoot` befinden. Dies wird ermöglicht durch die Direktiven `Alias` oder `ScriptAlias` (vgl. Kap. 4.1 »Aliase und Redirections«, Abschnitt »Alias: Zugriff auf Verzeichnisse außerhalb von DocumentRoot«).

Beispiel:

```
Alias /cgi-bin /usr/local/apache2/cgi-bin
```

oder

```
ScriptAlias /cgi-bin /usr/local/apache2/cgi-bin
```

Im zweiten Fall werden die Dateien im angegebenen Verzeichnis auch gleichzeitig als CGI-Skripte ausgewiesen.

HINWEIS

Auf die Dateien im CGI-Verzeichnis muss der Apache-Benutzer die Berechtigungen zum Lesen und Ausführen besitzen. Ausschließlich der Serveradministrator und der Entwickler der Skripte sollten über die vollen Rechte zum Lesen, Schreiben und Ausführen verfügen.

Dateien als Skripte kennzeichnen

Es gibt mehrere Möglichkeiten, dem Server mitzuteilen, welche Dateien CGI-Skripte darstellen (vgl. auch Kap. 4.1 »Aliase und Redirections«, Abschnitt »Alias: Zugriff auf Verzeichnisse außerhalb von DocumentRoot« und Kap. 6.3 »Handler«):

- Sie können mit den Direktiven `ScriptAlias` oder auch `SetHandler` alle Dateien im CGI-Verzeichnis als CGI-Skripte ausweisen.

Beispiel:

```
ScriptAlias /cgi-bin /usr/local/apache2/cgi-bin
```

oder

```
Alias /cgi-bin /usr/local/apache2/cgi-bin
<Directory /usr/local/apache2/cgi-bin>
SetHandler cgi-script
</Directory>
```

- Sie können mit der Direktive AddHandler Dateien mit bestimmten Dateierweiterungen als CGI-Skripte kennzeichnen.

Beispiel:

```
Alias /cgi-bin /usr/local/apache2/cgi-bin
<Directory /usr/local/apache2/cgi-bin>
AddHandler cgi-script cgi

</Directory>
```

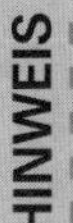

Die Alias-Direktive ist hier nur deshalb notwendig, weil das Skriptverzeichnis (im Beispiel *cgi-bin*) sich nicht unterhalb von DocumentRoot befindet.

In jedem Fall muss die Option ExecCGI eingestellt sein. Dies ist die Voreinstellung – Sie können die Option aber auch explizit aktivieren:

```
Options ExecCGI
```

Begrenzung des Ressourcenverbrauchs

Die folgenden Kerndirektiven zur Begrenzung des Ressourcenverbrauchs durch CGI-Skripte sind nur unter UNIX gültig. Sie werden mit jeweils zwei Parametern angegeben, von denen der erste eine »weiche«, der zweite (optionale) eine »harte« Grenze setzt. Die weiche Grenze kann durch einen Child-Prozess wieder erhöht werden, die harte nicht.

`RLimitCPU` gibt die Maximalzahl der Sekunden pro Prozess an.

`RLimitCPU`	
Syntax:	`RLimitCPU` *Zahl* | `'max'` [*Zahl* | `'max'`]
Voreinstellung:	nicht gesetzt; verwendet Voreinstellungen des Betriebssystems
Kontext:	Serverkonfiguration, virtueller Host

`RLimitMEM` setzt die maximale Anzahl der Bytes für jeden Prozess.

`RLimitMEM`	
Syntax:	`RLimitMEM` *Zahl* | `'max'` [*Zahl* | `'max'`]
Voreinstellung:	nicht gesetzt; verwendet Voreinstellungen des Betriebssystems
Kontext:	Serverkonfiguration, virtueller Host

`RLimitNPROC` begrenzt die Anzahl der Prozesse pro Benutzer.

`RLimitNPROC`	
Syntax:	`RLimitNPROC` *Zahl* | `'max'` [*Zahl* | `'max'`]
Voreinstellung:	nicht gesetzt; verwendet Voreinstellungen des Betriebssystems
Kontext:	Serverkonfiguration, virtueller Host

10.3 Beispiel-Skripte

Dieses Buch hat nicht die Programmierung von CGI-Skripten zum Thema. Dennoch sollen hier einige Beispiel-Skripte in den gebräuchlichsten Sprachen vorgestellt werden. Als Einsteiger werden Sie nicht mit allen diesen Sprachen vertraut sein – wählen Sie dann einfach das Beispiel oder die Beispiele in der von Ihnen bevorzugten Sprache aus und überschlagen Sie den Rest.

Meist werden CGI-Skripte über Hyperlinks oder über den `ACTION`-Parameter eines Formulars gestartet – für Testzwecke können Sie aber auch die URL des Skripts (z.B. *http://localhost/cgi-bin/test-cgi*) direkt im Browser eingeben.

HINWEIS

Falls ein Skript im Browser nicht funktioniert, so empfiehlt es sich, dasselbe Skript zunächst einmal direkt von der Konsole aus zu testen – allerdings sind dann natürlich nicht dieselben Umgebungsvariablen gesetzt.
Die Meldung »Internal Server Error« im Browser und dazu ein Eintrag »Premature End of Script Header« im Fehlerprotokoll deutet in der Regel auf einen Syntaxfehler im Skript hin.

Shellskripte

Die einfachste Methode zur Erzeugung dynamischer Webseiten unter UNIX ist die Verwendung von *Shellskripten* – Dateien, die eine Folge von Systembefehlen enthalten. Bei Eingabe des Namens eines solchen Skripts werden die darin enthaltenen Befehle von der Shell interpretiert und ausgeführt.

Beispiel:

```
#!/bin/sh
echo Content-type: text/plain
echo
echo Das heutige Datum ist:
date
```

Das Skript schreibt den Inhaltstyp »text/plain« und gibt dann das aktuelle Datum aus. Das folgende Skript ist Bestandteil der Apache-Distribution. Bei standardmäßiger Installation finden Sie es im Verzeichnis /*usr/local/apache2/cgi-bin* unter dem Namen *test-cgi*. Das Skript schreibt ebenfalls den Inhaltstyp »text/plain« und gibt dann den Inhalt einiger Umgebungsvariablen aus. Wichtig ist die Leerzeile dazwischen, die durch das Kommando `echo` ohne Parameter erzeugt wird.

```
#!/bin/sh
# disable filename globbing
set -f
```

```
echo Content-type: text/plain
echo
echo CGI/1.0 test script report:
echo
echo argc is $#. argv is "$*".
echo
echo SERVER_SOFTWARE = $SERVER_SOFTWARE
echo SERVER_NAME = $SERVER_NAME
echo GATEWAY_INTERFACE = $GATEWAY_INTERFACE
echo SERVER_PROTOCOL = $SERVER_PROTOCOL
echo SERVER_PORT = $SERVER_PORT
echo REQUEST_METHOD = $REQUEST_METHOD
echo HTTP_ACCEPT = "$HTTP_ACCEPT"
echo PATH_INFO = "$PATH_INFO"
echo PATH_TRANSLATED = "$PATH_TRANSLATED"
echo SCRIPT_NAME = "$SCRIPT_NAME"
echo QUERY_STRING = "$QUERY_STRING"
echo REMOTE_HOST = $REMOTE_HOST
echo REMOTE_ADDR = $REMOTE_ADDR
echo REMOTE_USER = $REMOTE_USER
echo AUTH_TYPE = $AUTH_TYPE
echo CONTENT_TYPE = $CONTENT_TYPE
echo CONTENT_LENGTH = $CONTENT_LENGTH
```

In diesem Skript sind die Umgebungsvariablen explizit mit ihren Namen angegeben – wenn Sie tatsächlich einfach nur *alle* Umgebungsvariablen anzeigen möchten, können Sie dafür den Befehl `env` verwenden.

C-Programme

Im Gegensatz zu Skripten, die sofort ausführbar sind, müssen C-Programme (wie auch in anderen Programmiersprachen geschriebene Programme) zuerst mit dem Compiler übersetzt und dann mit dem Linker gebunden werden. Speichern Sie den Quelltext also beispielsweise unter dem Namen *usr/local/apache2/cgi-bin/c-test.c*.

Wechseln Sie dann in dieses Verzeichnis und erstellen Sie das Programm:

```
cd /usr/local/apache2/cgi-bin
cc c-test.c
```

Sie erhalten das Programm *a.out*, das Sie über seinen Namen von der Konsole aus aufrufen können:

```
./a.out
```

Sie sollten nun das Programm umbenennen und können es dann genauso wie die Skripte aus dem Browser heraus aufrufen.

Das folgende Beispielprogramm schreibt den Inhaltstyp »text/plain« sowie den Text »Hallo Welt«. Wichtig ist auch hier die Leerzeile zwischen der Angabe des Inhaltstyps und dem eigentlichen Inhalt. (Das Steuerzeichen `\n` erzeugt einen Zeilenwechsel.)

```
#include <stdio.h>
main()
{
  printf("Content-type: text/plain\n\n");
  printf("Hallo Welt\n");
}
```

Auch von C-Programmen aus können Sie auf Umgebungsvariablen zugreifen: Das folgende Programm wertet die `QUERY_STRING`-Variable aus und zeigt die Parameter mit ihren Werten an:

```
#include <stdio.h>
#include <stdlib.h>
#include <string.h>
main()
{
```

```
  printf("Content-type: text/plain\n\n");
  if(strcmp(getenv("REQUEST_METHOD"), "GET") == 0)
  {
    char * env = getenv("QUERY_STRING");
    int i = 0, j;
    char param[255], wert[255];
    while(env[i] != '\0')
    {
        for(j = 0; env[i] != '='; j++)
          param[j] = env[i++];
        param[j] = '\0';
        i++;

        for(j = 0; env[i] != '&'
              && env[i] != '\0'; j++)
          wert[j] = env[i++];
        wert[j] = '\0';
        if(env[i] != '\0') i++;
        printf("Parameter: %s\tWert: %s\n",
        param, wert);
    }
  }
}
```

Zunächst wird überprüft, ob wirklich die GET-Methode verwendet wurde, denn andernfalls ist die QUERY_STRING-Variable leer. Die Funktion getenv liefert den Inhalt dieser Umgebungsvariablen (dafür muss *stdlib.h* inkludiert werden). Danach werden in einer Schleife, welche bis zum Ende der Zeichenkette läuft (\0-Zeichen), die Parameter/Wert-Paare in die entsprechenden Arrays kopiert und ausgegeben.

Mit der getenv-Funktion können Sie auch auf andere Umgebungsvariablen zugreifen.

Perl

Perl ist mittlerweile eine der beliebtesten Sprachen zur Erstellung von CGI-Skripten. Gegenüber kompilierten Programmen weisen Perl-Skripte (wie alle interpretierten Programme) allerdings den Nachteil auf, dass zunächst immer der Interpreter geladen werden muss. Techniken zur Beschleunigung von Perl-Skripten sind FastCGI (*www.fastcgi.com*) sowie das Zusatzmodul *mod_perl*. (Letzteres ermöglicht übrigens auch die Programmierung eigener Apache-Module in der Programmiersprache Perl.)

Das folgende Perl-Beispiel-Skript ist wie das im Abschnitt »Shellskripte« weiter oben in diesem Kapitel abgedruckte Shellskript Bestandteil der Apache-Distribution und befindet sich bei standardmäßiger Installation im Verzeichnis */usr/local/apache2/cgi-bin*. Es hat dort den Namen *printenv*. Es schreibt ebenfalls den Inhaltstyp »text/plain«, gefolgt von einer Leerzeile (`\n` erzeugt wie beim C-Programm einen Zeilenwechsel) und listet dann Umgebungsvariablen auf.

```
#!/usr/bin/perl
##
##  printenv -- demo CGI program which just prints
##  its environment
##
print "Content-type: text/plain\n\n";
foreach $var (sort(keys(%ENV))) {
    $val = $ENV{$var};
    $val =~ s|\n|\\n|g;
    $val =~ s|"|\\"|g;
    print "${var}=\"${val}\"\n";
}
```

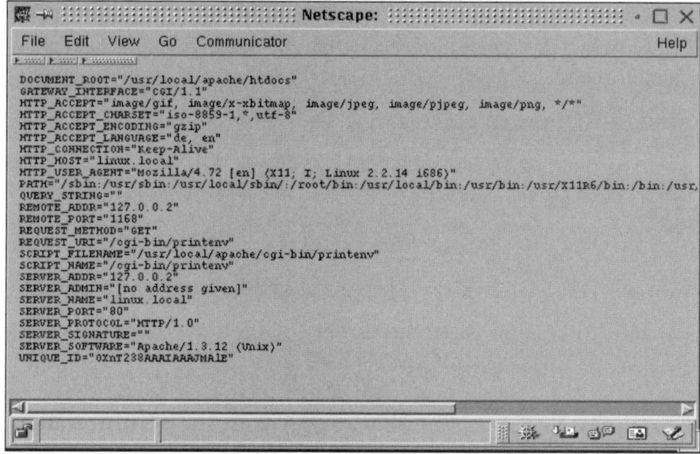

Abb. 10.3: Ausgabe des Perl-Skripts im Browser

HINWEIS

Wenn Sie häufiger in Perl programmieren müssen, sollten Sie sich unbedingt das Paket *CGI.pm* besorgen, das die Skripterstellung wesentlich vereinfacht. Sie erhalten dieses Modul unter *http://stein.cshl.org/WWW/software/CGI/cgi_docs.html*.

Windows: Stapelverarbeitungsdatei

Das Äquivalent zu einem Shellskript unter Windows ist eine Stapelverarbeitungsdatei oder auch Batch-Datei. Sie hat die Erweiterung *.bat* und kann auch von der Eingabeaufforderung aus aufgerufen werden. Die Rolle der Shell übernimmt hier der Kommandointerpreter *COMMAND.COM*.

Das folgende Beispiel zeigt unter Windows eine Liste aller Umgebungsvariablen an:

```
@echo off
echo Content-type: text/plain
echo.
set
```

Die Programmierung von Batch-Dateien für Windows ist allerdings recht unhandlich und für komplexere Aufgaben weniger gut geeignet. Natürlich können Sie aber auch unter Windows ein kompiliertes Programm (z.B. ein C-Programm) einsetzen.

10.4 PHP

Die Skriptsprache *PHP* kann unter UNIX wahlweise als CGI-Version laufen oder als Modul in den Apache-Server geladen werden. Sie können PHP kostenlos erhalten unter *www.php.net*.

Für Windows können Sie ein Installationsprogramm herunterladen, welches die CGI-Version von PHP installiert. Lesen Sie dann weiter im Abschnitt »PHP als CGI« weiter unten in diesem Kapitel.

Entpacken von PHP

Unter UNIX entpacken Sie die Datei *php-4.x.y.tar.gz* mithilfe des `gunzip`-Befehls:

```
gunzip php-4.x.y.tar.gz
```

Sie erhalten die Datei *php-4.x.y.tar*, welche mit dem `tar`-Befehl weiterverarbeitet wird:

```
tar xvf php-4.x.y.tar
```

Sie erhalten das Verzeichnis *php-4.x.y*.

PHP als Apache-Modul

Im Folgenden wird die Installation der PHP-Version 4.2.1 als *so*-Modul (vgl. Kap. 15.1 »Dynamisches Linken von Bibliotheken«) für Apache 2.0.39 unter UNIX beschrieben. Zum Zeitpunkt der Entstehung dieses Buchs wurden PHP 4.2.1 und PHP 4.2.2 nicht fehlerfrei für Apache 2.0.40 kompiliert.

Konfigurieren von Apache

Wechseln Sie zunächst in das Hauptverzeichnis Ihrer entpackten Apache-Distribution und konfigurieren Sie Apache mit dem *configure*-Shellskript, wie im Anhang des Buchs beschrieben. Geben Sie dabei die Option `--enable-so` an:

```
./configure --enable-so
# weitere Optionen ...
```

Konfigurieren, Kompilieren und Linken von PHP

Wechseln Sie in das Verzeichnis *php-4.x.y* und starten Sie das `configure`-Skript mit der Option `--with-apxs2`:

```
cd php-4.x.y
./configure --with-apxs2=/usr/local/apache2/bin/apxs
```

Sie können hier weitere Optionen für die PHP-Konfiguration anfügen, z.B. `--with-mysql`.

> **HINWEIS** Die ursprüngliche Distribution der PHP-Version 4.2.1 erzeugt beim Kompilieren für Apache 2 einen Fehler. Sie können diesen beheben, indem Sie entweder die neueste Entwicklerversion herunterladen (*snaps.php.net*) oder indem Sie selbst in der Datei *php_functions.c* im Verzeichnis *sapi/apache2filter* der entpackten PHP-Distribution (Zeile 93) den Text `MODULE_MAGIC_AT_LEAST` ersetzen durch `AP_MODULE_MAGIC_AT_LEAST`. Führen Sie dann den Befehl `make clean` aus, um einen »sauberen« Anfangszustand herzustellen.

Übersetzen und binden Sie nun PHP mit dem Programm *make*:

```
make
make install
```

HINWEIS

Wenn bei dem letzen Schritt noch ein Fehler auftritt, können Sie versuchen, diesen mit `make install -i` zu ignorieren.

Serverkonfiguration

In Ihrer Konfigurationsdatei müssen die folgenden Direktiven enthalten sein:

```
LoadModule php4_module modules/libphp4.so
AddType application/x-httpd-php .php
```

Die erste der beiden Zeilen wird bei der Installation automatisch in die Datei *httpd.conf* eingefügt. Wenn Sie eine eigene Konfigurationsdatei verwenden, kopieren Sie die Zeile dorthin. Die `AddType`-Zeile müssen Sie in jedem Fall selbst ergänzen.

PHP als CGI

Die CGI-Version von PHP ist eine eigenständige ausführbare Datei, die der Server automatisch für bestimmte Dateien startet.

Konfigurieren, Kompilieren und Linken von PHP

HINWEIS

Wenn Sie PHP in der CGI-Version verwenden, kann das zu Sicherheitslücken führen, denen Sie u.a. mithilfe der Option `--enable-force-cgi-redirect` beim Kompilieren von PHP begegnen können. Nähere Informationen finden Sie im PHP-Manual unter *http://www.php.net/manual/security.php*.

Während das Windows-Installationspaket eine Binärdistribution enthält, müssen Sie PHP unter UNIX selbst kompilieren:

Wechseln Sie in das Verzeichnis *php-4.x.y* und starten Sie das `configure`-Skript:

```
cd php-4.x.y
./configure --enable-force-cgi-redirect
```

Sie können hier weitere Optionen für die PHP-Konfiguration anfügen, z.B. `--with-mysql`.

Übersetzen und binden Sie nun PHP mit dem Programm *make*:

```
make
make install
```

> **HINWEIS**
> Wenn Sie vorher die *so*-Version kompiliert haben, müssen Sie vor `make` einmal `make clean` aufrufen.

> **HINWEIS**
> Fehler bei dem letzen Schritt können Sie auch hier mit `make install -i` ignorieren.

Serverkonfiguration

Um PHP in der CGI-Version zu verwenden, fügen Sie die folgenden Direktiven in Ihre Konfigurationsdatei ein.

UNIX:

```
ScriptAlias /cgi-bin /usr/local/apache2/cgi-bin
AddHandler php-script .php
Action php-script  /cgi-bin/php
```

Allen Dateien mit der Erweiterung *.php* wird mittels `AddHandler` der Handler `php-script` zugewiesen (vgl. Kap 6.3 »Handler«). Die `Action`-Direktive legt hierfür die ausführbare Datei *php* im Verzeichnis *cgi-bin* fest (vgl. Kap. 6.2 »Aktionen«). Das PHP-Programm muss sich also in diesem Verzeichnis befinden.

Windows:

Unter Windows ist es üblich, die Dateierweiterung *.php* mit einem MIME-Typ zu assoziieren (vgl. Kap 6.1 »Metainformationen«) und eine `Action`-Direktive für diesen MIME-Typ anzugeben (vgl. Kap. 6.2 »Aktionen«):

```
ScriptAlias /php/ "c:/php/"
AddType application/x-httpd-php .php
Action application/x-httpd-php "/php/php.exe"
```

Beispiel-Skript

PHP-Skripte werden in HTML-Dokumente eingebettet, wobei die Anweisungen durch besondere Tags abgegrenzt sind.

Beispiel:

```
<html>
<head>
<title>PHP-Test</title>
</head>
<body>
<?php
phpinfo();
?>
</body>
</html>
```

Die in PHP »eingebaute« Funktion `phpinfo` gibt eine ganze Reihe von Informationen über PHP und den Webserver aus.

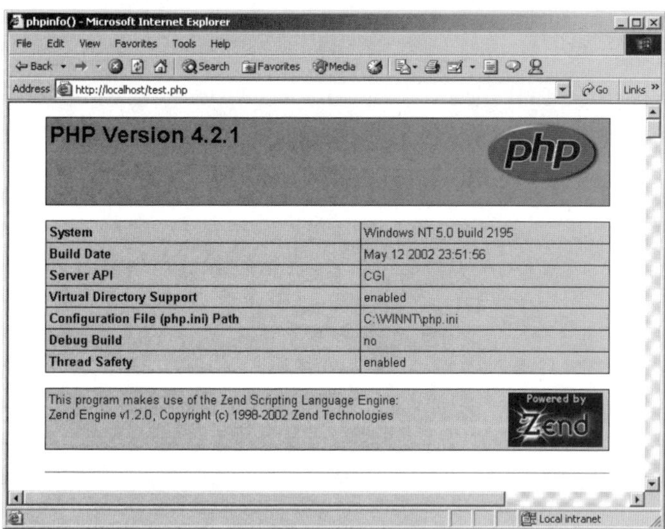

Abb. 10.4: Ausgabe von phpinfo im Browser

10.5 Zusammenfassung, Fragen und Übungen

Zusammenfassung

- Um dem Server mitzuteilen, welche Dateien CGI-Skripte darstellen, können Sie mit den Direktiven `ScriptAlias` oder auch `SetHandler` alle Dateien im CGI-Verzeichnis als CGI-Skripte ausweisen.
- Alternativ können Sie mit der Direktive `AddHandler` Dateien mit bestimmten Dateierweiterungen als CGI-Skripte kennzeichnen.
- `RLimitCPU` gibt die Maximalzahl der Sekunden pro Prozess an, `RLimitMEM` setzt die maximale Anzahl der Bytes für jeden Prozess und `RLimitNPROC` begrenzt die Anzahl der Prozesse pro Benutzer.

Zusammenfassung

- Die Skriptsprache PHP kann wahlweise als Apache-Modul oder in der CGI-Version verwendet werden.

Fragen und Übungen

1. Schreiben Sie ein Shellskript, das die HTTP-Methode und den Inhalt der Umgebungsvariablen `QUERY_STRING` anzeigt.
2. Schreiben Sie ein C-Programm als CGI-Programm, das die HTTP-Methode und den Inhalt der Umgebungsvariablen `QUERY_STRING` anzeigt.
3. Ändern Sie das im Text angegebene Perl-Skript so ab, dass es HTML-Code anstelle von einfachem Text ausgibt.
4. Schreiben Sie eine Stapelverarbeitungsdatei für Windows, die den Inhalt der Datei *test.txt* an den Browser ausgibt.

11 Umgebungsvariablen

Dieses Kapitel behandelt das Erzeugen einer eindeutigen ID für Anforderungen, das Setzen von Umgebungsvariablen sowie die Weitergabe von solchen Variablen an CGI-Skripte. Ferner werden einige besondere Umgebungsvariablen behandelt, die dabei helfen, Probleme mit bestimmten Clients zu vermeiden.

11.1 Eindeutige Identifizierer

Das Modul *mod_unique_id* (ab Apache 1.3) erzeugt unter UNIX eine ID für jede Anforderung, die innerhalb aller Webserver (zumindest für eine bestimmte Site) eindeutig ist. Diese ID wird in der Umgebungsvariablen UNIQUE_ID gespeichert. Anwendungen können anhand einer solchen ID die Anforderungen voneinander unterscheiden.

Zur Erzeugung der eindeutigen ID werden die Systemzeit, ein zusätzlicher Zähler, der Hostname (mit der zugehörigen IP-Adresse) und die Prozess-ID miteinander kombiniert.

11.2 Umgebungsvariablen weitergeben

Das Modul *mod_env* dient der Übergabe von Umgebungsvariablen des Betriebssystems an CGI-Skripte.

Neue Umgebungsvariablen setzen

Die Direktive `SetEnv` setzt eine Umgebungsvariable, welche dann an ein CGI-Skript übergeben wird. Das Skript kann sich in Abhängigkeit vom Wert der übergebenen Variablen unterschiedlich verhalten.

SetEnv	
Syntax:	SetEnv *Umgebungsvariable Wert*
Kontext:	Serverkonfiguration, virtueller Host

Beispiel:

Im folgenden Beispiel werden zwei virtuelle Hosts konfiguriert, welche die Umgebungsvariable FIRMENNAME auf verschiedene Werte setzen.

```
NameVirtualHost 193.0.0.2

<VirtualHost 193.0.0.2>
ServerName www.domain1.de
SetEnv FIRMENNAME Firma1
</VirtualHost>

<VirtualHost 193.0.0.2>
ServerName www.domain2.de
SetEnv FIRMENNAME Firma2
</VirtualHost>
```

Mit der Direktive ScriptAlias wird die Skriptausführung für das Verzeichnis */usr/local/apache2/cgi-bin* aktiviert:

```
ScriptAlias /cgi-bin /usr/local/apache2/cgi-bin
```

Ein Skript, das sich in diesem Verzeichnis befindet, kann nun von beiden virtuellen Hosts aus angesprochen werden. Indem das Skript die übergebene Umgebungsvariable (hier FIRMENNAME) auswertet, kann erreicht werden, dass die virtuellen Hosts sich voneinander unterscheiden.

Beispiel:

```
#!/bin/sh
echo Content-type: text/plain
echo
echo Herzlich Willkommen bei $FIRMENNAME
```

Speichern Sie obiges Skript z.B. unter dem Namen *willkommen-cgi*. Bei Zugriff auf die URL *www.domain1.de/cgi-bin/willkommen-cgi* wird der Text »Willkommen bei Firma1« ausgegeben, über *www.domain2.de/cgi-bin/willkommen-cgi* dagegen der Text »Willkommen bei Firma2«.

`UnsetEnv` entfernt eine Umgebungsvariable aus der Menge derjenigen, die an CGI-Skripte übergeben werden.

UnsetEnv	
Syntax:	`UnsetEnv` *Umgebungsvariable Umgebungsvariable...*
Kontext:	Serverkonfiguration, virtueller Host

Beispiel:

```
UnsetEnv LD_LIBRARY_PATH
```

Bereits gesetzte Umgebungsvariablen weitergeben

`PassEnv` legt Umgebungsvariablen aus der Menge der beim Start des Webservers gesetzten Variablen fest, die an CGI-Skripte übergeben werden sollen.

PassEnv	
Syntax:	`PassEnv` *Umgebungsvariable Umgebungsvariable...*
Kontext:	Serverkonfiguration, virtueller Host

Beispiel:

Setzen Sie vor dem Start des Webservers die Umgebungsvariable `MELDUNG` und exportieren Sie diese, damit sie auch dem Webserver-Prozess zur Verfügung steht:

```
MELDUNG=Hallo
export MELDUNG
```

Die Konfigurationsdirektive dazu lautet:

```
PassEnv MELDUNG
```

Unter Windows setzen Sie Umgebungsvariablen mit der `SET`-Anweisung:

```
SET MELDUNG=Hallo
```

11.3 Bedingtes Setzen von Umgebungsvariablen

Ein eigenes Apache-Modul ist dafür zuständig, Umgebungsvariablen in Abhängigkeit von gewissen Bedingungen zu setzen. Die Direktiven dieses Moduls sowie einiger veralteter Module, die denselben Zweck erfüllen, werden hier beschrieben.

Setzen von Umgebungsvariablen aufgrund von Informationen vom Client

Das Modul *mod_setenvif* (ab Apache 1.3) setzt Umgebungsvariablen, wenn bestimmte Bedingungen erfüllt sind.

Groß- und Kleinschreibung beachten

`SetEnvIf` legt Umgebungsvariablen aufgrund von Attributen der Anforderung fest.

`SetEnvIf`	
Syntax:	`SetEnvIf` *`Attribut Regex Umgebungsvariable`* `[=`*`Wert`*`] [...]`
Voreinstellung:	keine
Kontext:	Serverkonfiguration

Das können die Werte der verschiedenen HTTP-Header-Felder wie beispielsweise `Host`, `User-Agent` und `Referer` oder auch einer der folgenden sein:

- Remote_Host
  Der Hostname (falls verfügbar) des Clients, von dem die Anforderung stammt.
- Remote_Addr
  Die IP-Adresse des Clients, von dem die Anforderung stammt.
- Remote_User
  Der authentifizierte Benutzername.
- Request_Method
  Der Name der verwendeten Methode (GET, POST usw.).
- Request_URI
  Der Teil der URL nach demjenigen für Schema und Host.

Beispiel:

```
SetEnvIf Request_URI "\.(gif)|(jpg)|(xbm)$" objekt_ist_bild=ja
SetEnvIf Referer www\.mydomain\.com intra_site_verweis
```

Groß- und Kleinschreibung nicht beachten

`SetEnvIfNoCase` verhält sich wie `SetEnvIf`, jedoch ohne Groß- und Kleinschreibung zu berücksichtigen.

SetEnvIfNoCase	
Syntax:	`SetEnvIfNoCase` *`Attribut Regex Umgebungsvariable`* `[=`*`Wert`*`] [...]`
Voreinstellung:	keine
Kontext:	Serverkonfiguration

Beispiel:

```
SetEnvIfNoCase Host Apache\.Org site=apache
```

Setzen von Umgebungsvariablen aufgrund von User-Agent-Zeichenketten

Das Modul *mod_browser* (nur bis Apache 1.2) setzte Umgebungsvariablen in Abhängigkeit von User-Agent-Zeichenketten. Es wurde in Apache 1.3 und den Folgeversionen durch *mod_setenvif* ersetzt.

Spezialfälle von SetEnvIf

Spezialfälle von `SetEnvIf` und `SetEnvIfNoCase` sind `BrowserMatch` und `BrowserMatchNoCase`. Sie legen Umgebungsvariablen abhängig von dem `User-Agent`-Feld des HTTP-Headers fest.

`BrowserMatch` legt Umgebungsvariablen aufgrund des `User-Agent`-HTTP-Header-Felds fest.

BrowserMatch	
Syntax:	`BrowserMatch` *`Regex Umgebungsvariable`* `[=`*`Wert`*`] [...]`
Voreinstellung:	keine
Kontext:	Serverkonfiguration

Das erste Argument, welches den Browser bezeichnet, muss ein POSIX2-erweiterter Regulärer Ausdruck (vgl. Anhang, Abschnitt »Reguläre Ausdrücke«) sein. Die restlichen Argumente geben die Namen der zu setzenden Variablen und optional die zugehörigen Werte an.

Beispiel:

```
BrowserMatch ^Mozilla forms jpeg=yes browser=netscape
BrowserMatch "^Mozilla/[2-3]" \
    tables agif frames javascript
BrowserMatch MSIE !javascript
```

BrowserMatchNoCase	
Syntax:	BrowserMatchNoCase *Regex* *Umgebungsvariable* [=*Wert*] [...]
Voreinstellung:	keine
Kontext:	Serverkonfiguration

BrowserMatchNoCase verhält sich wie BrowserMatch, jedoch ohne Groß- und Kleinschreibung zu berücksichtigen.

11.4 Umgebungsvariablen für besondere Zwecke

Im Hinblick auf Probleme mit bestimmten Clients wurden Mechanismen eingeführt, mit denen das Verhalten des Apache-Servers diesen Clients gegenüber gesteuert werden kann. Diese Mechanismen werden mithilfe von Umgebungsvariablen realisiert, die Sie typischerweise mit SetEnvIf oder BrowserMatch setzen können.

- nokeepalive
  Deaktiviert KeepAlive (vgl. Kap. 2.2 »Performance-Einstellungen«, Abschnitt »»Persistente TCP-Verbindungen«). Aufgrund von Problemen mit Netscape 2.x und KeepAlive sollte die folgende Direktive verwendet werden:
  BrowserMatch Mozilla/2 nokeepalive
- force-response-1.0
  Erzwingt eine HTTP/1.0-Antwort. Wurde ursprünglich erfunden wegen eines Problems mit den Proxies von AOL. Einige Clients verhalten sich möglicherweise nicht korrekt, wenn sie eine HTTP/1.1-Antwort erhalten, und diese Direktive kann verwendet werden, um mit ihnen zusammenzuarbeiten.
- downgrade-1.0
  Erzwingt die Behandlung der Anforderung wie eine HTTP/1.0-Anforderung, selbst wenn es sich um eine neuere Version handelt.

11.5 Zusammenfassung, Fragen und Übungen

Zusammenfassung

- Die Direktive `SetEnv` setzt eine Umgebungsvariable, welche dann an ein CGI-Skript übergeben wird.
- `UnsetEnv` entfernt eine Umgebungsvariable aus der Menge derjenigen, die an CGI-Skripte übergeben werden.
- `PassEnv` gibt die Umgebungsvariablen an, die aus der Umgebung des Servers an ein CGI-Skript übergeben werden sollen.
- `SetEnvIf` legt Umgebungsvariablen aufgrund von Attributen der Anforderung fest. Das können die Werte der verschiedenen HTTP-Header-Felder wie beispielsweise `Host`, `User-Agent` und `Referer` oder auch andere sein.
- `SetEnvIfNoCase` verhält sich wie `SetEnvIf`, jedoch ohne Groß- und Kleinschreibung zu berücksichtigen.
- `BrowserMatch` legt Umgebungsvariablen aufgrund des `User-Agent`-HTTP-Header-Felds fest. Das erste Argument, welches den Browser bezeichnet, muss ein POSIX2-erweiterter Regulärer Ausdruck sein. Die restlichen Argumente geben die Namen der zu setzenden Variablen und optional die zugehörigen Werte an.
- `BrowserMatchNoCase` verhält sich wie `BrowserMatch`, jedoch ohne Groß- und Kleinschreibung zu berücksichtigen.
- Mechanismen, mit denen das Verhalten des Apache-Servers bestimmten Clients gegenüber gesteuert werden kann: `Nokeepalive` deaktiviert `KeepAlive`. `force-response-1.0` erzwingt eine HTTP/1.0-Antwort. `downgrade-1.0` erzwingt die Behandlung der Anforderung wie eine HTTP/1.0-Anforderung, selbst wenn es sich um eine neuere Version handelt.

Fragen und Übungen

1. Setzen Sie in der Konfigurationsdatei die Umgebungsvariable `MEIN_TEXT` auf den Wert »Hallo Welt«.
2. Reichen Sie die Umgebungsvariable aus der vorhergehenden Aufgabe an ein CGI-Skript weiter, das den Inhalt dieser Variablen in einem HTML-Dokument anzeigt.
3. Setzen Sie von der Konsole aus (vor dem Start des Webservers) die Umgebungsvariable `EROEFFNUNG` auf den Wert »20. Oktober«.
4. Reichen Sie die Umgebungsvariable aus der vorhergehenden Aufgabe an ein CGI-Skript weiter, welches den Text »Besuchen Sie uns am 20. Oktober« ausgibt, wobei das Datum aus der Variablen übernommen wird.
5. Formulieren Sie die Browser-Match-Beispiele aus dem Text mit `SetEnvIf`.

12 SuExec

SuExec (***S**et**U**serID* ***Exec**ution*) ist ein Mechanismus, der es auf UNIX-Systemen erlaubt, CGI-Skripte und SSI-Programme unter einer anderen User-ID als der des Apache-Users (vgl. Kap. 2.1 »Basiskonfiguration«, Abschnitt »Identität des Webusers«) auszuführen.

Somit kann Anwendern die Möglichkeit gegeben werden, selbst Skripte zu erstellen und diese durch Apache unter ihrer eigenen Benutzerkennung ausführen zu lassen. Solche Programme können dann nur auf diejenigen Daten zugreifen, für die der betreffende Benutzer Berechtigungen besitzt – wodurch u.a. auch die Benutzer untereinander isoliert werden.

Eine andere Anwendung besteht darin, für bestimmte virtuelle Hosts (vgl. Kap. 5 »Mehrere Websites auf einem Server«) CGI-Skripte generell unter einer anderen Benutzerkennung auszuführen als derjenigen des Hauptservers.

Da die unsachgemäße Verwendung dieses Mechanismus zu gefährlichen Sicherheitslücken führen kann, ist SuExec nicht Bestandteil der Apache-Standardinstallation.

SuExec basiert auf einem so genannten *Wrapper*-Programm, das von Apache aufgerufen wird, wenn eine HTTP-Anforderung für ein CGI- oder SSI-Programm vorliegt, für das der Systemadministrator die Ausführung unter einer anderen User-ID festgelegt hat.

Der Begriff »Wrapper« kommt von »to wrap« (deutsch: einwickeln) und besagt hier, dass der Wrapper sich um das eigentliche Programm »herumlegt« und vor der Ausführung dieses Programms bestimmte Aktionen durchführt.

Im Fall des SuExec-Wrappers gehört zu diesen vorbereitenden Schritten eine Reihe von Sicherheitsprüfungen. Danach wird das CGI- oder SSI-Programm unter der gewünschten User-ID gestartet.

12.1 Installation

Seit der Version 1.3 können Sie unter Verwendung des Konfigurationsskripts *configure* den Webserver vollautomatisch erstellen, konfigurieren und installieren. Hiermit können Sie auch SuExec direkt beim Kompilieren von Apache miterzeugen. Sie können aber auch SuExec nachträglich einzeln kompilieren.

Erstellen mit configure

Eine Möglichkeit, SuExec zu installieren, besteht in der Angabe der passenden Parameter für `configure` vor dem Kompilieren von Apache. Wechseln Sie dazu in das Hauptverzeichnis Ihrer entpackten Apache-Distribution und geben Sie ein:

```
./configure --enable-modules=all \
--enable-suexec \
--with-suexec-caller=www \
--with-suexec-userdir=public_html \
--with-suexec-docroot=/usr/local/apache2/htdocs \
--with-suexec-logfile= \
/usr/local/apache2/logs/suexec_log \
--with-suexec-uidmin=100 \
--with-suexec-gidmin=100 \
--with-suexec-safepath="/bin:/usr/bin"
# weitere Optionen ...
```

Beachten Sie die Option `--with-suexec-caller`: Hier müssen Sie diejenige Benutzerkennung eintragen, unter der der Webserver ausgeführt wird. (vgl. Kap. 2.1 »Basiskonfiguration«, Abschnitt »Identität des Webusers«).

Die Bedeutung der restlichen Parameter wird im Kapitel »Installation« im Anhang dieses Buchs besprochen.

Mit dem Befehl

```
make
```

wird SuExec dann zusammen mit dem Webserver selbst erstellt. Mit

```
make install
```

werden danach beide installiert.

Erstellen ohne Neukompilieren von Apache

Um SuExec einzeln zu kompilieren, wechseln Sie in das Verzeichnis *support* Ihrer Apache-Distribution. Kompilieren Sie dann das *SuExec*-Wrapper-Programm, indem Sie eingeben:

```
make suexec
```

Prüfen Sie die Konfiguration mit dem Befehl

```
./suexec -V
```

Beachten Sie insbesondere die Einstellungen `AP_HTTPD_USER` und `AP_DOC_ROOT`.

Sollten die von `suexec -V` angezeigten Einstellungen nicht korrekt sein, können Sie das `configure`-Shellskript mit den im vorhergehenden Abschnitt »Erstellen mit configure« angegebenen Optionen ausführen und danach *SuExec* nochmals kompilieren.

Eigentümer und SetUserID-Execution-Bit

Die Installation muss unter der »root«-Benutzerkennung durchgeführt werden, damit »root« der Eigentümer des fertigen Programms ist. Außerdem muss für die *suexec*-Datei das SetUserID-Execution-Bit gesetzt sein.

Sie können beides auch nachträglich korrigieren mit der Befehlsfolge:

```
chown root suexec
chmod 4711 suexec
```

Wenn Sie eine grafische Benutzeroberfläche verwenden, können Sie die Einstellungen auch dort vornehmen.

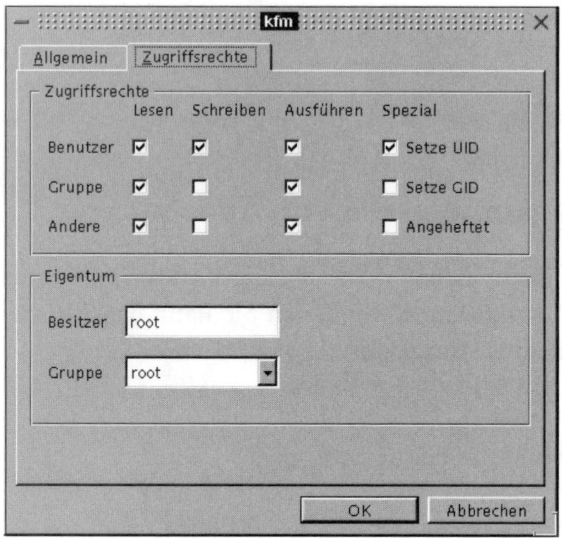

Abb. 12.1: Berechtigungen und das SetUserID-Execution-Bit mit der grafischen Oberfläche KDE setzen

SuExec in das richtige Verzeichnis kopieren

Kopieren oder verschieben Sie zum Schluss das fertige Programm nach */usr/local/apache2/bin*:

```
cp suexec /usr/local/apache2/bin/suexec
```

HINWEIS

Wenn Sie *suexec* in einem anderen Verzeichnis ablegen wollen, müssen Sie Apache neu kompilieren, nachdem Sie die Einstellung `SUEXEC_BIN` in der Datei *httpd.h* (im Verzeichnis *include* der Apache-Distribution) oder mittels eines Konfigurationsparameters entsprechend angepasst haben (vgl. Originaldokumentation).

12.2 Testen

Starten des Webservers und überprüfen der Konfiguration

Sie müssen nun den Server anhalten und neu starten. In der Fehlerprotokolldatei finden Sie danach einen Hinweis, dass SuExec aktiv ist. Ist das nicht der Fall, so befindet sich wahrscheinlich das *suexec*-Programm nicht im richtigen Verzeichnis, oder der Eigentümer der Datei und das SetUserID-Execution-Bit sind nicht korrekt eingestellt (vgl. Kap. 12.1 »Installation«, Abschnitt »Erstellen ohne Neukompilieren von Apache«, »Eigentümer und SetUserID-Execution-Bit«).

Um die Serverkonfiguration zu überprüfen, wechseln Sie in das *apache2*-Verzeichnis und führen Sie den Befehl

```
bin/httpd -V
```

aus. Kontrollieren Sie insbesondere die Einstellung `SUEXEC_BIN`.

Die SuExec-Konfiguration können Sie mit dem Kommandozeilenparameter `-V` des *suexec*-Programms prüfen:

```
bin/suexec -V
```

Wenn alles korrekt eingestellt ist, wird SuExec beim Zugriff auf Dateien im Dokumentenverzeichnis eines Benutzers automatisch aktiviert.

Erstellen eines Testskripts

Legen Sie ein CGI-Skript im *public_html*-Verzeichnis eines Benutzers ab (z.B. in *home/wigard/public_html*). Das Skript (z.B. mit dem Namen *user-test*) könnte etwa wie folgt aussehen:

```
#!/bin/sh
echo Content-type: text/plain
echo
```

```
echo UID: $UID
echo PATH: $PATH
```

Ihre Konfigurationsdatei muss auch eine `SetHandler`-Direktive für das betreffende Verzeichnis enthalten, damit Skripte ausgeführt werden können:

```
<Directory /home/wigard/public_html>
SetHandler cgi-script
<Directory>
```

Auf das Testskript zugreifen

Starten Sie das Skript vom Browser aus, indem Sie auf die zugehörige URL zugreifen:

http://meinname.meine.domain/~wigard/user-test

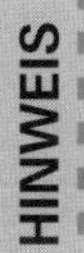

Die Angabe *~benutzername* steht immer für das *Home*-Verzeichnis des betreffenden Benutzers.

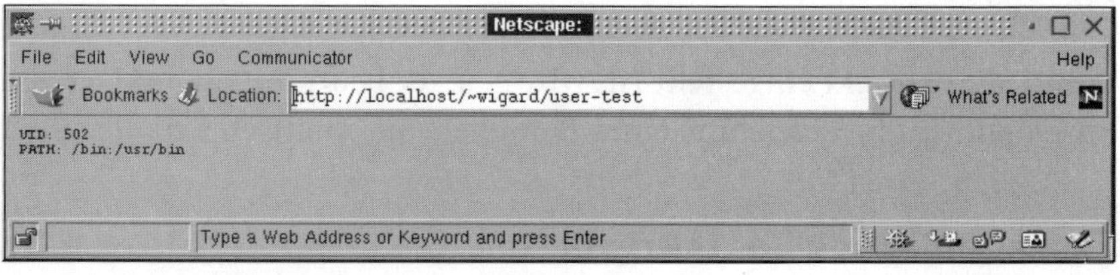

Abb. 12.2: Das Testskript mit SuExec im Browser

Anhand der angezeigten Benutzernummer können Sie erkennen, dass das Skript tatsächlich unter der Kennung des Eigentümers und nicht unter der des Apache-Benutzers ausgeführt wird. Der angezeigte Pfad ist der (mit dem Parameter `--suexec-safepath` des *configure*-Skripts) festgelegte sichere Pfad.

Entfernen Sie nun zum Vergleich das *suexec*-Programm aus dem Verzeichnis */usr/local/apache2/bin* und starten Sie den Webserver neu. Wenn Sie jetzt (nach Erteilen der nötigen Berechtigungen für den Webuser) nochmals mit dem Browser auf Ihr Skript zugreifen, wird die Benutzernummer des Webusers und der uneingeschränkte Pfad angezeigt.

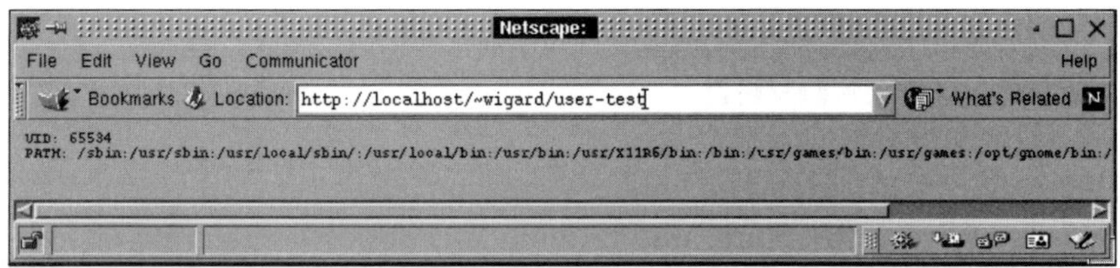

Abb. 12.3: Das Testskript ohne SuExec im Browser

12.3 Voraussetzungen

Bei der Konfiguration Ihrer Website mit SuExec ist Folgendes zu berücksichtigen:

- Weder der Benutzer noch die Gruppe, unter deren Berechtigungen die CGI- und SSI-Programme ausgeführt werden (der *Zielbenutzer*), sollte »root« sein.
- System-Benutzerkonten können ebenfalls ausgeschlossen werden, indem für die User- und Gruppennummer, unter der die CGI- und SSI-Programme ausgeführt werden sollen, ein Mindestwert eingestellt wird. (Dies erfolgt vor dem Kompilieren von SuExec mit dem `configure`-Skript.)
- Das Wrapper-Programm gehört dem Benutzer »root«, und der Apache-User hat die Berechtigung, es auszuführen.
- Die mit SuExec auszuführenden Programme müssen innerhalb des Apache-Verzeichnisbaums (also unterhalb von `DocumentRoot`) oder unterhalb des Dokumentverzeichnisses des Zielbenutzers liegen.

Letzteres ist per Voreinstellung *public_html*. Wenn Sie ein anderes Verzeichnis verwenden möchten, müssen Sie die `UserDir`-Direktive oder den Konfigurationsparameter `--suexec-userdir` angeben.

- Die mit SuExec auszuführenden Programme müssen dem Zielbenutzer gehören, und nur dieser darf Schreibberechtigung für die entsprechenden Dateien besitzen.

12.4 Direktiven

Wenn Sie CGI-Skripte für einen virtuellen Host generell unter einer anderen Benutzerkennung und Gruppe als der des Webservers ausführen möchten, können Sie mit der Direktive `SuexecUserGroup` den Zielbenutzer und die Gruppe festlegen.

SuexecUserGroup	
Syntax:	`SuexecUserGroup` *Benutzer Gruppe*
Voreinstellung:	keine
Kontext:	Serverkonfiguration, virtueller Host

12.5 Zusammenfassung, Fragen und Übungen

Zusammenfassung

- *SuExec* ist ein Mechanismus, der es erlaubt, CGI-Skripte und SSI-Programme unter einer anderen User-ID als der des Apache-Users auszuführen.
- Die Installation kann entweder zusammen mit Apache (mit dem *configure*-Shellskript im Apache-Distributionsverzeichnis) oder nachträglich »von Hand« erfolgen.

Zusammenfassung

- Der Benutzer »root« muss der Eigentümer des fertigen Programms sein. Außerdem muss für die *suexec*-Datei das Set-UserID-Execution-Bit gesetzt sein, und die Datei muss sich im Verzeichnis */usr/local/apache2/bin* befinden.
- Nach dem Neustart finden Sie in der Fehlerprotokolldatei einen entsprechenden Eintrag.

Fragen und Übungen

1. Wozu wird SuExec verwendet?
2. Wie machen Sie den Benutzer »root« zum Eigentümer der *suexec*-Datei?
3. Wie setzen Sie die nötigen Berechtigungen einschließlich des SetUserID Execution-Bits für die *suexec*-Datei?
4. Wie können Sie den SuExec-Mechanismus wieder deaktivieren?
5. In welchem Verzeichnis müssen sich Dateien befinden, auf die Sie über die URL *http://meinname.meine.domain/~benutzer* zugreifen möchten?

13 Sicherheit

Die Einschränkung des Zugriffs auf Ihren Webserver kann entweder hostbasiert erfolgen (mit den Direktiven `allow` und `deny`, vgl. Kap 13.1 »Hostbasierte Zugriffskontrolle«, Abschnitt »Erlauben und verbieten«) – sodass also nur bestimmte Hosts zugreifen können – oder aber anhand von Benutzername und Kennwort (mithilfe der HTTP-Authentifizierung, Direktive `require`, vgl. Kap. 13.2 »HTTP-Authentifizierung«, Abschnitt »Kerndirektiven«).

Verwendung beider Mechanismen

Wenn Sie beide Mechanismen mischen, können Sie mit der `satisfy`-Kerndirektive regeln, ob ein Client beide Anforderungen erfüllen muss (Einstellung `all`) oder ob es genügt, wenn einer der beiden Mechanismen die Berechtigung erteilt (Einstellung `any`). Die Voreinstellung ist `all`.

`Satisfy`	
Syntax:	`Satisfy any	all`
Voreinstellung:	`Satisfy all`
Kontext:	Verzeichnis, *.htaccess*

13.1 Hostbasierte Zugriffskontrolle

Das Modul *mod_access* regelt die hostbasierte Zugriffskontrolle. Dieses Modul wird standardmäßig in Apache einkompiliert.

Erlauben und verbieten

Mit der `allow`-Direktive können Sie festlegen, welche Hosts auf ein Verzeichnis zugreifen dürfen; mit `deny` können Sie den Zugriff verbieten.

Allow	
Syntax:	`allow from` *Host Host* ...
Kontext:	**Verzeichnis, *.htaccess***

Deny	
Syntax:	`deny from` *Host Host* ...
Kontext:	**Verzeichnis, *.htaccess***

Solche hostbasierten Zugriffsbeschränkungen, welche auf der IP-Adresse beruhen, funktionieren allerdings nicht für Clients, die über einen Proxy oder Firewall auf den Server zugreifen (die IP-Adresse ist dann die des Proxys/Firewalls) oder die vom Internetprovider dynamisch eine IP-Adresse zugewiesen bekommen.

Als Hosts können Sie angeben:

- `all` alle Hosts
- einen (partiellen) Domainnamen
- eine volle IP-Adresse
- eine partielle IP-Adresse
- eine Kombination aus Netzwerk und Netzmaske
- eine Netzwerk/nnn-CIDR-Spezifikation

Die Angabe einer IP-Adresse ist der eines Hostnamens vorzuziehen, da in diesem Fall kein DNS-Lookup durchgeführt werden muss.

Zugriff abhängig von Umgebungsvariablen

Mit `allow from env` bzw. `deny from env` können Sie den Zugriff von einer bestimmten Umgebungsvariablen abhängig machen.

Allow from env	
Syntax:	`allow from env=`*Variable*
Kontext: Verzeichnis, *.htaccess*	

deny from env	
Syntax:	`deny from env=`*Variable*
Kontext: Verzeichnis, *.htaccess*	

In Kombination mit der Direktive `BrowserMatch` (vgl. Kap. 11.3 »Bedingtes Setzen von Umgebungsvariablen«, Abschnitt »Spezialfälle von SetEnvIf«) können Sie so beispielsweise bestimmten Browsern den Zugriff erlauben oder verbieten.

Rangfolge

Das Zusammenspiel von `allow`- und `deny`-Einstellungen für dasselbe Verzeichnis regelt die `order`-Direktive.

order	
Syntax:	`order` *Reihenfolge*
Voreinstellung:	`order deny,allow`
Kontext:	Verzeichnis, *.htaccess*

Bei der Reihenfolge `allow,deny` werden zuerst die `allow`-Direktiven ausgewertet. Im Anfangszustand ist der Zugriff verboten.

Beispiel:

```
BrowserMatch ^BoeserRobot/0.9 geh_weg
<Directory /usr/local/apache2/htdocs>
    order allow,deny
    allow from all
    deny from env=geh_weg
</Directory>
```

Dem Browser *BoeserRobot/0.9* wird kein Zugriff gewährt.

Bei der Reihenfolge deny,allow werden zuerst die deny-Direktiven ausgewertet. Im Anfangszustand ist der Zugriff erlaubt.

Beispiel:

```
BrowserMatch ^KlopfKlopf/2.0 herein
<Directory /usr/local/apache2/htdocs>
    order deny,allow
    deny from all
    allow from env=herein
</Directory>
```

Nur dem Browser *KlopfKlopf/2.0* wird Zugriff gewährt.

Der dritte mögliche Wert der Einstellung lautet mutual-failure. Zugriff wird nur denjenigen Hosts gestattet, die in der allow-Liste, nicht jedoch in der deny-Liste auftauchen.

13.2 HTTP-Authentifizierung

Unter Authentifizierung versteht man einen Vorgang, bei dem der Anwender vor dem Zugriff auf eine bestimmte Seite seinen Benutzernamen und sein Kennwort eingeben muss (die ihm vorher zugeteilt oder von ihm selbst gewählt und auf dem Server gespeichert wurden).

Bei der HTTP-Authentifizierung gibt der Server, sobald eine geschützte Seite angefordert wird, einen Status-Header »Authorization Required« (Code 401) zurück. Zusammen mit diesem Header wird der Authentifizierungstyp (vgl. folgender Abschnitt »Kerndirektiven«) und der Name der so genannten *Authentifizierungsdomäne* gesendet. Der Browser prüft, ob er für diese Authentifizierungsdomäne bereits einen Benutzernamen und ein Kennwort gespeichert hat und zeigt andernfalls ein Dialogfeld an, in dem der Anwender zur Eingabe dieser Daten aufgefordert wird. Der Browser sendet schließlich die ursprüngliche Anforderung nochmals, diesmal jedoch zusammen mit dem Benutzernamen und dem Kennwort. Bei nachfolgenden Aufrufen desselben Servers sendet der Browser automatisch den Benutzernamen und das Kennwort mit, sodass diese nicht mehrmals hintereinander eingegeben werden müssen.

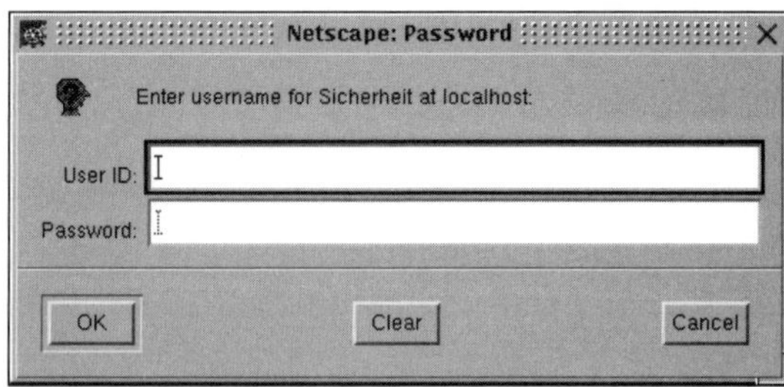

Abb. 13.1: HTTP-Authentifizierung im Netscape-Browser

Kerndirektiven

Die Kerndirektive `AuthType` setzt den Authentifizierungstyp für ein Verzeichnis. Zurzeit sind nur `Basic` und `Digest` implementiert.

AuthType	
Syntax:	`AuthType` *Typ*
Kontext:	Verzeichnis, *.htaccess*

Die `Basic`-Authentifizierung kann mithilfe von Textdateien oder Datenbanken erfolgen. Kennwörter werden dabei zwar auf dem Server (zumindest unter UNIX) verschlüsselt gespeichert, vom Browser zum Server jedoch im Klartext (oder genauer: mit `uuencode` kodiert) übertragen. Die `Digest`-Authentifizierung könnte eine Alternative darstellen. Sie ist sicherer, funktioniert allerdings nur mit Browsern, die diese unterstützen (was heute bei den meisten Browsern noch nicht der Fall ist). Sie eignet sich daher in erster Linie für Intranets, wo Sie die Kontrolle über die von den Clients verwendeten Browser haben.

Die Einstellung AuthName (ebenfalls eine Kerndirektive) setzt den Namen für die Authentifizierungsdomäne. Im obigen Beispiel (Abbildung 13.1) ist dies das Wort »Sicherheit« (*Enter username for Sicherheit at localhost*).

AuthName	
Syntax:	AuthName *Authentifizierungs-Domain*
Kontext:	Verzeichnis, *.htaccess*

Mithilfe der require-Kerndirektive können Sie festlegen, welche Benutzer oder Gruppen auf ein Verzeichnis zugreifen dürfen.

require	
Syntax:	require *Entity-Name Entity Entity...*
Kontext:	Verzeichnis, *.htaccess*

Die Einstellung valid-user bewirkt, dass alle gültigen Benutzer Zugriff haben.

Beispiel:

```
<Directory /usr/local/apache2/htdocs>
   AuthType Basic
   AuthName Sicherheit
   require valid-user
</Directory>
```

Statt mit require valid-user einen beliebigen gültigen Benutzernamen zu verlangen, können Sie auch gezielt nur bestimmte Benutzer oder Gruppen zulassen:

```
require user hugo otto
require group entwickler
```

> **HINWEIS**
> Häufig schreibt man die Direktiven für die Authentifizierung in die *.htaccess*-Datei, welche vor jedem Zugriff erneut eingelesen wird. So können die Einstellungen verändert werden, ohne den Server anzuhalten (vgl. auch Kap. 2.4, Abschnitt »Konfigurationsdatei für jeden Dateizugriff (.htaccess)«).
> Viele Provider ermöglichen es auch ihren Kunden, den Zugriff auf ihre Website mittels eigener *.htacces*-Dateien zu konfigurieren.

Authentifizierung mithilfe von Textdateien

Die Authentifizierung mithilfe einer Textdatei stellt den einfachsten Authentifizierungsmechanismus dar. Sie wird ermöglicht über das Modul *mod_auth*. Dieses Modul wird standardmäßig in Apache einkompiliert.

Die Direktive `AuthUserFile` legt den Namen einer Textdatei fest, in der Benutzernamen und verschlüsselte Kennwörter gespeichert sind. Als Trennzeichen dient dabei ein Doppelpunkt.

`AuthUserFile`	
Syntax:	`AuthUserFile` *`Dateiname`*
Kontext:	Verzeichnis, *.htaccess*

Beispiel:

```
AuthUserFile /usr/zulaessige/benutzer
```

Die Passwortdatei kann mithilfe des Apache-Utilitys *htpasswd* erzeugt werden. Eine ausführbare Version dieses Utilitys befindet sich im *bin*-Verzeichnis der Apache-Installation, der Quellcode im Verzeichnis *support* unterhalb des Apache-Quelltextverzeichnisses. Sie können das Programm auch jederzeit neu erstellen, indem Sie in das Verzeichnis *support* wechseln und den Befehl

```
make htpasswd
```

ausführen.

Die Aufrufsyntax lautet:

```
htpasswd [-c] passwortdatei benutzername
```

Die Angabe von -c führt dazu, dass eine neue Datei erstellt wird.

Beispiel:

Erstellen Sie zunächst das Verzeichnis:

```
mkdir /usr/zulaessige
```

Für den ersten Benutzernamen wird eine neue Datei angelegt:

```
cd /usr/local/apache2
bin/htpasswd -c /usr/zulaessige/benutzer hugo
```

Sie werden dann aufgefordert, das Passwort für den neuen Benutzer einzugeben. Für den zweiten Benutzer braucht der Parameter -c nicht mehr angegeben zu werden:

```
bin/htpasswd /usr/zulaessige/benutzer otto
```

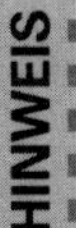

Speichern Sie die Passwortdatei nicht innerhalb des DocumentRoot-Verzeichnisbaums, damit diese nicht vom Internet aus zugänglich ist.

Analog zur AuthUserFile-Direktive weist AuthGroupFile auf eine Datei, in der Benutzergruppen mit den zugehörigen Benutzern gespeichert sind.

AuthGroupFile	
Syntax:	AuthGroupFile *Dateiname*
Kontext:	Verzeichnis, *.htaccess*

Beispiel:

```
AuthGroupFile /usr/zulaessige/gruppen
```

Jede Zeile der Gruppendatei enthält einen Gruppennamen, gefolgt von einem Doppelpunkt und dahinter die Liste der Mitglieder dieser Gruppe, untereinander durch Leerzeichen getrennt.

Beispiel:

```
entwickler:hugo vera
anwender:silke otto
```

Da das Durchsuchen großer Textdateien sehr zeitaufwändig ist, sollten Sie bei einer größeren Anzahl von Benutzern die Authentifizierung mithilfe einer Datenbank vorziehen (vgl. Abschnitt »Authentifizierung mithilfe von DBM-Datenbankdateien« weiter hinten in diesem Kapitel). Beachten Sie, dass auch eine Datenbank gegen unbefugten Zugriff abgesichert werden muss. Bei Verwendung von externen Datenbanken erfordert dies eine Regelung der Berechtigungen über Mechanismen des Datenbankprogramms, was ein komplexerer Vorgang sein kann als das Setzen der Berechtigungen für eine einzelne Textdatei. Aus Sicherheitsgründen ist es wichtig, dass die Authentifizierungsdatei (bzw. -datenbank) immer außerhalb des Web-Verzeichnisbaumes gespeichert wird (also nicht irgendwo unterhalb von `DocumentRoot`). Schließlich möchten Sie nicht, dass die Clients diese Datei herunterladen können. Speichern Sie die Datei insbesondere auch nicht in dem Verzeichnis, das durch sie geschützt werden soll.

Bei einem falschen (also nicht zu dem angegebenen Benutzernamen passenden) Kennwort antwortet, der Server mit »Authorization Required« (deutsch: Berechtigung notwendig).

Authentifizierung erzwingen

Wenn ein Benutzername angegeben wird, der nicht in der Datei enthalten ist, so wird der Server standardmäßig ebenfalls mit »Authorization Required« reagieren.

Mit der Direktive `AuthAuthoritative`, welche die Werte `On` (Voreinstellung) oder `Off` annehmen kann, können Sie dieses Verhalten verändern:

Hat die Einstellung den Wert `Off` (also Authentifizierung nicht erzwingen), so wird die Authentifizierung und Autorisierung im Falle eines unbekannten Benutzernamens weitergereicht an Module einer niedrigeren Ebene und kann dort möglicherweise noch erfolgreich sein. Sie können so verschiedene Authentifizierungsmethoden (etwa mit Datenbanken und mit Textdateien) miteinander kombinieren.

Beachten Sie, dass die verschiedenen Module in der Reihenfolge aufgerufen werden, in der sie gemäß der Konfigurationsdatei bzw. der Make-Datei eingebunden wurden.

AuthAuthoritative	
Syntax:	`AuthAuthoritative On	Off`
Voreinstellung:	`AuthAuthoritative On`
Kontext:	Verzeichnis, *.htaccess*

Authentifizierung mithilfe von DBM-Datenbankdateien

Das Modul *mod_auth_dbm* ermöglicht die Authentifizierung mithilfe von DBM-Datenbankdateien.

Die Authentifizierung mithilfe einer Datenbank bringt bei einer großen Anzahl von Benutzern Performancevorteile. Ob Ihre UNIX-Version über eine DBM-Datenbank verfügt, können Sie herausfinden, indem Sie versuchen, die entsprechende Manual-Seite aufzurufen:

```
man dbm
```

Sie können auch eine SQL-Datenbank wie beispielsweise MySQL verwenden.

Die Direktiven `AuthDBMUserFile`, `AuthDBMGroupFile` und `AuthDBMAuthoritative` funktionieren analog zu den entsprechenden Direktiven für Textdateien, die weiter oben beschrieben wurden (Abschnitt »Authentifizierung mithilfe von Textdateien«).

AuthDBMUserFile	
Syntax:	AuthDBMUserFile *Dateiname*
Kontext:	Verzeichnis, *.htaccess*

AuthDBMGroupFile	
Syntax:	AuthDBMGroupFile *Dateiname*
Kontext:	Verzeichnis, *.htaccess*

AuthDBMAuthoritative	
Syntax:	AuthDBMAuthoritative On | Off
Voreinstellung:	AuthDBMAuthoritative On
Kontext:	Verzeichnis, *.htaccess*

Die Passwort-Datenbank kann mithilfe des Apache-Utilitys *dbmmanage* erzeugt werden. Dieses Utility befindet sich im Verzeichnis *support* unterhalb des Apache-Quelltextverzeichnisses. Kopieren Sie es z.B. nach */usr/local/bin* und setzen Sie gegebenenfalls die Ausführungsberechtigung:

```
chmod +x dbmmanage
```

Die Aufrufsyntax lautet:

dbmmanage *passwortdatei befehl benutzername*

Die folgenden Befehle sind möglich:

- add
- adduser
- check
- delete
- import
- update

► `view`

Um den neuen Benutzer »wigard« in die Datenbank */usr/zulaessige/dbm/benutzer.db* einzufügen, geben Sie beispielsweise ein:

```
dbmmanage /usr/zulaessige/dbm/benutzer.db adduser wigard
```

Anonyme Authentifizierung im FTP-Stil

Das Modul *mod_auth_anon* ermöglicht die anonyme Authentifizierung im FTP-Stil.

Die Direktive `Anonymous` legt eine Liste von Benutzernamen fest, die ohne Eingabe eines Passworts zugreifen können.

Anonymous	
Syntax:	`Anonymous` *`Benutzer Benutzer ...`*
Voreinstellung:	keine
Kontext:	Verzeichnis, *.htaccess*

Beispiel:

```
Anonymous anonym "Nicht Registriert" 'Weiss nicht'
```

`Anonymous_NoUserID` legt fest, dass das Feld für den Benutzernamen (und auch dasjenige für das Passwort) bei der Anmeldung frei gelassen werden kann (standardmäßig nicht gesetzt).

Anonymous_NoUserID	
Syntax:	`Anonymous_NoUserID On | Off`
Voreinstellung:	`Anonymous_NoUserID Off`
Kontext:	Verzeichnis, *.htaccess*

`Anonymous_Authoritative` erzwingt die anonyme Anmeldung. Wenn der angegebene Benutzername nicht in der Liste der anonymen Benutzer enthalten ist, wird der Zugriff verweigert, ohne dass weitere Authentifizierungsmechanismen ausgeführt werden.

Anonymous_Authoritative	
Syntax:	`Anonymous_Authoritative On	Off`
Voreinstellung:	`Anonymous_Authoritative Off`
Kontext:	Verzeichnis, *.htaccess*

`Anonymous_LogEmail` legt fest, dass das eingegebene »Passwort« (welches eine E-Mail-Adresse enthalten sollte) im Fehlerprotokoll festgehalten wird (standardmäßig gesetzt).

Anonymous_LogEmail	
Syntax:	`Anonymous_LogEmail On	Off`
Voreinstellung:	`Anonymous_LogEmail On`
Kontext:	Verzeichnis, *.htaccess*

`Anonymous_MustGiveEmail` legt fest, dass der Benutzer eine E-Mail-Adresse als Passwort angeben muss. Diese Einstellung ist standardmäßig gesetzt.

Anonymous_MustGiveEmail	
Syntax:	`Anonymous_MustGiveEmail On	Off`
Voreinstellung:	`Anonymous_MustGiveEmail On`
Kontext:	Verzeichnis, *.htaccess*

`Anonymous_VerifyEmail` legt fest, dass das Passwort zumindest ein `@` enthalten muss, damit Anwender dazu angehalten werden, gültige E-Mail-Adressen als Passwörter einzugeben.

Anonymous_VerifyEmail	
Syntax:	`Anonymous_VerifyEmail On	Off`
Voreinstellung:	`Anonymous_VerifyEmail Off`
Kontext:	Verzeichnis, *.htaccess*

MD5-Authentifizierung

Die `Digest`-Authentifizierung mithilfe des Moduls *mod_auth_digest* funktioniert von der Handhabung her genauso wie die `Basic`-Authentifizierung, nur dass Sie die Direktive `AuthType` auf `Digest` einstellen müssen.

Bei der MD5-Authentifizierung verwenden Sie `AuthDigestFile` an Stelle von `AuthUserFile`.

AuthDigestFile	
Syntax:	`AuthDigestFile` *`Dateiname`*
Kontext:	Verzeichnis, *.htaccess*

Bei dieser Authentifizierungsmethode wird für jede Anfrage zunächst eine (jedes Mal verschiedene) Zahl an den Client gesendet. Dieser berechnet mit einem als *MD5* bezeichneten Verfahren anhand des Kennworts, der vom Server empfangenen Zahl und einigen anderen Informationen eine Zahlenfolge (*Digest*), welche an den Server zurückgeschickt wird. Der Server führt dieselben Operationen mit dem gespeicherten Passwort durch. Falls die erhaltenen Zahlenfolgen nicht übereinstimmen, so muss das daran liegen, dass die Passwörter nicht übereinstimmen. Auf diese Weise kann die Übertragung von Kennwörtern im Klartext vermieden werden.

(Genau genommen wird das Kennwort auf dem Server auch nicht im Klartext gespeichert, sondern ebenfalls wieder nur ein aus diesem Passwort berechneter Digest – der Client führt also seine Operationen nicht mit dem Passwort selbst, sondern mit dem Digest aus.)

Die Direktive ErrorDocument

Die Direktive `ErrorDocument` kann verwendet werden, um beim Zugriff auf einen geschützten Bereich ein HTML-Formular anzuzeigen, in dem der Anwender Informationen über sich selbst eingeben sowie eine USER-ID und ein Passwort wählen soll:

```
ErrorDocument 401 /registrierung.html
```

Beim Absenden des Formulars wird ein Skript gestartet, das den neuen Benutzer in die Passwortdatei aufnimmt. So können Sie die Benutzer zwingen, sich zu registrieren, bevor sie auf Ihre Site zugreifen können.

13.3 Zusammenfassung, Fragen und Übungen

Zusammenfassung

- Wenn Sie die hostbasierte Zugriffskontrolle und die HTTP-Authentifizierung mischen, regelt `Satisfy`, ob ein Client beide Anforderungen erfüllen muss.
- Mit `allow` legen Sie fest, welche Hosts auf ein Verzeichnis zugreifen dürfen; mit `deny` verbieten Sie den Zugriff. Mit `allow from env` bzw. `deny from env` machen Sie den Zugriff von einer bestimmten Umgebungsvariablen abhängig. Das Zusammenspiel von `allow`- und `deny`-Einstellungen regelt die `order`-Direktive.
- `AuthType` setzt den Authentifizierungstyp für ein Verzeichnis, `AuthName` den Namen für die Authentifizierungs-Domäne. `require` legt fest, welche Benutzer oder Gruppen auf ein Verzeichnis zugreifen dürfen.

Zusammenfassung

- AuthUserFile gibt den Namen einer Textdatei mit Benutzernamen und verschlüsselten Kennwörtern an. AuthGroupFile weist auf eine Datei mit Benutzergruppen und den zugehörigen Benutzern. Hat AuthAuthoritative den Wert Off, so wird die Authentifizierung und Autorisierung im Falle eines unbekannten Benutzernamens weitergereicht an Module einer niedrigeren Ebene. Die entsprechenden Direktiven für die Authentifizierung mit DBM-Datenbankdateien funktionieren analog. Bei der MD5-Authentifizierung verwenden Sie AuthDigestFile an Stelle von AuthUserFile.
- Anonymous legt eine Liste von Benutzern fest, die ohne Eingabe eines Passworts zugreifen können. Anonymous_NoUserID bewirkt, dass das Feld für den Benutzernamen bei der Anmeldung frei gelassen werden kann. Anonymous_LogEmail legt fest, dass das eingegebene »Passwort« im Fehlerprotokoll festgehalten wird. Anonymous_MustGiveEmail bewirkt, dass der Benutzer eine E-Mail-Adresse als Passwort angeben muss.
Anonymous_VerifyEmail legt fest, dass das Passwort zumindest ein @ enthalten muss.

Fragen und Übungen

1. Erstellen Sie eine Konfigurationsdatei, die es ermöglicht, über den Standard-Port 80 mit der URL *www.meine.domain/* auf den öffentlichen Bereich einer Website im Verzeichnis */usr/local/apache2/htdocs/public* zuzugreifen. Dagegen wird mit der Portnummer 8080 mit der URL *intranet.meine.domain/* ein interner Bereich im Verzeichnis */usr/local/apache2/htdocs/private* angesprochen, auf den nur von Hosts derselben Domain aus zugegriffen werden kann (vgl. auch Übungen zu Kap. 5 »Mehrere Websites auf einem Server«).

Fragen und Übungen

2. Erstellen Sie eine Datei, die zwei Benutzerkennungen mit den dazugehörigen Passwörtern enthält.
3. Schalten Sie für das Verzeichnis */usr/local/apache2/htdocs/private* die Basic-Authentifizierung ein.
4. Realisieren Sie die Authentifizierung mithilfe der *.htaccess*-Datei.
5. Verwenden Sie die Direktive `ErrorDocument`, um eine eigene Fehlermeldung anzuzeigen, wenn die Authentifizierung fehlschlägt.

14 Secured Socket Layer

Kommerzielle Anbieter möchten im Internet nicht nur Informationen zur Verfügung stellen, sondern vor allem Waren verkaufen. Spätestens wenn es dabei ums Bezahlen geht, stellt sich die Frage nach der Sicherheit.

Secured Socket Layer (SSL) stellen ein Verfahren dar, das sichere Transaktionen im Internet durch verschlüsselte Übertragung möglich macht.

14.1 Verschlüsselung

Bei allen Verschlüsselungsverfahren werden bestimmte Wörter oder Zeichenkombinationen als Schlüssel verwendet. Das Verschlüsselungsprogramm berechnet aus dem unverschlüsselten Text und dem Schlüssel den verschlüsselten Text. Beim Entschlüsseln wird umgekehrt aus dem verschlüsselten Text und dem Schlüssel der Originaltext rekonstruiert.

Symmetrische Verschlüsselung

Bei der symmetrischen Verschlüsselung dient derselbe Schlüssel zum Ver- und zum Entschlüsseln. Dieser Schlüssel muss allen Beteiligten bekannt sein. Dazu müssen die Schlüssel zunächst den Kommunikationspartnern irgendwie bekannt gemacht werden. Wer mit mehreren Partnern kommunizieren will, muss ferner jedem dieser Partner einen entsprechenden Schlüssel mitteilen oder aber in Kauf nehmen, dass ein Schlüssel vielen Personen bekannt ist. Der Hauptvorteil der symmetrischen Verschlüsselung ist die Geschwindigkeit.

Asymmetrische Verschlüsselung

Die asymmetrische Verschlüsselung arbeitet mit zwei Schlüsseln: einem öffentlichen (dem *Public Key*) und einem privaten (dem *Private Key*). Daten, die mit dem öffentlichen Schlüssel verschlüsselt werden, können nur mit dem privaten Schlüssel wieder entschlüsselt werden – und umgekehrt.

Der Absender braucht also nur den öffentlichen Schlüssel des Empfängers zu kennen, um eine Nachricht zu schicken, die der Empfänger mit seinem eigenen privaten Schlüssel wieder entschlüsseln kann.

Ein Anbieter kann folglich seinen öffentlichen Schlüssel allgemein bekannt machen, sodass die Kunden verschlüsselte Nachrichten senden können – der private Schlüssel dagegen bleibt geheim, sodass niemand außer dem Empfänger (unserem Anbieter also) die Daten entschlüsseln kann.

14.2 Das SSL-Protokoll

Das SSL-Protokoll verwendet sowohl symmetrische als auch asymmetrische Verschlüsselung und ermöglicht Datenverschlüsselung, Server-Authentifizierung, Datenintegrität und Client-Authentifizierung.

14.3 Zertifikate

Ziel der Server- wie auch der Client-Authentifizierung ist es, sicherzustellen, dass der Partner auch wirklich derjenige ist, der er zu sein vorgibt. Im Folgenden wird die Server-Authentifizierung mithilfe so genannter *Zertifikate* beschrieben – die Client-Authentifizierung geht nach einem ähnlichen Muster vor sich.

Bei der SSL-Transaktion sendet der Server ein Zertifikat an den Client. Diese Zertifikate werden von einer vertrauenswürdigen Organisation –

der so genannten *Zertifizierungsinstanz* (engl. ***C**ertification **A**uthorithy* oder kurz *CA*) herausgegeben bzw. unterzeichnet. Theoretisch kann die Zertifizierungsinstanz ihrerseits wieder von einer übergeordneten Instanz zertifiziert sein usw., sodass ein hierarchisches System entsteht. Die Instanz an der Spitze einer solchen Hierarchie wäre dann so allgemein anerkannt und vertrauenswürdig, dass sie sich selbst zertifiziert. In der Praxis sieht es bisher aber eher so aus, dass einige Unternehmensberatungen Zertifikate ausstellen, viele Firmen aber auch einfach ihre eigenen Zertifikate unterzeichnen. Dennoch bleibt auch in diesem Fall der Vorteil der verschlüsselten Datenübertragung, wie im Folgenden dargelegt wird.

Das Zertifikat wird mit dem privaten Schlüssel der Zertifizierungsinstanz verschlüsselt. Der Client verwendet den öffentlichen Schlüssel der Zertifizierungsinstanz, um das Zertifikat zu entschlüsseln.

Das Zertifikat enthält nun den öffentlichen Schlüssel des Servers. Der Client kann mit diesem Schlüssel Nachrichten senden, die nur der Server entschlüsseln kann.

Der Server sendet nun Daten, die ihn als die im Zertifikat genannte Organisation identifizieren, sowie eine mit seinem eigenen privaten Schlüssel verschlüsselte Version dieser Daten. (Genau genommen werden nicht die Daten selbst verschlüsselt, sondern ein *Digest*, der aus den Daten berechnet wird.) Die verschlüsselte Version kann vom Client mit dem öffentlichen Schlüssel entschlüsselt und (nach Erzeugung des Digest) mit der unverschlüsselten Version verglichen werden.

Damit ist die Identität des Servers bewiesen, denn wenn dieser nicht über den privaten Schlüssel zu dem mit dem Zertifikat übertragenen öffentlichen Schlüssel verfügen würde, könnte er nicht die verschlüsselte Version erzeugen, die nach Entschlüsselung beim Client zu den unverschlüsselt übertragenen Identifikationsdaten passt.

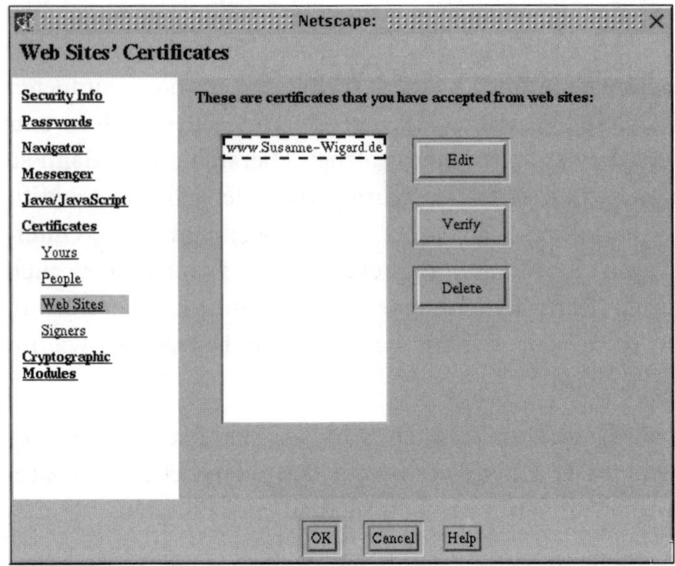

Abb. 14.1: Sicherheitseinstellungen im Netscape-Browser

Der Client kann nun einen symmetrischen Schlüssel (mit dem öffentlichen Schlüssel des Servers verschlüsselt) an den Server senden. Dieser symmetrische Schlüssel wird fortan für die Kommunikation verwendet.

14.4 MAC

Wenn die verschlüsselt übertragenen Daten nun illegal »mitgehört« werden, so richtet dies keinen Schaden an, da der »Mithörer« nicht über den Schlüssel verfügt. Es ist jedoch immer noch möglich, in die übertragenen Daten falsche Informationen einzufügen. Um dies zu verhindern, kann ein zusätzlicher Authentifizierungscode (*MAC*: ***M**essage* ***A**uthentication* ***C**ode*) mit der Nachricht übertragen werden. Dabei handelt es sich wieder um einen Digest, der mithilfe des Schlüssels und der Nachricht selbst erzeugt wird. Nur wer den Schlüssel kennt, kann den richtigen Digest erzeugen.

14.5 OpenSSL

Apache verwendet die freie SSL-Implementierung *OpenSSL*. Sie erhalten OpenSSL unter

http://www.openssl.org

> **HINWEIS** Verwenden Sie nach Möglichkeit die neueste Version von OpenSSL (mindestens 0.9.2b), bei den älteren Versionen gibt es laut Dokumentation eine ernsthafte Sicherheitslücke.

Der Download und das Auspacken der Dateien erfolgt wie beim Apache-Server selbst.

Erstellen Sie ein geeignetes Verzeichnis (z.B. */usr/local/openssl*):

```
mkdir /usr/local/openssl
```

Kopieren oder verschieben Sie die Datei *openssl-0.a.b.tar.gz* in dieses Verzeichnis und entpacken Sie sie dort mit dem Befehl:

```
gunzip openssl-0.a.b.tar.gz
```

(*a.b* ist die Versionsnummer von OpenSSL; 9.7-beta2, als dieses Buch geschrieben wurde.) Sie erhalten die Datei *openssl-0.a.b.tar*, welche mit dem `tar`-Befehl weiterverarbeitet wird:

```
tar xvf openssl-0.a.b.tar
```

Zur Installation von OpenSSL wechseln Sie in das neu erstellte Verzeichnis:

```
cd openssl-0.a.b
```

Die Konfiguration für das jeweilige Betriebssystem erfolgt automatisch mit dem *config*-Shellskript:

```
./config
```

Mit der Befehlsfolge

```
make
make test
make install
```

können Sie nun die Bibliothek kompilieren, testen und schließlich installieren. Standardmäßig erfolgt die Installation im Verzeichnis */usr/local/ssl*.

14.6 mod_ssl

Die neueren Apache-Distributionen enthalten das Modul *mod_ssl. Dieses* Modul setzt das Vorhandensein von OpenSSL voraus. Es wird wie jedes andere Modul in den Server einkompiliert, indem bei der Apache-Installation die entsprechende `configure`-Option angegeben wird. Zusätzlich müssen Sie mit der Option `--with-ssl` den Pfad zur OpenSSL-Installation festlegen.

Wechseln Sie dazu in das Hauptverzeichnis Ihrer entpackten Apache-Distribution und geben Sie ein:

```
./configure --enable-modules=all \
            --enable-ssl \
            --with-ssl=usr/local/ssl
            # weitere Optionen ...
```

Mit dem Befehl

```
make
```

wird dann wie üblich der Webserver mit *mod_ssl* erstellt und mit

```
make install
```

installiert.

Konfiguration

Die Standard-Konfigurationsdatei für den SSL-Webserver ist die Datei *ssl.conf*. Sie können die mit der Distribution ausgelieferte Datei mit der `Include`-Direktive in Ihre Konfigurationsdatei einbinden (vgl. Kap. 2.1 »Basiskonfiguration«, Abschnitt »Einlesen zusätzlicher Dateien«):

```
Include conf/ssl.conf
```

Selbstverständlich können Sie auch entsprechende Direktiven direkt in die Konfigurationsdatei hineinschreiben.

Neben den SSL-spezifischen Direktiven ist es wichtig, dass Sie den Port angeben, den Apache überwachen soll. Standard-Port für SSL-Verbindungen ist 443. Sie können aber auch einen anderen Port verwenden. Wenn Sie mithilfe von virtuellen Hosts auch normale HTTP-Verbindungen ermöglichen möchten, werden Sie daneben wahrscheinlich auch Port 80 als zweiten Port angeben.

Außerdem sollten Sie die Direktive `ServerName` verwenden, da beim Start des Webservers die Übereinstimmung zwischen dem Servernamen und dem beim Erstellen des Zertifikats (vgl. Abschnitt »Erzeugen eines eigenen Zertifikats« weiter unten in diesem Kapitel) anzugebenden *Common Name* geprüft wird. Natürlich muss für diesen Servernamen auch ein DNS-Eintrag bzw. ein Eintrag in der Datei *hosts* vorhanden sein.

Gegebenenfalls muss die Konfigurationsdatei auch noch wie gewöhnlich die `User`- und `Group`-Direktiven enthalten.

Beispiel:

Eine »minimale« SSL-Konfigurationsdatei sieht in etwa wie folgt aus:

```
User nobody
Group nogroup
Listen 443
ServerName meinname.meine.domain
```

```
SSLEngine On
SSLCertificateFile /usr/local/apache2/conf/ssl.crt/server.crt
SSLCertificateKeyFile /usr/local/apache2/conf/ssl.key/
server.key
```

Von den *mod_ssl*-Direktiven sollen hier nur die wichtigsten angegeben werden, ohne deren Einstellung der Server nicht startet. Für weitere Direktiven sei auf die Originaldokumentation verwiesen.

Mit der Direktive `SSLEngine` können Sie die Verwendung von SSL aus- und einschalten. So können Sie beispielweise für den Hauptserver SSL deaktivieren und für einen virtuellen Host (vgl. Kap. 5 »Mehrere Websites auf einem Server«) aktivieren. Standardmäßig ist SSL für den Hauptserver und alle virtuellen Hosts deaktiviert (wenn Sie in der Konfigurationsdatei nichts anderes angeben).

SSLEngine	
Syntax:	`SSLEngine On|Off`
Voreinstellung:	`SSLEngine Off`
Kontext:	Serverkonfiguration, virtueller Host

Server-Zertifikate

In diesem Buch werden hauptsächlich Server-Zertifikate behandelt – also solche Zertifikate, mit denen Sie als Betreiber einer Website sich Ihren Clients gegenüber ausweisen und zusätzlich eine verschlüsselte Datenübertragung ermöglichen können.

`SSLCertificateFile` legt den Dateinamen (einschließlich Pfad) des Zertifikats für den Server fest, `SSLCertificateKeyFile` den Namen und Pfad des zugehörigen Schlüssels.

`SSLCertificateFile`	
Syntax:	`SSLCertificateFile` *Dateiname*
Voreinstellung:	keine
Kontext:	Serverkonfiguration, virtueller Host

`SSLCertificateKeyFile`	
Syntax:	`SSLCertificateKeyFile` *Dateiname*
Voreinstellung:	keine
Kontext:	Serverkonfiguration, virtueller Host

Erzeugen eines eigenen Zertifikats

OpenSSL ermöglicht es, selbst Zertifikate zu erzeugen. Wechseln Sie dazu in das SSL-Verzeichnis (normalerweise */usr/local/ssl*) und erzeugen Sie einen privaten Schlüssel:

```
bin/openssl genrsa -des3 -out server.key 1024
```

Sie werden nun zweimal hintereinander aufgefordert, ihre *Pass Phrase* einzugeben. Verwahren Sie die Datei *server.key* an einem sicheren Ort und merken Sie sich die Pass Phrase.

Erstellen Sie dann eine Anforderung für die Unterzeichnung des Zertifikats (*Certificate **S**igning **R**equest, CSR*):

```
bin/openssl req -new -key server.key -out server.csr
```

Sie werden nun zur Eingabe der Pass Phrase und einiger Informationen aufgefordert.

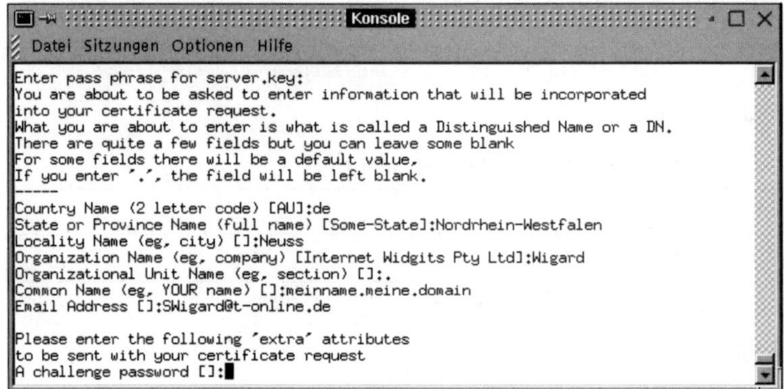

Abb. 14.2: Erzeugen eines Certificate Signing Request

Die fertige Anforderung (in der Datei *server.csr*) müssen Sie zum Unterzeichnen an eine Zertifizierungsinstanz senden (kostenpflichtig!). Kommerzielle Zertifizierungsinstanzen sind z.B.

- Thawte Consulting (*www.thawte.com/certs/server/request.html*).
- IKS GmbH (*www.iks-jena.de/produkte/ca/*).

Zertifikate selbst unterzeichnen

Um zu Test- und Übungszwecken Ihr eigenes Zertifikat zu unterzeichnen, können Sie selbst eine Zertifizierungsinstanz werden. Wechseln Sie dazu wieder in das SSL-Verzeichnis und erzeugen Sie einen privaten Schlüssel für die Zertifizierungsinstanz:

```
bin/openssl genrsa -des3 -out ca.key 1024
```

Erstellen Sie dann ein selbstunterzeichnetes CA-Zertifikat:

```
bin/openssl req -new -x509 -days 365 -key ca.key -out ca.crt
```

Für das Unterzeichnen des Zertifikats wird (in der OpenSSL-Konfigurationsdatei *openssl.conf*) eine ganz bestimmte Verzeichnisstruktur vorausgesetzt. Um diese entsprechend anzulegen, erstellen Sie zunächst das Verzeichnis *demoCA*:

```
mkdir demoCA
```

Das CA-Zertifikat wird in dieses Verzeichnis verschoben und in *cacert.pem* umbenannt:

```
mv ca.crt  demoCA/cacert.pem
```

Legen Sie dann innerhalb von *demoCA* das Unterverzeichnis *private* an:

```
mkdir demoCA/private
```

Verschieben Sie den CA-Schlüssel dorthin und benennen Sie die Datei um in *cakey.pem*:

```
mv ca.key  demoCA/private/cakey.pem
```

Legen Sie nun noch innerhalb von *demoCA* das Unterverzeichnis *newcerts* an:

```
mkdir demoCA/newcerts
```

Wir benötigen außerdem eine Datei *index.txt* in *demoCA* (die zunächst leer ist):

```
touch demoCA/index.txt
```

Eine zweite Datei *serial* in demselben Verzeichnis enthält eine laufende Nummer, die zu Beginn auf den Startwert `01` gesetzt wird:

```
echo "01" > demoCA/serial
```

Jetzt kann das Zertifikat unterzeichnet werden:

```
bin/openssl ca -policy policy_anything -out server.crt -infiles
server.csr
```

Sie müssen die Pass Phrase für den CA-Schlüssel eingeben. Das unterzeichnete Zertifikat *01.pem* finden Sie im Unterverzeichnis *newcerts*.

> **HINWEIS**
> Das Unterverzeichnis *apps* der OpenSSL-Distribution enthält bereits die notwendige Verzeichnisstruktur sowie auch eine Kopie des Programms *openssl*. Wenn Sie das Programm in diesen Verzeichnis starten, können Sie sich also das Erstellen neuer Verzeichnisse sowie das Verschieben und Umbenennen der Dateien ersparen. Anstatt die beschriebenen Schritte von Hand auszuführen, können Sie auch das Shellskript *CA.sh* im Verzeichnis *apps* verwenden.

Verwenden des Zertifikats

Kopieren Sie das unterzeichnete Zertifikat an die Position, auf die Ihre `SSLCertificateFile`-Direktive weist, und benennen Sie es gegebenenfalls um, z.B. in */usr/local/apache2/conf/ssl.crt/server.crt*.

Entsprechend sollte sich die Datei *server.key* an der Position befinden, die in der Direktive `SSLCertificateKeyFile` angegeben ist, z.B. */usr/local/apache2/conf/ssl.key/server.key*.

Client-Zertifikate

Sie können von Ihren Clients ebenfalls das Vorhandensein eines Zertifikats fordern – nur zertifizierte Clients dürfen dann auf Ihre Website zugreifen.

Die Direktive `SSLVerifyClient` legt die Anforderung an den Client fest. Hat sie den Wert `require`, so *muss* der Client ein gültiges Zertifikat präsentieren, bei `optional` *kann* er es tun. Der Wert `optional_no_ca` besagt, dass ein Zertifikat vorhanden sein kann, welches jedoch nicht unbedingt von einer der von Ihnen anerkannten Zertifizierungsinstanzen stammen muss. Die Direktive muss den voreingestellten Wert `none` behalten, wenn Sie keine Client-Zertifikate verwenden.

SSLVerifyClient	
Syntax:	SSLVerifyClient *Level*
Voreinstellung:	SSLVerifyClient none
Kontext:	Serverkonfiguration, virtueller Host

Beispiel:

```
SSLVerifyClient none
```

SSLCACertificatePath gibt den Pfad zu dem Verzeichnis an, in dem sich die Zertifikatdateien derjenigen Zertifizierungsinstanzen befinden, deren Zertifikate Sie akzeptieren.

SSLCACertificatePath	
Syntax:	SSLCACertificatePath *Pfad*
Voreinstellung:	keine
Kontext:	Serverkonfiguration, virtueller Host

Möchten Sie die Zertifikate alle in einer Datei zusammenfassen, so können Sie die Direktive SSLCACertificateFile verwenden und den entsprechenden Dateinamen angeben.

SSLCACertificateFile	
Syntax:	SSLCACertificatefile *Dateiname*
Voreinstellung:	keine
Kontext:	Serverkonfiguration, virtueller Host

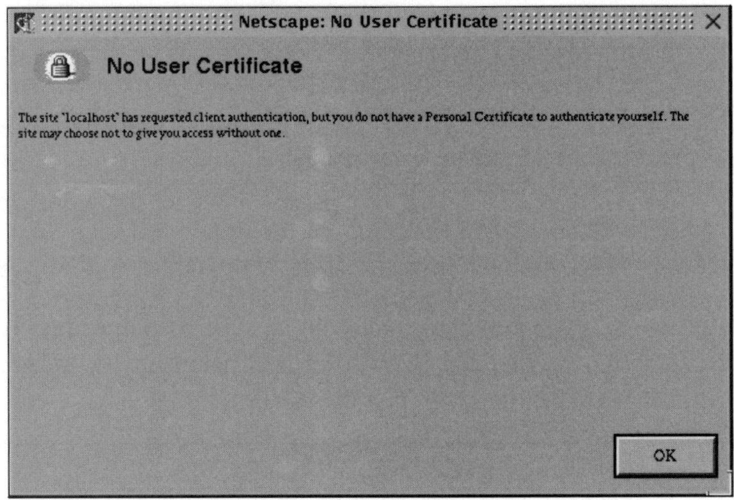

Abb. 14.3: Der Browser verlangt ein Client-Zertifikat

Testen

Sie können nun das *apachectl*-Skript mit dem Parameter `startssl` aufrufen, um den gesicherten Webserver zu starten:

```
cd /usr/local/apache2
bin/apachectl startssl
```

Eine Untersuchung des *apachectl*-Skripts zeigt, dass sich hinter dem `startssl`-Parameter der Befehl

```
bin/httpd -DSSL
```

verbirgt, mit dem Sie natürlich ebenfalls den gesicherten Webserver starten können. Die Kommandozeilenoption `-D` dient dabei lediglich dazu, den Parameter `SSL` für eine `<IfDefine>`-Containerdirektive (vgl. Kap. 1.6 »Konfiguration des Webservers«, Abschnitt »Container«) in der Standard-Konfigurationsdatei *ssl.conf* zu setzen. Wenn Sie eine eigene Konfigurationsdatei verwenden, können Sie also auf diese Option verzichten und den Webserver so starten, wie Sie es gewohnt sind. (Die

Konfigurationsdatei können Sie wie immer mit der Option `-f` festlegen.)

> **HINWEIS**
>
> Zum Starten des Webservers mit SSL-Unterstützung muss das Server-Zertifikat bereits vorhanden sein.

Beim Starten des Servers werden Sie nach der Pass Phrase für den Server-Schlüssel gefragt.

Beachten Sie, dass die URL für den Zugriff auf den gesicherten Server mit *https://* beginnen muss.

Beim ersten Besuch der Site weist der Browser Sie darauf hin, dass er die Zertifizierungsinstanz nicht kennt, und Sie müssen sich durch eine Reihe von Dialogen klicken.

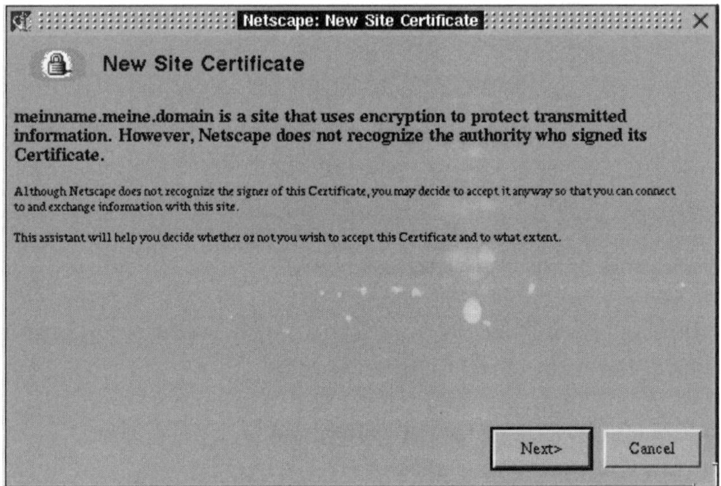

Abb. 14.4: Ein neues Zertifikat

Da die Clients (und im Internet können Sie das englische Wort häufig wörtlich mit »Kunden« übersetzen), die auf Ihre Website zugreifen möchten, sicherlich nicht im Voraus wissen, dass es sich um eine gesicherte Site handelt, sollten Sie eine ungesicherte Startseite zur Verfügung stellen mit einem Hyperlink, der den Client in den sicheren Bereich weiterleitet.

Sie können virtuelle Hosts verwenden, um SSL-Zugriffe auf eine gesicherte Site und gleichzeitig normale HTTP-Zugriffe auf eine ungesicherte Site zu ermöglichen.

Bei einem abgelaufenen Zertifikat zeigt der Browser eine Warnung an.

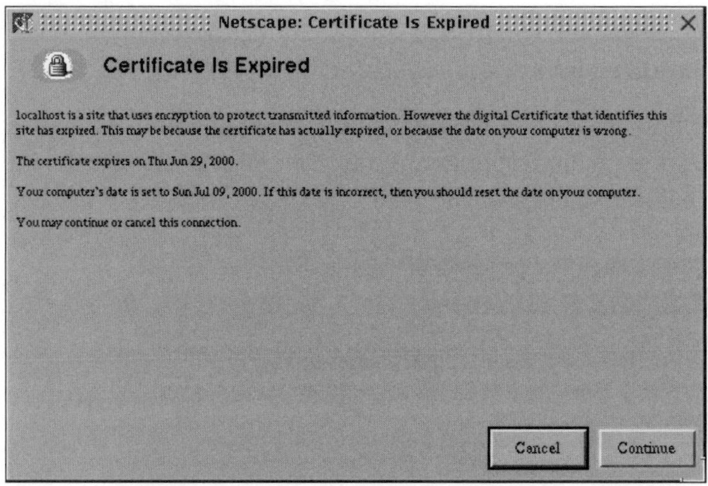

Abb. 14.5: Abgelaufenes Zertifikat im Netscape-Browser

Wenn Sie alle Sicherheitsabfragen und Warnungen bestätigen, kommt die abgesicherte Verbindung trotzdem zu Stande.

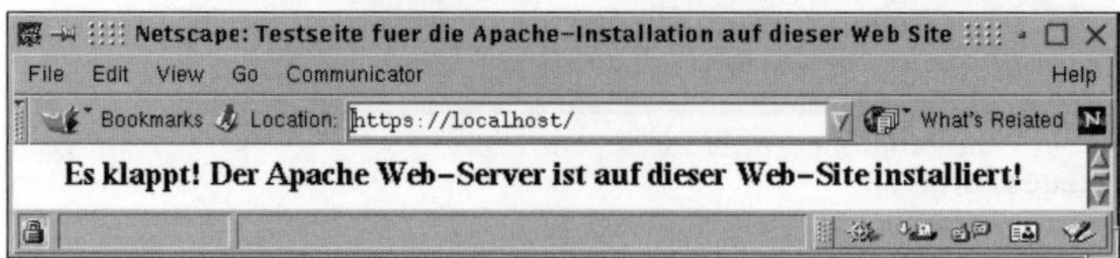

Abb. 14.6: Das Vorhängeschloss links unten kennzeichnet die sichere Verbindung

cache

Wenn mehrere parallele Anforderungen (über den Keep-alive-Mechanismus) an ein und denselben Server-Prozess gesendet werden, erfolgt die Zwischenspeicherung von SSL-Session-Informationen durch OpenSSL lokal – sind die Anfragen dagegen an verschiedene Server-Prozesse gerichtet, so können Sie die Bearbeitung durch die Verwendung eines globalen Inter-Prozess-Cache (Zwischenspeicher) optimieren.

Mit der Direktive `SSLSessionCache` legen Sie den Cache-Typ fest. Die Voreinstellung `none` deaktiviert den globalen Inter-Prozess-Cache. Weitere mögliche Einstellungen sind:

- `dbm:`*/pfad/zur/datendatei*
  Verwendung einer DBM-Hash-Datei auf der lokalen Festplatte
- `shm:`*/pfad/zur/datendatei* `[(`*groesse*`)]`
  Verwendung einer Hochleistungs-Hash-Datei in einem Shared-Memory-Segment.

SSLSessionCache	
Syntax:	SSLSessionCache *Typ*
Voreinstellung:	SSLSessionCache none
Kontext:	**Serverkonfiguration**

`SSLSessionCacheTimeout` gibt die Lebensdauer der zwischengespeicherten Informationen an (in Sekunden).

SSLSessionCacheTimeout	
Syntax:	SSLSessionCacheTimeout *Sekunden*
Voreinstellung:	SSLSessionCacheTimeout 300
Kontext:	**Serverkonfiguration, virtueller Host**

Beispiel:

```
SSLSessionCache dbm:logs/ssl_scache
SSLSessionCacheTimeout 300
```

14.7 Alternative: Apache-SSL

SSL war aus patentrechtlichen Gründen bis vor kurzem nicht Bestandteil der offiziellen Apache-Distribution. Zwei verschiedene Mitglieder der Apache-Entwicklergruppe stellten ihre eigenen Lösungen unter der Bezeichnung Apache-SSL bzw. *mod_ssl* zur Verfügung. Von kommerziellen Anbietern sind ebenfalls Apache-Derivate mit SSL-Unterstützung erhältlich. Sie können selbst wählen, welches der unterschiedlichen Produkte Sie verwenden möchten.

Eine Alternative zu *mod_ssl* stellt Apache-SSL dar – ein nicht kommerzieller Apache-Webserver mit SSL-Unterstützung. Er kann z.B. unter *www.apache-ssl.org* heruntergeladen werden.

mod_ssl basiert ursprünglich auf demselben Code wie Apache-SSL, wurde jedoch davon unabhängig weiterentwickelt.

Abb. 14.7: Das Logo von Apache-SSL

14.8 Zusammenfassung, Fragen und Übungen

Zusammenfassung

- Das SSL-Protokoll verwendet sowohl symmetrische als auch asymmetrische Verschlüsselung und ermöglicht Datenverschlüsselung, Server-Authentifizierung, Datenintegrität und Client-Authentifizierung.

Zusammenfassung

- Apache 2 stellt SSL-Unterstützung in Form des Moduls *mod_ssl* zur Verfügung.
- Mit `SSLEngine` können Sie die Verwendung von Apache-SSL aus- und einschalten.
- `SSLCertificateFile` legt den Dateinamen des Zertifikats für den Server fest.
- `SSLVerifyClient` legt die Anforderung an den Client fest. `SSLCACertificatePath` gibt den Pfad zu dem Verzeichnis an, in dem sich die Zertifikatdateien derjenigen Zertifizierungsinstanzen befinden, deren Zertifikate Sie akzeptieren. Falls Sie die Zertifikate alle in einer Datei zusammenfassen möchten, so können Sie auch die Direktive `SSLCACertificateFile` verwenden.
- Die Direktiven `SSLSessionCache` und `SSLSessionCacheTimeout` kontrollieren die Verwendung des globalen Interprozess-Cache.
- Apache-SSL ist ein ebenfalls auf Apache basierender Webserver mit SSL-Unterstützung.

Fragen und Übungen

1. Was versteht man unter »unsymmetrischer Verschlüsselung«?
2. Wie können Sie SSL-Unterstützung für Ihren Apache-Webserver aktivieren?
3. Was benötigen Sie zusätzlich, wenn Sie *mod_ssl* verwenden wollen?
4. Woher können Sie ein Zertifikat bekommen?
5. Wie starten Sie Apache mit *mod_ssl*?

15 Fortgeschrittene Themen

Dieses Kapitel schneidet einige weiterführende Themen an, die aufgrund ihrer Komplexität den Rahmen des Einsteigerseminars überschreiten und die deshalb auch nicht erschöpfend behandelt werden. Sie wurden hier mehr der Vollständigkeit halber und zu Ihrer Information mit aufgenommen.

15.1 Dynamisches Linken von Bibliotheken

Eine der Stärken von Apache besteht in der *Modularität*: durch das Einbinden unterschiedlicher Module können Sie den Webserver Ihren persönlichen Bedürfnissen anpassen. Der Hauptnachteil beim traditionellen Einkompilieren von Modulen besteht darin, dass der Server jedes Mal neu kompiliert werden muss, wenn Sie ein Modul hinzufügen möchten. Die neueren Apache-Versionen ermöglichen demgegenüber das *dynamische* Einbinden von Modulen. Dazu muss der Server nicht neu erstellt, sondern nur ein Eintrag in der Konfigurationsdatei geändert werden. Nach dem nächsten Neustart des Webservers steht dann das neue Modul zur Verfügung.

Unterstützung für das Laden von Modulen zur Laufzeit

Bis Apache 1.2. war das Modul *mod_dld* für das Linken beim Start mit dem GNU *libdld* zuständig. Ab Apache 1.3 wird diese Aufgabe durch *mod_so* übernommen.

Unter Windows kontrollierte von Apache 1.3b1 bis 1.3b5 das Modul *mod_dll* das dynamische Laden von Modulen in Form von DLLs. Auch dies wird ab Version 1.3b6 von *mod_so* erledigt.

Die Dateierweiterung ist bei Apache 2 sowohl unter UNIX als auch unter Windows einheitlich *.so*.

mod_so

Das Modul *mod_so* existiert ab Apache 1.3 und ist bei den neueren Apache-Versionen ausschließlich verantwortlich für das dynamische Laden von Modulen.

Mittels der `LoadModule`-Direktive wird ein Modul geladen und die zugehörige Struktur zur Liste der aktiven Module hinzugefügt; mit `LoadFile` können zusätzliche, von den Modulen benötigte Dateien eingebunden werden.

LoadModule	
Syntax:	`LoadModule` *Modul Dateiname*
Kontext:	Serverkonfiguration

LoadFile	
Syntax:	`LoadFile` *Dateiname Dateiname* ...
Kontext:	Serverkonfiguration

Bei den Windows-Binärdistributionen ist das dynamische Einbinden von Modulen mittlerweile die übliche Vorgehensweise.

Beispiel:

```
LoadModule rewrite_module modules/mod_rewrite.so
LoadModule status_module modules/mod_status.so
LoadModule usertrack_module modules/mod_usertrack.so
```

Auch unter UNIX ist dynamisches Laden von Modulen seit der Version 1.3 möglich, wenn die Module entsprechend als *DSOs* (***D**ynamic **S**hared **O**bjects*) erstellt wurden. Geben Sie dazu während der Apache-Installation beim Aufruf des `configure`-Shellskripts (vgl. auch Anhang, Abschnitt »configure-Optionen«) den Parameter `–enable-modulname=shared` an.

Beispiel:

Erstellen und Installieren der Module *mod_rewrite*, *mod_status* und *mod_usertrack* für dynamisches Laden:

```
./configure --enable-so \
            --enable-rewrite=shared \
            --enable-status=shared \
            --enable-usertrack=shared
            # weitere Optionen ...
```

Laden der Module in der Konfigurationsdatei:

```
LoadModule rewrite_module \
     /usr/local/apache2/modules/mod_rewrite.so
LoadModule status_module \
     /usr/local/apache2/modules/mod_status.so
LoadModule usertrack_module \
     /usr/local/apache2/modules/mod_usertrack.so
```

15.2 Performance

Das experimentelle Modul *mod_file_cache* ermöglicht es, ausgewählte Dateien für eine schnellere Lieferung im Speicher abzubilden oder vorab zu öffnen und den Dateihandle zu speichern.

Um *mod_file_cache* in den Server einzukompilieren, wechseln Sie in das Hauptverzeichnis Ihrer entpackten Apache-Distribution und rufen Sie das *configure*-Shellskript mit dem entsprechenden Parameter auf:

```
./configure --enable-modules=all \
--enable-file-cache
# weitere Optionen ...
```

`MMapFile` legt eine Liste von Dateien fest, die in den Speicher abgebildet werden sollen.

MMapFile	
Syntax:	`MMapFile` *Dateiname* ...
Voreinstellung:	keine
Kontext:	Serverkonfiguration

Intern geschieht die Abbildung mittels eines Aufrufs der UNIX-Systemfunktion `mmap()`, die auf den meisten, aber nicht auf allen UNIX-Derivaten existiert. Häufig existieren systemspezifische Obergrenzen für die Größe und/oder Anzahl der Dateien, die in den Speicher abgebildet werden können.

Die Direktive `CacheFile` öffnet einen aktiven Handle oder Dateideskriptor für die angegebene(n) Datei(en) und speichert diese Handles im Cache. Wenn die Datei angefordert wird, holt der Server den Dateideskriptor aus dem Cache und reicht ihn weiter an die `sendfile`- (oder unter Windows `TransmitFile`-) Socket-API.

CacheFile	
Syntax:	`CacheFile` *Dateiname* ...
Voreinstellung:	keine
Kontext:	Serverkonfiguration

Die Abbildung der Datei im Cache bzw. das Öffnen und Speichern des Dateideskriptors findet nur einmal beim Start oder Neustart des Servers statt; folglich muss der Server bei jeder Änderung an einer der betroffenen Dateien neu gestartet werden. Solche Dateien sollten deshalb auch nicht an Ort und Stelle bearbeitet werden, sondern zum Zwecke einer Änderung gelöscht und durch die neue Version ersetzt werden (die meisten UNIX-Werkzeuge wie `mv` und `rdist` verhalten sich so).

15.3 Die Apache-API

Mithilfe der Apache-API (***A**pplication **P**rogramming **I**nterface*, deutsch: Schnittstelle für die Programmierung von Anwendungen) können Sie eigene Module für den Apache entwerfen. Dies erfordert allerdings fundierte Kenntnisse der Programmiersprache C und wird hier nicht weiter besprochen.

mod_example

Das Modul *mod_example* (ab Apache 1.2) demonstriert die Programmierung der Apache-Programmierschnittstelle.

Um *mod_example* (unter UNIX) in den Server einzukompilieren, wechseln Sie in das Hauptverzeichnis Ihrer entpackten Apache-Distribution und rufen Sie das *configure*-Shellskript mit dem entsprechenden Parameter auf:

```
./configure --enable-modules=all \
--enable-example
# weitere Optionen...
```

Um das Modul zu testen, fügen Sie die folgenden Zeilen in Ihre Konfigurationsdatei ein:

```
<Location /example-info>
SetHandler example-handler
</Location>
```

Rufen Sie dann im Browser die Adresse *http://localhost/example-info* auf.

Die einzige Direktive des Moduls, `Example`, ist ebenfalls nur eine Beispieldirektive, welche ein Flag setzt. Dieses wird innerhalb des Beispielmoduls ausgewertet.

`Example`	
Syntax:	`Example`
Voreinstellung:	keine
Kontext:	Serverkonfiguration, virtueller Host, Verzeichnis, *.htaccess*

15.4 Zusammenfassung, Fragen und Übungen

Zusammenfassung

- Das Module *mod_so* ist verantwortlich für das dynamische Laden von Modulen. Bei den Windows-Binärdistributionen liegen die Module in Form von DLLs vor. Auch unter UNIX ist dynamisches Laden von Modulen möglich, wenn die Module entsprechend als *DSO*s erstellt wurden.
- Das experimentelle Modul *mod_file_cache* ermöglicht es, mit der Direktive `MMapFile` konfigurierte Dateien für eine schnellere Lieferung im Speicher abzubilden.
- Mithilfe der Apache-API können Sie eigene Module für den Apache entwerfen. Das Modul *mod_example* demonstriert die Programmierung dieser Schnittstelle. Die einzige Direktive dieses Moduls, `Example`, ist eine Beispieldirektive, welche ein Flag setzt.

Fragen und Übungen

1. Welche Dateierweiterung haben Module, die dynamisch geladen werden können?
2. Was ist die Aufgabe des Moduls *mod_file_cache*?
3. Wo können Sie mehr über die Programmierung eigener Apache-Module erfahren?

Lösungen

Die im Folgenden vorgestellten Konfigurationsbeispiele gehen davon aus, dass die `DocumentRoot`-Einstellung (Verzeichnis für zu veröffentlichende Dokumente) auf das Verzeichnis */usr/local/apache2/htdocs* verweist. Unter UNIX ist dies die Voreinstellung, unter Windows muss jedoch bei standardmäßiger Installation zusätzlich die Direktive

```
DocumentRoot /usr/local/apache2/htdocs
```

angegeben werden.

Eine `ServerName`-Direktive ist ebenfalls empfehlenswert, z.B.

```
ServerName www.meinedomain.de
```

Andernfalls startet der Server mit einer Warnung. Für den angegebenen Server sollte auch ein DNS-Eintrag oder ein Eintrag in der *hosts*-Datei vorhanden sein.

Unter UNIX benötigen Sie wahrscheinlich die zusätzlichen Direktiven

```
User nobody
```

und

```
Group nogroup
```

um die Benutzerkennung und Gruppe festzulegen, unter der Apache ausgeführt wird.

Nähere Informationen zu den oben genannten Direktiven finden Sie in Kapitel 2.1 »Basiskonfiguration«.

Das Testen wird außerdem vereinfacht, wenn das Modul *mod_dir* vorhanden ist, damit beim Anfordern eines Verzeichnisses automatisch die Datei *index.html* an den Browser gesendet wird. Für eine vom Server generierte Inhaltsauflistung der Verzeichnisse werden die Module *mod_mime* und *mod_autoindex* gebraucht.

Kapitel 1

UNIX:

Die Shellskripte müssen unter der »root«-Benutzerkennung ausgeführt werden. Vorher müssen Sie die Berechtigung zum Ausführen setzen. Sie können dafür den UNIX-Befehl `chmod` verwenden (vgl. Anhang, Abschnitt »Wichtige UNIX-Kommandos«).

1. Erstellen Sie eine Textdatei, welche die folgende Zeile enthält:

   ```
   #! /bin/sh
   /usr/local/apache2/bin/httpd
   ```

2. Erstellen Sie eine Textdatei, welche die folgende Zeile enthält:

   ```
   #! /bin/sh
   kill -TERM `cat /usr/local/apache2/logs/httpd.pid`
   ```

3. Erstellen Sie eine Textdatei, welche die folgenden Zeilen enthält:

   ```
   #! /bin/sh
   cd /usr/local/apache2
   bin/httpd -f conf/Beispiele/Bsp01.conf
   ```

Windows:

4. Erstellen Sie eine Textdatei, welche die folgende Zeile enthält:

   ```
   "\Programme\Apache Group\Apache2\bin\apache"
   ```

   Sichern Sie die Datei mit der Dateierweiterung *.bat*.

5. Erstellen Sie eine Textdatei, welche die folgende Zeile enthält:

   ```
   "\Programme\Apache Group\Apache2\bin\apache" -k install
   ```

   Sichern Sie die Datei mit der Dateierweiterung *.bat*.

6. Erstellen Sie eine Textdatei, welche die folgende Zeile enthält:

   ```
   "\Programme\Apache Group\Apache2\bin\apache" -f
   ```

```
conf\Beispiele\Bsp01.conf
```

Sichern Sie die Datei mit der Dateierweiterung *.bat*.

Kapitel 2

1. Es werden Konfigurationseinstellungen für typische Installationen angegeben:

   UNIX:

   ```
   Listen 80
   User nobody
   Group nogroup
   ServerRoot /usr/local/apache2
   DocumentRoot /usr/local/apache2/htdocs
   ```

   Windows:

   ```
   Listen 80
   ServerRoot "/Programme/Apache Group/Apache2"
   DocumentRoot "/Programme/Apache Group/Apache2/htdocs"
   ```

2. Speichern Sie Ihre Konfigurationsdatei unter */usr/local/apache2/conf/kap02.conf*. Geben Sie dann die folgenden Befehle ein:

   UNIX:

   ```
   cd /usr/local/apache2/bin
   ./httpd -f /usr/local/apache2/conf/kap02.conf
   ```

   Windows:

   ```
   cd "\Programme\Apache Group\Apache2\bin"
   apache -f /usr/local/apache2/conf/kap02.conf
   ```

3. Die Antwort hängt davon ab, ob Ihr System so konfiguriert ist, wie es die Voreinstellungen für die verschiedenen Direktiven vorsehen. Auf einem Windows-2000- oder UNIX-System mit Apache-Stan-

dardinstallation sollten keine weiteren Direktiven notwendig sein. (Ob Sie die Direktiven `User` und `Group` benötigen, ist abhängig von der UNIX-Variante).

4. Wenn Sie keine `ErrorLog`-Direktive angeben, liegt die Protokolldatei *error_log* im Verzeichnis *logs* unterhalb des `ServerRoot`-Verzeichnisses, z.B. *usr/local/apache2/logs/error_log* für eine typische UNIX-Installation oder C:\Programme\Apache Group\Apache2\logs\error_log für eine typische Windows-Installation.

Kapitel 3

> **HINWEIS**
> Für die Lösung der Übungsaufgaben zu diesem Kapitel muss das Modul *mod_log_config* in den Server einkompiliert sein. Um das Modul dynamisch zu laden, fügen Sie die folgende Zeile in die Konfigurationsdatei ein:
> `LoadModule log_config_module modules/mod_log_config.so`
> Außerdem muss die Datei wie immer die `Listen`- und ggf. die `DocumentRoot`-Direktive enthalten.

1. Fügen Sie zusätzlich die folgende Zeile in die Konfigurationsdatei ein:

```
TransferLog logs/clf_log
```

2. Fügen Sie zusätzlich die folgende Zeile in die Konfigurationsdatei ein:

```
CustomLog logs/clientinfo_log \
"%U Host: %h IP: %a Logname: %l"
```

3. Fügen Sie zusätzlich die folgende Zeile in die Konfigurationsdatei ein:

```
CustomLog logs/serverinfo_log \
"%U Port: %p PID: %P Kan. Name: %v"
```

HINWEIS

Damit für die Lösung der folgenden Übungsaufgabe die Umgebungsvariablen gesetzt sind, müssen die Module *mod_cgi* und *mod_alias* in den Server einkompiliert sein. Um die Module dynamisch zu laden, fügen Sie die folgenden Zeilen in die Konfigurationsdatei ein:

```
LoadModule cgi_module modules/mod_cgi.so
LoadModule alias_module modules/mod_alias.so
```

4. Fügen Sie zusätzlich die folgenden Zeilen in die Konfigurationsdatei ein:

```
ScriptAlias /cgi-bin/ /usr/local/apache2/cgi-bin
CustomLog logs/umgebungsinfo_log \
"SERVER_SOFTWARE %{SERVER_SOFTWARE}e \
SERVER_NAME %{SERVER_NAME}e \
SERVER_PROTOCOL %{SERVER_PROTOCOL}e \
SERVER_PORT %{SERVER_PORT}e"
```

Greifen Sie zum Testen auf eine Datei im Verzeichnis *cgi-bin* zu.

HINWEIS

Für die Lösung der folgenden Übungsaufgabe muss das Modul *mod_usertrack* in den Server einkompiliert sein. Um das Modul dynamisch zu laden, fügen Sie die folgende Zeile in die Konfigurationsdatei ein:

```
LoadModule usertrack_module modules/mod_usertrack.so
```

5. Fügen Sie zusätzlich Direktiven für die Benutzerverfolgung mit Cookies ein:

```
CookieTracking On
CookieExpires "1 hours"
CustomLog logs/cookie_log \
"Cookie: %{cookie}n Datei: %f"
```

Kapitel 4

> **HINWEIS**
>
> Für die Lösung der Übungsaufgaben zu diesem Kapitel muss das Modul *mod_rewrite* in den Server einkompiliert sein. Um das Modul dynamisch zu laden, fügen Sie die folgende Zeile in die Konfigurationsdatei ein:
>
> `LoadModule rewrite_module modules/mod_rewrite.so`
>
> Außerdem muss die Datei wie immer die `Listen`- und ggf. die `DocumentRoot`-Direktive enthalten.

1. Beachten Sie die Groß-/Kleinschreibung:

   ```
   RewriteEngine On
   RewriteRule (.*)Hugo(.*) $1Otto$2
   ```

2. Der Punkt muss hier mit \ entwertet werden; das `$-Zeichen` kennzeichnet das Ende der URL:

   ```
   RewriteEngine On
   RewriteRule (.*)a\.html$ $1b.html
   ```

3. Geben Sie den Ziffernbereich in eckigen Klammern an:

   ```
   RewriteEngine On
   RewriteRule (.*txt[0-9])\.html $1.php
   ```

4. Das ^ besagt, dass das Zeichen nicht in dem angegebenen Bereich enthalten sein darf:

   ```
   RewriteEngine On
   RewriteRule (.*)txt([^0-9].*) $1doc$2
   ```

   Beachten Sie, dass das Muster nicht passt, wenn auf »txt« gar kein Zeichen mehr folgt.

5. Das Muster /.* passt auf alle Anforderungen:

   ```
   RewriteEngine On
   RewriteRule /.* http://www.susanne-wigard.de/
   ```

Kapitel 5

Beachten Sie beim Testen, dass Sie nach manchen Änderungen den Browser neu starten müssen, da dieser sich mehr Informationen »merkt«, als uns hier lieb ist. Selbst *Reload* bzw. *Aktualisieren* und sogar Löschen des Browser-Cache schafft nicht immer Abhilfe.

1. Für beide Hosts müssen DNS-Einträge oder Einträge in der Tabelle *hosts* (mit derselben, tatsächlich verfügbaren IP-Adresse) vorhanden sein:

   ```
   192.168.0.1 name1.firma1.domain1
   192.168.0.1 name2.firma2.domain2
   ```

   Legen Sie die `DocumentRoot`-Verzeichnisse der beiden Firmen an. Erteilen Sie die Berechtigung, in diese Verzeichnisse zu wechseln, für »Others«.

   Fügen Sie dann die folgenden Zeilen in die Konfigurationsdatei ein:

   ```
   Listen 80
   NameVirtualHost 192.168.0.1

   <VirtualHost 192.168.0.1>
   ServerName name1.firma1.domain1
   DocumentRoot /usr/local/apache2/htdocs/firma1
   </VirtualHost>

   <VirtualHost 192.168.0.1>
   ServerName name2.firma2.domain2
   DocumentRoot /usr/local/apache2/htdocs/firma2
   </VirtualHost>
   ```

2. Für beide Hosts müssen DNS-Einträge oder Einträge in der Tabelle *hosts* vorhanden sein:

   ```
   192.168.0.1 name1.firma1.domain1
   192.168.0.2 name2.firma2.domain2
   ```

Fügen Sie dann die folgenden Zeilen in die Konfigurationsdatei ein:

```
Listen 80
<VirtualHost 192.168.0.1>
ServerName name1.firma1.domain1
DocumentRoot /usr/local/apache2/htdocs/firma1
</VirtualHost>
<VirtualHost 192.168.0.2>
ServerName name2.firma2.domain2
DocumentRoot /usr/local/apache2/htdocs/firma2
</VirtualHost>
```

3. Für beide Hosts müssen DNS-Einträge oder Einträge in der Datei *hosts* vorhanden sein:

```
192.168.0.1 www.meine.domain
192.168.0.1 intranet.meine.domain
```

Legen Sie die `DocumentRoot`-Verzeichnisse */usr/local/apache2/htdocs/public* und */usr/local/apache2/htdocs/private* an. Erteilen Sie die Berechtigung, in diese Verzeichnisse zu wechseln, für »Others«.

Fügen Sie dann die folgenden Zeilen in die Konfigurationsdatei ein:

```
Listen 80
Listen 8080
<VirtualHost 192.168.0.1:80>
ServerName www.meine.domain
DocumentRoot /usr/local/apache2/htdocs/public
</VirtualHost>

<VirtualHost 192.168.0.1:8080>
ServerName intranet.meine.domain
DocumentRoot /usr/local/apache2/htdocs/private
</VirtualHost>
```

Beim Abruf der »privaten« Seiten im Browser müssen Sie die Portnummer 8080 mit angeben.

4. Sie benötigen dieselben DNS-Einträge bzw. Einträge in der Tabelle *hosts* wie für Übung 1 angegeben. Die Konfigurationsdirektiven lauten wie folgt:

```
Listen 80
UseCanonicalName Off
VirtualDocumentRoot /usr/local/apache2/htdocs/%2
```

Unter Windows muss die letzte Zeile den Laufwerksbuchstaben mit angeben:

```
VirtualDocumentRoot c:/usr/local/apache2/htdocs/%2
```

5. Verwenden Sie die Konfigurationsdateien */usr/local/apache2/conf/ Kap05_05a.conf* und */usr/local/apache2/conf/ Kap05_05b.conf*.

Die Datei */usr/local/apache2/conf/Kap05_05a.conf*:

```
Listen 192.168.0.1:80
ServerName name1.firma1.domain1
DocumentRoot /usr/local/apache2/htdocs/firma1
```

Die Datei */usr/local/apache2/conf/Kap05_05b.conf*:

```
Listen 192.168.0.2:80
ServerName name2.firma2.domain2
DocumentRoot /usr/local/apache2/htdocs/firma2
```

Starten Sie dann den Webserver zweimal mit den Anweisungen

```
cd/usr/local/apache2
bin/httpd -f /usr/local/apache2/conf/Kap05_05a.conf
bin/httpd -f /usr/local/apache2/conf/Kap05_05b.conf
```

Kapitel 6

> **HINWEIS**
>
> Für die Lösung der Übungsaufgaben zu diesem Kapitel (außer Aufgabe 6) muss das Modul *mod_mime* in den Server einkompiliert sein. Um das Modul dynamisch zu laden, fügen Sie die folgende Zeile in die Konfigurationsdatei ein:
>
> `LoadModule mime_module modules/mod_mime.so`
>
> Außerdem muss die Datei wie immer die `Listen`- und ggf. die `DocumentRoot`-Direktive enthalten.

> **HINWEIS**
>
> Für die Lösung der folgenden Übungsaufgabe muss das Modul *mod_imap* in den Server einkompiliert sein. Um das Modul dynamisch zu laden, fügen Sie die folgende Zeile in die Konfigurationsdatei ein:
>
> `LoadModule imap_module modules/mod_imap.so`

1. Sie benötigen eine `AddHandler`-Direktive:

   ```
   AddHandler imap-file map
   ```

   Die Imagemap-Datei sieht wie folgt aus:

   ```
   default fehler.html "Fehler"
   rect doc_ol.html  0,0  49,49 "oben links"
   rect doc_or.html 50,0  99,49 "oben rechts"
   rect doc_ur.html 50,50 99,99 "unten rechts"
   rect doc_ul.html  0,50 49,99 "unten links"
   ```

   Das HTML-Dokument *doc_ol.html*:

   ```
   <html>
   <head>
   <title>oben links</title>
   </head>
   <body>
   <h1>Sie haben oben links geklickt.<h1>
   ```

```
</body>
</html>
```

Die Dokumente *doc_or.html, doc_ul.html* und *doc_ur.html* sind analog aufgebaut, *fehler.html* könnte eine Fehlermeldung anzeigen.

> **HINWEIS** Für die Lösung der folgenden Übungsaufgabe muss das Modul *mod_include* in den Server einkompiliert sein. Um das Modul dynamisch zu laden, fügen Sie die folgende Zeile in die Konfigurationsdatei ein:
> `LoadModule include_module modules/mod_include.so`

2. Geben Sie eine `AddHandler`- und eine `Options`-Direktive an:

```
AddHandler server-parsed shtml
Options +Includes
```

Verwenden Sie in der *shtml*-Datei das `exec`-Element:

```
<< <!--#exec cmd="cat test.txt"--> >>
```

Die Datei *test.txt* muss sich im `DocumentRoot`-Verzeichnis befinden.

> **HINWEIS** Für die Lösung der folgenden Übungsaufgabe muss das Modul *mod_negotiation* in den Server einkompiliert sein. Um das Modul dynamisch zu laden, fügen Sie die folgende Zeile in die Konfigurationsdatei ein:
> `LoadModule negotiation_module modules/mod_negotiation.so`

3. Sie benötigen eine `AddLanguage`- und eine `Options`-Direktive:

```
AddLanguage en .en
AddLanguage de .de
Options +MultiViews
```

Das `DocumentRoot`-Verzeichnis muss die Dateien *info.html.de, info.html.en* usw. enthalten.

HINWEIS

Für die Lösung der folgenden Übungsaufgabe müssen die Module *mod_info* und *mod_status* in den Server einkompiliert sein. Um die Module dynamisch zu laden, fügen Sie die folgenden Zeilen in die Konfigurationsdatei ein:

```
LoadModule info_module modules/mod_info.so
LoadModule status_module modules/mod_status.so
```

4. Sie brauchen nur die entsprechenden SetHandler-Direktiven anzugeben:

```
<Location /info>
SetHandler server-info
</Location>

<Location /status>
SetHandler server-status
</Location>
```

Kapitel 7

HINWEIS

Für die Lösung der Übungsaufgaben zu diesem Kapitel müssen die Module *mod_mime* und *mod_autoindex* sowie für die Aufgaben 2, 3, und 5 auch das Modul *mod_alias* in den Server einkompiliert sein. Um die Module dynamisch zu laden, fügen Sie die folgenden Zeilen in die Konfigurationsdatei ein:

```
LoadModule mime_module modules/mod_mime.so
LoadModule autoindex_module modules/mod_autoindex.so
LoadModule alias_module modules/mod_alias.so
```

Außerdem muss die Datei wie immer die Listen- und ggf. die DocumentRoot-Direktive enthalten.

1. Das Verzeichnis */usr/local/apache2/htdocs/produkte* sollte existieren und eine Testdatei enthalten. Der Apache-Benutzer muss die Berechtigung haben, in dieses Verzeichnis zu wechseln und die Einträge anzuzeigen.

```
<Directory /usr/local/apache2/htdocs/produkte>
IndexOptions FancyIndexing
</Directory>
```

2. Das Symbol */usr/local/apache2/icons/produkt.gif* muss ebenfalls existieren.

```
Alias /icons/ /usr/local/apache2/icons/
<Directory /usr/local/apache2/htdocs/produkte>
IndexOptions FancyIndexing
DefaultIcon /icons/produkt.gif
</Directory>
```

3. Auch das Symbol */usr/local/apache2/icons/php.jpg* muss vorhanden sein.

```
Alias /icons/ /usr/local/apache2/icons/
IndexOptions FancyIndexing
AddIcon (PHP,/icons/php.jpg) .php .php3 .php4
```

4. Fügen Sie die folgende Zeile in die Konfigurationsdatei ein:

```
AddDescription "PHP-Skript" .php .php3 .php4
```

5. Für das Verzeichnis mit dem Bild benötigen Sie wieder eine `Alias`-Direktive:

```
Alias /icons/ /usr/local/apache2/icons/
IndexOptions FancyIndexing
HeaderName logo.htm
```

Kapitel 8

> **HINWEIS**
>
> Für die Lösung der Übungsaufgabe zu diesem Kapitel muss das Modul *mod_expires* in den Server einkompiliert sein. Um das Modul dynamisch zu laden, fügen Sie die folgende Zeile in die Konfigurationsdatei ein:
>
> `LoadModule expires_module modules/mod_expires.so`
>
> Außerdem muss die Datei wie immer die `Listen`- und ggf. die `DocumentRoot`-Direktive enthalten.

1. Verwenden Sie die Direktiven `ExpiresActive` und `ExpiresDefault`:

```
ExpiresActive On
ExpiresDefault A3600
```

Kapitel 9

> **HINWEIS**
>
> Für die Lösung der Übungsaufgaben zu diesem Kapitel (außer Aufgabe 6) müssen die Module *mod_proxy* und die zugehörigen Submodule sowie (mit Ausnahme von Aufgabe 1) die Module *mod_cache* und *mod_disk_cache* in den Server einkompiliert sein. Um die Module dynamisch zu laden, fügen Sie die folgenden Zeilen in die Konfigurationsdatei ein:
>
> ```
> LoadModule proxy_module modules/mod_proxy.so
> LoadModule proxy_connect_module modules/mod_proxy_connect.so
> LoadModule proxy_http_module modules/mod_proxy_http.so
> LoadModule proxy_ftp_module modules/mod_proxy_ftp.so
>
> LoadModule cache_module modules/mod_cache.so
> LoadModule disk_cache_module modules/mod_disk_cache.so
> ```

1. Eine »minimale« Konfigurationsdatei für den Proxy-Betrieb:

```
Listen 8080
```

```
ProxyRequests On
```

Wenn der Proxy aus dem Internet zugänglich ist, müssen Sie diesen außerdem mithilfe des `Proxy`-Containers absichern, wie im Text beschrieben.

2. Verwenden Sie die Direktiven `CacheOn`, `CacheEnable` und `CacheRoot`:

```
CacheOn On
CacheEnable disk /
CacheRoot /usr/local/apache2/cache
```

3. Hierfür müssen `CacheDirLevels` und `CacheDirLength` gesetzt werden:

```
CacheDirLevels 4
CacheDirLength 5
```

4. Setzen Sie `CacheSize` und `CacheGcInterval`:

```
CacheSize 10
CacheGcInterval 1
```

5. Der Faktor muss den Wert 0,5 haben:

```
CacheLastModifiedFactor 0.5
```

6. Fünf Tage sind 432000 Sekunden:

```
CacheMaxExpire 432000
```

Kapitel 10

> **HINWEIS** Für die Lösung der Übungsaufgaben zu diesem Kapitel müssen die Module *mod_alias* und *mod_cgi* in den Server einkompiliert sein. Um die Module dynamisch zu laden, fügen Sie die folgenden Zeilen in die Konfigurationsdatei ein:
> `LoadModule alias_module modules/mod_alias.so`
> `LoadModule cgi_module modules/mod_cgi.so`

1. Vergessen Sie nicht, den Inhaltstyp und eine Leerzeile mit auszugeben:

```
#!/bin/sh
echo Content-type: text/plain
echo
echo REQUEST_METHOD: $REQUEST_METHOD
echo QUERY_STRING: $QUERY_STRING
```

2. Auch hier muss der Inhaltstyp und eine Leerzeile geschrieben werden:

```
#include <stdio.h>
#include <stdlib.h>
main()
{
  printf("Content-type: text/plain\n\n");
  printf("REQUEST_METHOD: %s\n",
  getenv("REQUEST_METHOD"));
  printf("QUERY_STRING: %s\n",
  getenv("QUERY_STRING"));
}
```

3. Das Skript muss jetzt einige HTML-Tags mit ausgeben:

```
#!/usr/bin/perl
print "Content-type: text/html\n\n";
print "<html>\n";
```

```
print "<head>\n";
print "<title>Perl-HTML</title>\n";
print "</head>\n";
print "<body>\n";
foreach $var (sort(keys(%ENV))) {
    $val = $ENV{$var};
    $val =~ s|\n|\\n|g;
    $val =~ s|"|\\"|g;
    print "${var}=\"${val}\"<br>\n";
}
print "</body>\n";
print "</html>\n";
```

4. Der `type`-Befehl zeigt den Inhalt einer Datei an:

```
@echo off
echo Content-type: text/plain
echo.
echo.
type test.txt
```

Kapitel 11

HINWEIS

Für die Lösung der Übungsaufgaben zu diesem Kapitel (außer Aufgabe 5) muss das Modul *mod_env* in den Server einkompiliert sein. Um das Modul dynamisch zu laden, fügen Sie die folgende Zeile in die Konfigurationsdatei ein:

```
LoadModule env_module modules/mod_env.so
```

Um die CGI-Skripte zu den Aufgaben 2 und 4 zu testen, benötigen Sie außerdem die Module *mod_alias* und *mod_cgi*, welche mit den folgenden Direktiven dynamisch geladen werden:

```
LoadModule alias_module modules/mod_alias.so
LoadModule cgi_module modules/mod_cgi.so
```

Außerdem muss die Datei wie immer die `Listen`- und ggf. die `DocumentRoot`-Direktive sowie zum Testen der Skripte eine `ScriptAlias`-Direktive für das Verzeichnis *cgi-bin* enthalten.

1. Die Konfigurationsdirektive zum Setzen der Umgebungsvariablen:

   ```
   SetEnv MEIN_TEXT "Hallo Welt"
   ```

2. Ein UNIX-Shellskript:

   ```
   #!/bin/sh
   echo Content-type: text/html
   echo
   echo "<html>"
   echo "<head>"
   echo "<title>Shellskript-HTML</title>"
   echo "</head>"
   echo "<body>"
   echo "Der Inhalt der Variablen ist: <br>"
   echo $MEIN_TEXT
   echo "</body>"
   echo "</html>"
   ```

3. Setzen und exportieren der Umgebungsvariablen (UNIX):

   ```
   EROEFFNUNG=20.Oktober
   export EROEFFNUNG
   ```

   Die Konfigurationsdirektive:

   ```
   PassEnv EROEFFNUNG
   ```

4. Ein UNIX-Shellskript:

   ```
   #!/bin/sh
   echo Content-type: text/html
   echo
   echo Besuchen Sie uns am $EROEFFNUNG
   ```

HINWEIS

Für die Lösung der folgenden Übungsaufgabe muss das Modul *mod_setenvif* in den Server einkompiliert sein. Um das Modul dynamisch zu laden, fügen Sie die folgende Zeile in die Konfigurationsdatei ein:

```
LoadModule setenvif_module modules/mod_setenvif.so
```

5. Die folgenden Direktiven sind äquivalent zu den im Text angegebenen `BrowserMatch`-Beispielen:

```
SetEnvIf User-Agent ^Mozilla forms jpeg=yes browser=netscape
SetEnvIf User-Agent "^Mozilla/[2-3]" tables agif frames
javascript
SetEnvIf User-Agent MSIE !javascript
```

Kapitel 12

1. SuExec wird verwendet, um CGI- und SSI-Programme unter einer anderen Benutzerkennung als der des Apache-Benutzers auszuführen.

2. Verwenden Sie den Befehl

```
chown root suexec
```

3. Verwenden Sie den Befehl

```
chmod 4711 suexec
```

4. Entfernen Sie die *suexec*-Datei oder benennen Sie sie um.

5. Wenn Sie keine `UserDir`-Direktive angegeben haben, müssen sich die Dateien im Unterverzeichnis *public_html* des Homeverzeichnisses des jeweiligen Benutzers (in der Regel das Verzeichnis *home/benutzer/public_html)* befinden.

Kapitel 13

> **HINWEIS**
> Für die Lösung der folgenden Übungsaufgabe muss das Modul *mod_access* in den Server einkompiliert sein. Um das Modul dynamisch zu laden, fügen Sie die folgende Zeile in die Konfigurationsdatei ein:
> `LoadModule access_module modules/mod_access.so`

1. Für beide Hosts müssen DNS-Einträge oder Einträge in der Datei *hosts* vorhanden sein:

   ```
   193.168.0.1 www.meine.domain www
   193.168.0.1 intranet.meine.domain intranet
   ```

   Fügen Sie dann die folgenden Zeilen in die Konfigurationsdatei ein:

   ```
   Listen 80
   Listen 8080
   <VirtualHost 193.168.0.1:80>
   ServerName www.meine.domain
   DocumentRoot /usr/local/apache2/htdocs/public
   </VirtualHost>

   <VirtualHost 193.168.0.1:8080>
   ServerName intranet.meine.domain
   DocumentRoot /usr/local/apache2/htdocs/private
   </VirtualHost>

   <Directory /usr/local/apache2/htdocs/private>
   Order Deny,Allow
   Deny From All
   Allow From meine.domain
   </Directory>
   ```

2. Erstellen Sie zunächst ein neues Verzeichnis und legen Sie dann die Benutzerkonten mit *htpasswd* an.

UNIX:

```
mkdir /usr/local/apache2/benutzer
cd /usr/local/apache2/bin
./htpasswd -c /usr/local/apache2/benutzer/kap13_02 susanne
./htpasswd /usr/local/apache2/benutzer/kap13_02 michael
```

Windows:

```
mkdir \usr\local\apache2\benutzer
cd \programme\apache group\apache2\bin
htpasswd -c \usr\local\apache2\benutzer\kap13_02 susanne
htpasswd \usr\local\apache2\benutzer\kap13_02 michael
```

HINWEIS

Für die Lösung der Übungsaufgaben 3 bis 5 muss das Modul *mod_auth* in den Server einkompiliert sein. Um das Modul dynamisch zu laden, fügen Sie die folgende Zeile in die Konfigurationsdatei ein:

```
LoadModule auth_module modules/mod_auth.so
```

Außerdem muss die Datei wie immer die `Listen`- und ggf. die `DocumentRoot`-Direktive enthalten.

3. Fügen Sie die folgenden Direktiven in Ihre Konfigurationsdatei ein:

```
<Directory /usr/local/apache2/htdocs/private>
AuthType Basic
AuthName Kap13_03
require valid-user
AuthUserFile /usr/local/apache2/benutzer/kap13_02
</Directory>
```

4. Schreiben Sie die folgenden Zeilen in eine Textdatei:

```
AuthType Basic
AuthName Kap13_04
require valid-user
AuthUserFile /usr/local/apache2/benutzer/kap13_02
```

   Speichern Sie die Datei unter dem Namen *.htaccess* im Verzeichnis */usr/local/apache2/htdocs/private*. (Wenn Sie einen anderen Dateinamen verwenden möchten, müssen Sie in der Hauptkonfigurationsdatei die Direktive `AccessFileName` einsetzen.)

5. Fügen Sie die folgende Zeile in die Konfigurationsdatei (bzw. die *.htaccess*-Datei) ein:

```
ErrorDocument 401 "Zugriff verweigert"
```

Kapitel 14

1. Zum Entschlüsseln eines Textes wird ein anderer Schlüssel verwendet als zum Verschlüsseln.

2. Kompilieren Sie *mod_ssl* in den Server ein.

3. Voraussetzung für die Verwendung von *mod_ssl* ist eine SSL-Implementierung (OpenSSL).

4. Testzertifikate werden mit den Distributionen von OpenSSL und *mod_ssl* ausgeliefert. Zertifikate für den kommerziellen Einsatz erhalten Sie von verschiedenen Zertifizierungsinstanzen, z.B. Thawte.

5. Starten Sie das Programm *httpd* mit dem Parameter `-DSSL`.

Kapitel 15

1. Die Module für das dynamische Laden haben die Dateierweiterung *.so*.
2. Das Modul *mod_file_cache* dient dazu, Dateien im Speicher abzubilden, damit diese noch schneller geliefert werden können.
3. Untersuchen Sie dazu die Quelltexte für das Modul *mod_example*.

Glossar

Batch-Datei

Siehe Stapelverarbeitungsdatei.

CGI

Common ***G****ateway* ***I****nterface*: genormte Schnittstelle zwischen Programmen und dem Webserver.

Child-Prozess

Kind-Prozess: Prozess, der von einem anderen, vorher existierenden Prozess (dem Eltern-Prozess) aus gestartet wurde. Siehe auch Prozess.

Client

Deutsch: Kunde; bezeichnet allgemein jemanden oder etwas, der/das Dienste eines anderen (des »Servers« oder Dienstleisters) in Anspruch nimmt. Client-Computer werden von Server-Computern bedient, Client-Programme von Server-Programmen. Beispiele für Server-Programme sind Internet-Server (Webserver), die Clients dazu sind Internet-Clients wie Webbrowser.

Compiler

Programm, das einen in einer Programmiersprache geschriebenen Quelltext in die Maschinensprache des Prozessors übersetzt. Siehe auch Interpreter.

Cookies

Deutsch: »Kekse«: Informationsschnipsel, die auf dem Client-Rechner abgelegt werden, um beispielsweise einmal in ein HTML-Formular eingegebene Daten beim nächsten Aufruf derselben Seite oder auf anderen Seiten verfügbar zu machen.

Daemon

Als Daemon (***D****isk* ***A****nd* ***E****xecution* ***Mon****itor*) wird in der UNIX-Welt ein Prozess bezeichnet, der keine Terminal-Ein/Ausgaben durchführt – der also wie ein Dämon unsichtbar im Hintergrund agiert.

Debugging

Unter Debugging im engeren Sinne versteht man das Auffinden und Beseitigen von Laufzeitfehlern in einem Programm, also von solchen Fehlern, die keine Syntaxfehler sind und deshalb von einem Compiler nicht gefunden werden können. Das Wort kommt vom englischen »Bug« (Käfer oder auch Wanze) und bedeutet wörtlich etwa »Entwanzen« – eine Bezeichnung aus der Frühzeit der Rechenanlagen, wo tatsächlich einmal ein Fehler durch einen Käfer im Gerät verursacht wurde.

Moderne Compiler bzw. Entwicklungsumgebungen bieten Werkzeuge zum Debuggen, die insbesondere die Ausführung in einzelnen Schritten und das Anzeigen von Speicherinhalten (z.B. von Variablen) umfassen.

Allgemeiner wird der Begriff für jegliche Art von Fehlersuche verwendet.

DHCP

***D**ynamic **H**ost **C**onfiguration **P**rotocol*: ein Dienst im Netzwerk, der IP-Adressen und evtl. andere Konfigurationsinformationen automatisch verteilt. Die dynamische Zuordnung von IP-Adressen hat den Vorteil, dass eine Anzahl von Adressen (ein »Pool«) von mehreren Rechnern gemeinsam genutzt und nach Bedarf zugeteilt werden kann. Bei einer festen Zuordnung dagegen muss jeder Rechner im Netz über eine eigene IP-Adresse verfügen.

Dienst

Funktionalität, die von einem Server zur Verfügung gestellt wird.

DNS

***D**omain **N**ame **S**ystem* (ein Namenssystem) oder auch ***D**omain **N**ame **S**ervice* (ein Dienst auf einem Server): Beide zusammen ermöglichen mit dem zugehörigen Protokoll die Zuordnung von Domainnamen zu IP-Adressen.

Domain

Eine Internet-Domain ist gekennzeichnet durch einen registrierten Domainnamen wie z.B. *vorname-name.de.* Ein Hostname innerhalb einer Domain wie *www.vorname-name.de* wird von einem Namensserver in eine bestimmte IP-Adresse übersetzt. Deutsche Domainnamen werden in der Regel durch den Webspace-Provider registriert. Die (kostenpflichtige) Registrierung kann aber auch direkt über *www.denic.de* erfolgen.

Firewall

Ein Firewall (deutsch etwa: »Brandschutzmauer«) ist ein Sicherheitsmechanismus, bei dem verschiedene Netzwerke (typischerweise ein lokales Netzwerk und das Internet) nicht direkt miteinander verbunden sind, sondern über einen zwischengeschalteten Rechner (eben die Firewall). Die Firewall regelt die Weiterleitung von Zugriffen und gestattet diese nur nach einer Reihe von Sicherheitsprüfungen.

Host

Deutsch: Gastgeber; anderer Name für einen Server oder auch einfach einen Rechner im Netzwerk.

HTML

H*yper****T****ext* ***M****arkup* ***L****anguage*: Seitenbeschreibungssprache des WWW.

HTTP

H*yper****T****ext* ***T****ransfer* ***P****rotocol*: Das HTTP-Protokoll dient der Kommunikation zwischen dem Browser und dem Webserver.

Hyperlink

Querverweis in einem HTML-Dokument. Beim Anklicken des Verweises wird das Zieldokument angezeigt.

Interpreter

Wie der Compiler (siehe dort) übersetzt der Interpreter den in einer Programmiersprache geschriebenen Quelltext eines Programms in die Maschinensprache. Im Unterschied zum Compiler wird der Interpreter jedoch erst aktiv, wenn das Programm ausgeführt wird: Wenn der Compiler mit einem Übersetzer verglichen werden kann, dann entspricht der Interpreter einem (Simultan-)Dolmetscher – er übersetzt jede Zeile vor der Ausführung unmittelbar neu.

IP-Adresse

Eine 32-Bit-Zahl, anhand derer ein Rechner im Internet weltweit eindeutig identifiziert werden kann.

Kernel

Der Kern, also der zentrale Bestandteil eines Programms oder insbesondere eines Betriebssystems. Normalerweise gehören zu dem kompletten Programm neben dem Kernel noch verschiedene, teils optionale Module.

MIME-Typ

MIME ist die Abkürzung für ***Mul****tipurpose* ***I****nternet* ***M****ail* ***E****xtension* (deutsch etwa: Vielzweck-Internet-Mail-Erweiterung) und bezeichnet ein Format, mit dem Dateien aller Art (z.B. Texte, Bilder, Audio- und Videodaten etc.) über das Internet transportiert werden können. Dabei wird ein spezieller Header mitgesendet, der insbesondere die Angabe des MIME-Typs (Content Type, deutsch: Inhaltstyp) enthält. Die Browser können so eingerichtet werden, dass sie aufgrund des angegebenen MIME-Typs sofort eine passende Anwendung starten.

NCSA

N*ational* ***C****enter for* ***S****upercomputing* ***A****pplications*: eine amerikanische Forschungseinrichtung, von welcher der ursprüngliche Webserver stammt, aus dessen Fortentwicklung der Apache hervorgegangen ist.

NTP

Abkürzung für ***N****etwork* ***T****ime* ***P****rotocol*: System zur Synchronisation der Uhrzeit innerhalb eines Netzwerks.

PID

P*rozess-**ID***: eindeutige Kennziffer jedes Prozesses. Anhand dieser ID können dem Prozess Signale gesendet werden, z.B. zum Beenden.

Port

Ein-/Ausgabekanal eines Netzwerkcomputers, auf dem TCP/IP ausgeführt wird.

Protokoll

Vereinbarung über die Einzelheiten des Datenaustauschs.

Protokollstapel

Eine Sammlung von Protokollen unterschiedlicher Ebenen (Schichten) wie z.B. das ISO/OSI-Referenzmodell.

Proxy

Ein Proxy ist ein Rechner, der stellvertretend für die Clients in einem lokalen Netzwerk Dokumente von externen Servern anfordert, diese zwischenspeichert und an die Clients weiterleitet.

Prozess

Ein Prozess umfasst ein Programm sowie u.a. die von diesem Programm geöffneten Dateien, Benutzer- und Gruppenkennungen, die Umgebung und das aktuelle Verzeichnis. Jeder Prozess ist gekennzeichnet durch eine eindeutige Kennzahl, die ***Prozess-ID***. Mithilfe des `ps`-Komandos können Sie sich die gerade auf Ihrem System laufenden Prozesse anzeigen lassen.

RAM-Disk

Ein im Hauptspeicher (RAM) simuliertes (Disketten- bzw. Festplatten-) Laufwerk.

Redirection

Umleitung eines Internetzugriffs auf eine andere als die ursprünglich angegebene URI.

Regulärer Ausdruck

Ausdruck, der bestimmte Sonderzeichen als Platzhalter enthalten kann; beispielweise verwendet für das Suchen und Ersetzen von Zeichenketten.

Robots

Programme, die das Internet vollautomatisch nach bestimmten Informationen durchsuchen.

Root

Bezeichnung sowohl für das Wurzelverzeichnis (also das »oberste« Verzeichnis) innerhalb einer Verzeichnishierarchie als auch (in der UNIX-Welt) für einen besonderen Benutzer (Systemverwalter), der über weitestgehende Berechtigungen verfügt.

Serialisierung

Spezielles Verfahren zur Datenspeicherung; allgemein auch ein Vorgang, bei dem Operationen in eine bestimmte Reihenfolge gebracht werden.

Server

Dienstleister. Siehe auch Client.

Shared Memory

Von verschiedenen Prozessen gemeinsam genutzter Hauptspeicherbereich.

Shellskript

Ein (meist kleineres) Programm, z.B. zur Automatisierung von häufig wiederkehrenden Aufgaben, welches von einem Kommando-Interpreter (der Shell) unmittelbar ausgeführt wird. Der Begriff »Shellskript« wird hauptsächlich in der UNIX-Welt verwendet.

Stapelverarbeitungsdatei

Eine Datei mit einer Folge von Befehlen, welche vom Kommando-Interpreter des Betriebssystems unmittelbar ausgeführt werden (siehe auch Shellskript). Der Begriff »Stapelverarbeitungsdatei« (bzw. Batch-Datei) stammt ursprünglich aus dem Großrechnerumfeld (wo er sich anfangs auf einen Lochkartenstapel bezog) und ist heute auch in der DOS- und Windows-Welt gebräuchlich.

Swapping

Das Auslagern von Daten aus dem Hauptspeicher auf die Festplatte und wieder zurück, wenn der Speicherplatz im RAM nicht mehr ausreicht.

System V

UNIX-Variante der Hauptentwicklungslinie, von der viele heutige UNIX-Versionen abstammen.

TCP/IP

*Transport **C**ontrol **P**rotocol/**I**nternet **P**rotocol*: im Internet verwendetes Netzwerkprotokoll.

Thread

Ausführungspfad innerhalb einer Anwendung. Bei einem Multithreading-Programm werden mehrere Threads (wörtlich »Fäden«) unabhängig voneinander ausgeführt. Bei einem Mehrprozessorsystem laufen die Threads gleichzeitig, auf einem Einprozessorsystem teilt das Betriebssystem ihnen reihum Prozessorzeit zu.

URI

Abkürzung für ***U**niform **R**esource **I**dentifier*: Oberbegriff, der die Begriffe URL (***U**niform **R**esource **L**ocator*), URN (***U**niform **R**esource **N**ame*), URC (***U**niform **R**esource **C**haracteristics*) sowie LIFN (***L**ocation **I**ndependent **F**ile **N**ame*) umfasst.

URL

Abkürzung für ***U**niform **R**esource **L**ocator*: Angabe, die es ermöglicht, eine Ressource (eine Datei) im Internet aufzufinden.

WWW

Abkürzung für ***W**orld **W**ide **W**eb*: bezeichnet die über Hyperlinks untereinander vernetzten HTML-Dokumente im Internet.

Anhang

Installation

Während unter Windows üblicherweise Binärdistributionen verwendet werden, deren Installation recht unkompliziert ist, werden Sie unter UNIX in aller Regel Ihren Webserver selbst aus den Quelltexten erstellen. Unter der Kontrolle eines mitgelieferten Shellskripts ist dies auch nicht schwierig.

Download

Sie erhalten die jeweils aktuelle Version des Apache-Webservers im Internet unter der Adresse

http://httpd.apache.org

Diese Site wird auf verschiedenen Servern in aller Welt gespiegelt – um die Downloadzeit zu verkürzen, können Sie eine Site in Ihrer Nähe auswählen.

Signaturen

Die ebenfalls auf der Apache-Downloadseite angebotenen *Signaturdateien* dienen der Überprüfung, ob die heruntergeladenen oder aus einer anderen Quelle bezogenen Dateien mit den ursprünglich veröffentlichten Originalen übereinstimmen. So können Sie feststellen, ob jemand Ihnen eine veränderte Version (möglicherweise mit einer Sicherheitslücke oder einem Virus) untergeschoben hat. Zum Funktionieren des Webservers werden die Signaturen nicht benötigt.

UNIX

Unter UNIX haben Sie die Wahl zwischen Binärdistributionen (also fertig kompilierten Versionen) für verschiedene Plattformen, oder Sie können das Programm aus den Quelltexten selbst erstellen.

Wenn Sie eine Binärdistribution verwenden, können Sie direkt mit der Installation beginnen.

Bei einigen LINUX-Komplettdistributionen ist der Apache sogar bereits fix und fertig enthalten. Wenn Sie beispielsweise SuSE-LINUX mit den Standardeinstellungen installieren, so wird der Server mit installiert und beim Hochfahren automatisch gestartet – Sie können (nach der Konfiguration von X-Windows) sofort den Browser (z.B. Netscape) starten und die Adresse *http://localhost* ansteuern.

Auch in diesem Fall kann es aber sein, dass Sie später einmal den Apache neu kompilieren müssen, weil Sie zusätzliche Module benötigen. Lesen Sie dann einfach die folgenden Abschnitte. Das Neukompilieren ist nicht so schwierig, wie es sich zunächst vielleicht anhört, und sollte auch UNIX-Neulingen gelingen.

Für die Kompilierung brauchen Sie X-Windows nicht zu starten, sondern Sie können direkt mit der Shell arbeiten. Wenn Sie es vorziehen, mit X-Windows und einem Windows-Manager (z.B. dem von KDE) zu arbeiten, so können Sie einige Teilschritte direkt in der grafischen Oberfläche erledigen – wo das nicht gelingt, starten Sie ein Konsolenfenster und geben dort die Anweisungen wie im Text beschrieben ein.

Entpacken

Die Quelltextdistributionen liegen normalerweise in gepackter Form vor. Wählen Sie eine der gepackten Dateien – diese unterscheiden sich untereinander durch die Apache-Versionsnummer.

HINWEIS

Alpha- oder Beta-Versionen sind im Dateinamen als solche gekennzeichnet, z. B. *httpd-2.0.16-beta.tar.gz*.

Die folgende Beschreibung bezieht sich auf die Version 2.0.40. Bei einer anderen Version ersetzen Sie einfach die Zahlen 2.0.40 durch die entsprechende Versionsnummer.

Um die oben genannte Version zu installieren, laden Sie also die Datei *httpd-2.0.40.tar.gz* herunter. Die Erweiterung *gz* kennzeichnet eine *gzip*-Datei, die mit dem *gunzip*-Programm entpackt werden kann:

```
gunzip httpd-2.0.40.tar.gz
```

Sie erhalten die Datei *httpd-2.0.40.tar*, welche mit dem `tar`-Befehl weiterverarbeitet wird:

```
tar xvf httpd-2.0.40.tar
```

Sie erhalten das Verzeichnis *httpd-2.0.40*.

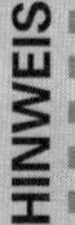

Mit dem Befehl `tar xvzf httpd-2.0.40.tar.gz` können Sie die das Entpacken der Dateien übrigens auch in einem Schritt durchführen.

Im Unterverzeichnis *docs/manual* finden Sie nun bereits die Apache-Dokumentation.

Konfiguration

Bei den neueren Apache-Versionen können Sie die Konfiguration vor dem Kompilieren und Installieren vollautomatisch mithilfe eines Shellskripts namens *configure* durchführen.

Wechseln Sie zuerst in das Verzeichnis der Apache-Distribution:

```
cd httpd-2.0.40
```

Starten Sie das Konfigurationsskript, indem Sie seinen Namen und eventuelle Parameter eintippen. Eine Liste der möglichen Argumente erhalten Sie mit:

```
./configure --help
```

Tabellen mit den möglichen Argumenten finden Sie auch weiter unten in diesem Anhang im Abschnitt »configure-Optionen«. Eine für unsere Zwecke brauchbare Konfiguration erhalten Sie mit dem Befehl:

```
./configure --enable-modules=all
```

Der Parameter `--enable-modules=all` bewirkt, dass (fast) alle Module in den Server mit einkompiliert werden. Sie können das Skript auch ohne diesen Parameter aufrufen – dann wird Apache mit einer Standardausstattung an Modulen erstellt. Wenn Sie das ganze Buch durcharbeiten möchten, werden Sie so ziemlich alle Module benötigen. Notfalls können Sie aber auch später jederzeit den Vorgang wiederholen, um zusätzliche Module einzukompilieren.

Von den im Buch behandelten Modulen sind – sogar bei `--enable-modules=all` – die folgenden nicht enthalten:

- *mod_proxy* und die zugehörigen Submodule (Kap. 9 »Proxyserver«), sowie *mod_cache* und *mod_disk_cache* (vgl. Kap. 9.5 »Caching«)
- *mod_file_cache* und *mod_example* (vgl. Kap. 15 »Fortgeschrittene Themen«)
- *mod_suexec* (vgl. Kap. 12 »SuExec«)
- *mod_ssl* (vgl. Kap. 14 »Secured Socket Layer«). Bevor Sie Apache mit SSL-Unterstützung kompilieren können, müssen Sie OpenSSL installieren.
- PHP (vgl. Kap. 10.4 »PHP«). Unterstützung für die Skriptsprache PHP ist separat erhältlich und muss gesondert installiert werden.

Die Konfigurationsoptionen zum Einkompilieren der oben genannten Module werden in den entsprechenden Kapiteln beschrieben.

Das *configure*-Skript erzeugt eine so genannte *Make-Datei* (*Makefile*), die dazu dient, den Kompilierungsvorgang zu steuern.

Kompilieren

Starten Sie die Erstellung des Programms, indem Sie das folgende Kommando eingeben:

```
make
```

Beim Aufruf von `make` wird Ihr Bildschirm mit einer Reihe von Meldungen überflutet, die Sie aber nicht alle lesen müssen.

Mithilfe des Befehls `make 2>&1|tee` *`Dateiname`* können Sie die durch den `make`-Befehl erzeugten Bildschirmausgaben auch in eine Datei umlenken, um diese dann später (insbesondere im Falle eines Problems) in Ruhe zu studieren.

Installieren

Um alle benötigten Dateien und Verzeichnisse an ihrem endgültigen Platz zu installieren, führen Sie nun noch den folgenden Schritt aus:

```
make install
```

Hiermit werden die Dateien und Unterverzeichnisse automatisch in dem Verzeichnis */usr/local/apache2* eingerichtet und die Konfigurationsdateien entsprechend angepasst.

HINWEIS

> Das Zielverzeichnis können Sie über den Parameter `--prefix=` des *configure*-Skripts auch abweichend festlegen.

Nun können Sie den Server bereits testen, vgl. Kap. 1.1 »UNIX«, Abschnitt »Den Webserver starten«.

configure-Optionen

Durch Angabe verschiedener Optionen beim Aufruf des *configure*-Skripts können Sie Einzelheiten der Apache-Installation festlegen.

Configure	
Syntax:	`configure [`*Option*`] ... [`*VAR=VALUE*`]...`

Falls Sie irgendwelche Umgebungsvariablen setzen möchten, so geben Sie diese in der Form `VAR=VALUE` an. Die Option `--help` zeigt Ihnen u.a. auch an, welche Umgebungsvariablen eventuell relevant sein könnten.

Die folgenden Tabellen zeigen die möglichen Optionen. Die Voreinstellung, soweit vorhanden, ist jeweils in eckigen Klammern angegeben.

`--quiet, -q, --silent`	Keine Meldungen vom Typ `checking...`ausgeben.
`--cache-file=`*Datei*	Testergebnisse in *Datei* speichern. [deaktiviert]
`-C, --config-cache`	Alias für `--cache-file=config.cache`
`--version, -V`	Versionsinformationen anzeigen.
`-n, --no-create`	Keine Ausgabedateien erzeugen.
`--srcdir=`*Verzeichnis*	Quelltextdateien befinden sich in *Verzeichnis*.

Tab. A.1: Allgemeine Optionen

`--help, -h`	Optionen anzeigen.
`--help=short`	Optionen anzeigen, die für dieses Paket spezifisch sind.
`--help=recursive`	Kurzhilfe zu allen verwendeten Paketen anzeigen.

Tab. A.2: Hilfe zum Konfigurationsskript

`--build=`*Build*	Konfigurieren für das Erstellen auf *Build*. [geraten]
`--host=`*Host*	Cross-Kompilierung für *Host*. [*Build*]
`--target=`*Ziel*	Konfigurieren für *Ziel*. [*Host*]

Tab. A.3: Zielplattform

`--prefixrefi=`*PREFIX*	Architekturunabhängige Dateien im Verzeichnis *PREFIX* installieren. [`/usr/local/apache2`]
`—exec-prefix=`*EPREFIX*	Architekturabhängige Dateien im Verzeichnis *EPREFIX* installieren. [*PREFIX*]

Tab. A.4: Installationsverzeichnisse

`--enable-layout=`*ID*	Installationslayout *ID* verwenden. Lesen Sie dazu auch die Datei *config.layout*. [`Apache`]
`--bindir=`*Verzeichnis*	Durch den Anwender ausführbare Dateien in *Verzeichnis* installieren. [*EPREFIX*`/bin`]
`--sbindir=`*Verzeichnis*	Durch den Systemadministrator ausführbare Dateien in *Verzeichnis* installieren. [*EPREFIX*`/sbin`]
`--libexecdir=`*Verzeichnis*	Durch Programme ausführbare Dateien in *Verzeichnis* installieren. [*EPREFIX*`/libexec`]
`--infodir=`*Verzeichnis*	`info`-Dokumentation in *Verzeichnis* installieren. [*PREFIX*`/info`]
`--mandir=`*Verzeichnis*	`Man`-Dokumentation in *Verzeichnis* installieren. [*PREFIX*`/man`]
`--sysconfdir=`*Verzeichnis*	Schreibgeschütze Konfigurationsdateien für den einzelnen Rechner in *Verzeichnis* installieren. [*PREFIX*`/etc`]
`--datadir=`*Verzeichnis*	Schreibgeschützte architekturunabhängige Datendateien in *Verzeichnis* installieren. [*PREFIX*`/share`]

`--libdir=`*Verzeichnis*	Objectcode-Bibliotheken in *Verzeichnis* installieren. [*EPREFIX*/`lib`]
`--includedir=`*Verzeichnis*	C-Headerdateien in *Verzeichnis* installieren. [*PREFIX*/`include`]
`--oldincludedir=Verzeichnis`	C-Headerdateien für Nicht-`gcc`-Kompilierung in *Verzeichnis* installieren. [`/usr/include`]

Tab. A.5: Feineinstellung des Installationslayouts

`--enable-name [=Arg]`	Aktivieren eines bestimmten Features namens *name.* [*Arg* `=yes`]
`--enable-name=shared`	Erstellen des Moduls namens *name* als DSO-Modul (zum dynamischen Laden).
`--disable-name`	Deaktivieren eines bestimmten Features namens *name*.

`--disable-auth`
`--enable-auth-anon`
`--enable-auth-dbm`
`--enable-auth-digest`
`--enable-file-cache`
`--enable-echo`
`--disable-charset-lite`
`--enable-charset-lite`
`--enable-cache`
`--enable-disk-cache`
`--enable-mem-cache`
`--enable-example`
`--enable-ext-filter`
`--enable-case-filter`
`--enable-case-filter-in`
`--disable-include`
`--enable-deflate`
`--disable-log-config`
`--disable-env`
`--enable-mime-magic`
`--enable-cern-meta`
	Die Features, die per Voreinstellung aktiviert werden, können Sie mit der `disable`-Option deaktivieren, diejenigen, die per Voreinstellung deaktiviert sind, können Sie mit `enable` aktivieren.

```
--enable-expires
--enable-headers
--enable-usertrack
--enable-unique-id
--disable-setenvif
--enable-proxy
--enable-proxy-connect
--enable-proxy-ftp
--enable-proxy-http
--enable-optional-hook-
export
--enable-optional-hook-
import
--enable-optional-fn-import
--enable-optional-fn-export
--enable-bucketeer
--enable-static-support
--enable-static-htpasswd
--enable-static-htdigest
--enable-static-rotatelogs
--enable-static-logresolve
--enable-static-htdbm
--enable-static-ab
--enable-static-checkgid
--enable-http
--disable-mime
--enable-dav
--disable-status
--disable-autoindex
--disable-asis
--enable-info
--disable-cgid
--enable-cgi
--disable-cgi
--enable-cgid
--enable-dav-fs
--enable-vhost-alias
--disable-negotiation
```

`--disable-dir`
`--disable-imap`
`--disable-actions`
`--enable-speling`
`--disable-userdir`
`--disable-alias`
`--enable-rewrite`
`--enable-so`	

`--enable-modules=`*Modul-Liste*	In der Liste enthaltene Module aktivieren.
`--enable-mods-shared=Modul-Liste`	In der Liste enthaltene Module als DSO-Modul erstellen (zum dynamischen Laden).
`--enable-maintainer-mode`	Debuggen und Warnungen zur Kompilierzeit einschalten.

Tab. A.6: Optionale Features

<table>
<tr><td><code>--with-Package[=</code>Arg<code>]</code></td><td>Package verwenden. [Arg=<code>yes</code>]</td></tr>
<tr><td><code>--without-</code>Package</td><td>Package nicht verwenden. (dasselbe wie <code>--with-</code>Package<code>=no</code>)</td></tr>
<tr><td><code>--with-apr=Verzeichnis|</code>Datei</td><td>Präfix für installierte APR (Apache Portable Runtime), Pfad zu APR-Build-Tree oder der volle Pfad zu apr-config.</td></tr>
<tr><td><code>--with-apr-util=</code>Verzeichnis</td><td>Präfix für installierte APU oder Pfad zum APU-Build-Tree.</td></tr>
<tr><td><code>--with-port=</code>Port</td><td>Portnummer für httpd.conf setzen. [<code>80</code>]</td></tr>
<tr><td><code>--with-z=</code>Verzeichnis</td><td>Eine spezielle zlib-Bibliothek verwenden.</td></tr>
<tr><td><code>--with-mpm=</code>MPM
<code>MPM={beos | worker | prefork | mpmt_os2 | perchild | leader | threadpool}</code></td><td>Das Prozess-Modell für Apache auswählen.</td></tr>
<tr><td><code>--with-module=</code>Modul-Typ:Modul-Datei</td><td>Modul-Datei im Verzeichnis modules/<Modul-Typ> aktivieren.</td></tr>
</table>

--with-*Programm-Name*	Anderen Namen für die ausführbare Datei festlegen (normalerweise *httpd* unter UNIX und *apache* unter Windows).

Tab. A.7: Optionale Pakete

--enable-suexec	SuExec aktivieren.
--with-suexec-caller=Name	Den SuExec-Benutzernamen des erlaubten Aufrufers setzen. [www]
--with-suexec-bin=*Verzeichnis*	Pfad zu dem SuExec-Programm. [*PREFIX*/share/bin]
--with-suexec-docroot=*Verzeichnis*	Das SuExec-DocumentRoot-Verzeichnis setzen. [*PREFIX*/share/htdocs]
--suexec-logfile=Datei	Die SuExec-Protokolldatei setzen. [*PREFIX*/var/log/suexec_log]
--with-suexec-userdir=*Verzeichnis*	Das SuExec-Benutzer-Unterverzeichnis setzen. [public_html]
--with-suexec-uidmin=*UID*	Die minimale erlaubte UID für SuExec setzen [100]
--suexec-gidmin=*GID*	Die minimale erlaubte GID für SuExec setzen. [100]
--with-suexec-safepath=*Pfad*	Den sicheren Pfad für SuExec setzen. [/usr/local/bin:/usr/bin:/bin]
--with-suexec-umask=*umask*	Die »umask« für das unter SuExec ausgeführte Skript setzen. [umask des Servers]

Tab. A.8: SuExec-Optionen

`--enable-ssl`	SSL aktivieren.
`--with-ssl=`*`Verzeichnis`*	SSL/TLS-Toolkit (OpenSSL).

Tab. A.9: SSL-Optionen

Systemzeit

Zusätzlich sollten Sie sich noch vergewissern, dass die Systemzeit Ihrer Maschine korrekt eingestellt ist, da Elemente des HTTP-Protokolls in Form der Tageszeit ausgedrückt werden. Installieren Sie unter UNIX gegebenenfalls NTP oder ein anderes Synchronisationssystem.

Windows

Unter Windows wird normalerweise eine Binärdistribution verwendet. (Das Kompilieren des Webservers aus den Quelltexten unter Windows ist ein Thema für Fortgeschrittene und wird hier nicht behandelt.) Der Installationsvorgang erfolgt mit einem Standard-Setup-Programm und ist recht einfach. Die folgende Beschreibung bezieht sich auf die Version 2.0.40. Bei einer anderen Version ersetzen Sie einfach die Zahlen 2.0.40 durch die entsprechende Versionsnummer.

Systemvoraussetzungen

Die Windows-Versionen von Apache 2 sind für Windows NT 4.0 und Windows 2000 vorgesehen. Sie funktionieren prinzipiell auch auf älteren NT-Versionen sowie auf Windows 95/98 und Windows ME; wurden dort jedoch nach Aussage der Originaldokumentation von der Apache-Entwicklergruppe nicht getestet (obwohl dieselbe Dokumentation durchaus auch Hinweise zum Anhalten/Neustarten des Servers unter Windows 9x gibt).

Installation unter Windows

Doppelklicken Sie auf die Datei *apache_2.0.40-win32-x86-no_ssl.msi*. Das Setup-Programm wird automatisch gestartet.

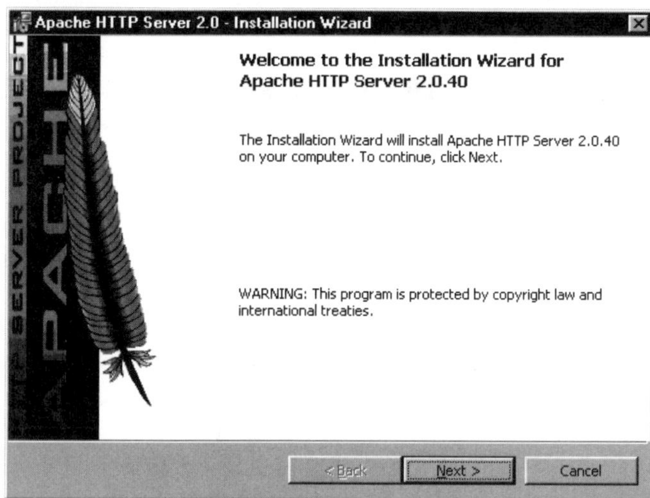

Abb. A.1: Begrüßungsbildschirm des Setup-Programms

- Akzeptieren Sie zunächst die Lizenzvereinbarung.

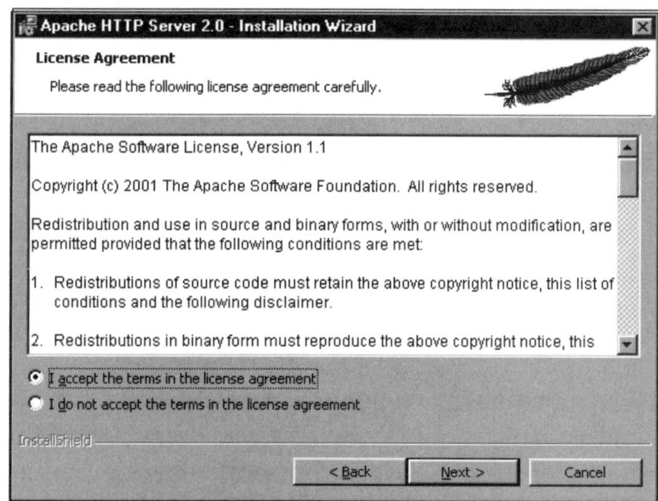

Abb. A.2: Lizenzvereinbarung

- Es folgt ein Fenster mit allgemeinen Informationen.

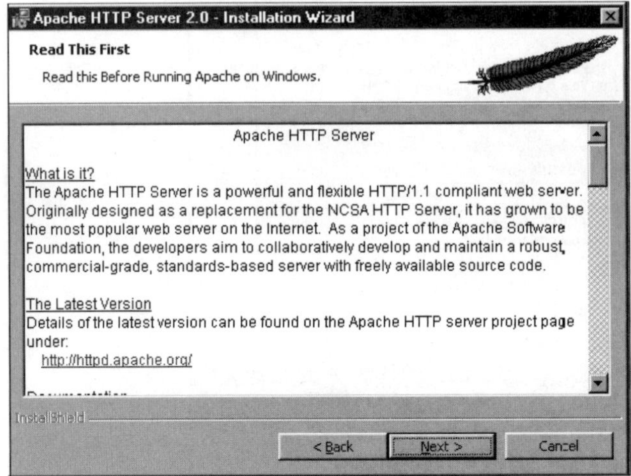

Abb. A.3: Allgemeine Informationen

- Im nächsten Dialog müssen Sie einige Informationen über Ihren Server eingeben. Wenn Sie (noch) keinen Domainnamen haben, können Sie zunächst einen erfinden. Für eine lokale Testinstallation benötigen Sie keinen angemeldeten Domainnamen.

  Außerdem geben Sie noch an, ob Apache automatisch für alle Anwender als Dienst an Port 80 gestartet werden soll (*for All Users, on Port 80, as a Service -- Recommended*), oder ob der Server durch den aktuellen Benutzer »von Hand« gestartet wird und an Port 8080 läuft (*only for the Current User, on Port 8080, when started Manually*).

  Unter Windows 95/98 und Windows ME kann Apache nicht als echter Systemdienst laufen – auf diesen Betriebssystemen wird ein »Pseudodienst« installiert, den Sie aber nur für Testzwecke einsetzen sollten.

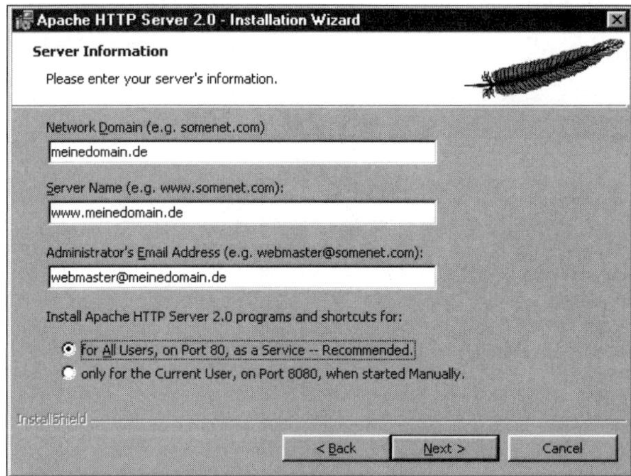

Abb. A.4: Informationen über den Server

- Anschließend wird die Installationsart – typisch (*Typical*) oder benutzerdefiniert (*Custom*) – festgelegt. Die typische Installation ist für Anfänger unkomplizierter und in den meisten Situationen ausreichend.

  Bei der benutzerdefinierten Installation können Sie für den kompletten Server (*Apache httpd Server*) oder für das eigentliche Programm nebst Konfigurationsdateien und Kommandozeilenwerkzeugen (*Apache Runtime*) und für die Dokumentation (*Apache Documentation*) getrennt festlegen, ob das jeweilige Feature auf der lokalen Festplatte installiert werden, über das Netzwerk laufen oder gar nicht verfügbar sein soll (siehe Abbildung A.5).

- Wählen Sie nun das Installationsverzeichnis. Sie können die Voreinstellung *C:\Programme\Apache Group* übernehmen. Allerdings beziehen sich viele Beispiele in der Online-Hilfe und in Büchern auf eine typische UNIX-Installation, bei der der Server sich beispielsweise im Verzeichnis */usr/local* befindet. Sie können solche Beispiele leichter nachvollziehen, wenn Sie den Apache entsprechend im Verzeichnis *c:\usr\local* installieren. Ein solches Vorgehen empfiehlt sich insbesondere dann, wenn Sie wechselweise mit beiden

Betriebssystemen arbeiten und den Überblick nicht verlieren möchten (siehe Abbildung A.6).

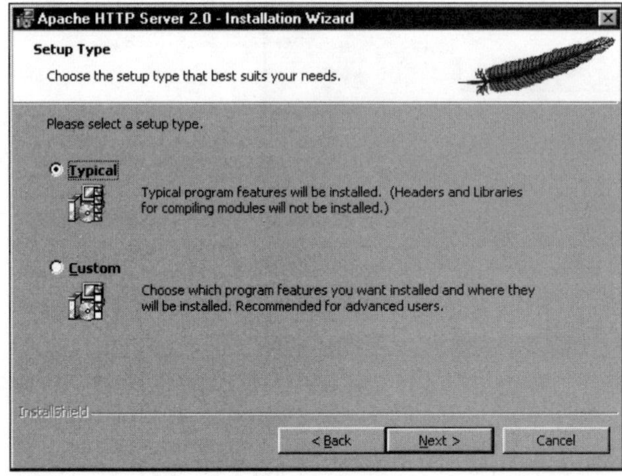

Abb. A.5: Installationsart festlegen

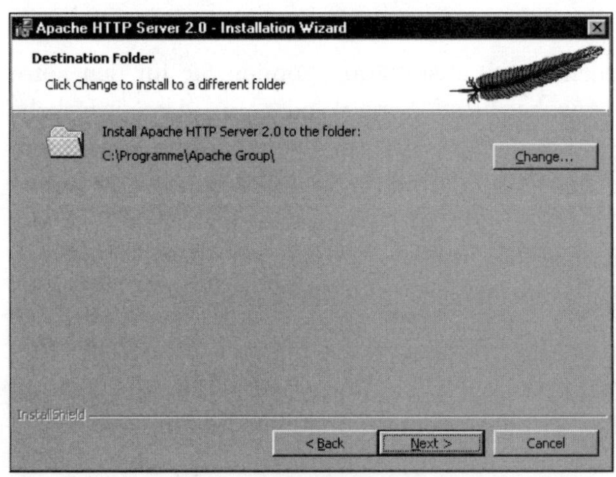

Abb. A.6: Installationsverzeichnis auswählen

- Jetzt kann die Installation beginnen. Klicken Sie auf *Install*.

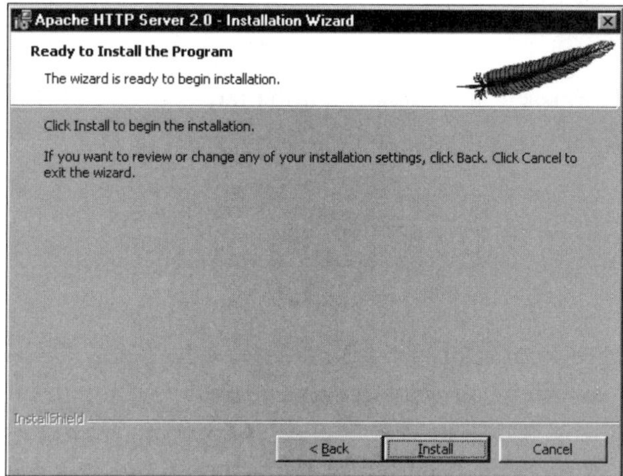

Abb. A.7: Beginn der Installation

Nach einer Weile zeigt ein Abschlussdialog Ihnen an, dass die Installation beendet ist.

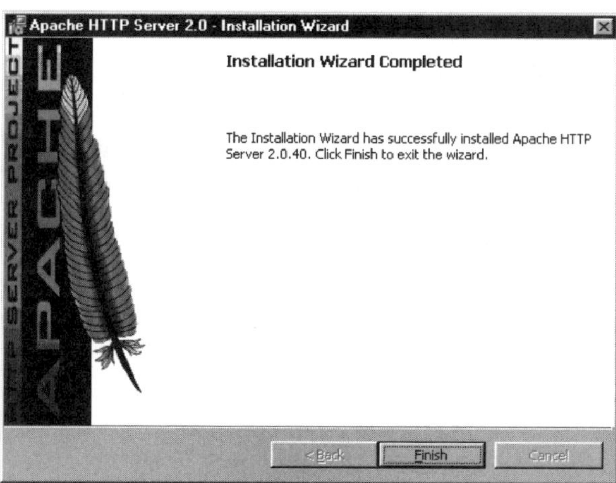

Abb. A.8: Abschlussdialog

Deinstallation

Vor der Deinstallation müssen Sie den Server anhalten.

UNIX

Unter UNIX brauchen Sie nur das Apache-Installationsverzeichnis (normalerweise */usr/local/apache2*) zu entfernen.

Wenn Sie Ihr System so konfiguriert haben, dass Apache beim Hochfahren des Rechners automatisch gestartet und beim Herunterfahren automatisch gestoppt wird (vgl. Kap. 1.1 »UNIX«, Abschnitt »Automatisches Starten und Stoppen des Webservers«), entfernen Sie ggf. das Startskript aus dem Verzeichnis */sbin/init.d* und die zugehörigen Links aus */etc/rc.d/rc3.d*.

Windows

Wenn Sie unter Windows 2000 den Server als Dienst installiert haben, deinstallieren Sie zunächst diesen Dienst (vgl. Kap 1.2 »Windows«, Abschnitt »Den Webserver starten«). Wählen Sie dann im Starmenü den Befehl *Einstellungen / Systemsteuerung* und doppelklicken Sie auf den Eintrag *Software*. Wählen Sie hier den Apache-Server aus und klikken Sie auf die Schaltfläche *Entfernen*.

Auch unter Windows 95/98/ME erfolgt die Deinstallation über den Eintrag *Software* in der Systemsteuerung.

Einstellen der IP-Adresse

Für die Konfiguration virtueller Hosts und auch für den Proxy-Betrieb ist es notwendig, die IP-Adresse Ihrer Netzwerkkarte(n) zu kennen bzw. einzustellen.

UNIX

Die modernen LINUX-Distributionen verfügen normalerweise über ein grafisches Werkzeug zum Einrichten der Netzwerkkarte. Im Folgenden wird die Vorgehensweise bei SuSE-LINUX mit dem Setup-Pprogramm YaST2 unter KDE beschrieben. Starten Sie dazu YaST2 und wählen Sie im Feld *Available modules* den Eintrag *Network/Base*.

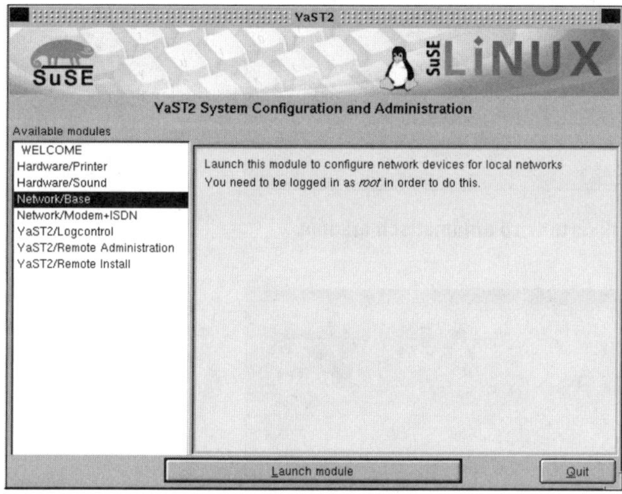

Abb. A.9: Netzwerkkonfiguration mit YaST2

Klicken Sie dann auf die Schaltfläche *Launch module*. Das nächste Dialogfeld zeigt Ihnen an, welche Netzwerkkarte auf Ihrem System installiert ist. Klicken Sie auf *Next* (siehe Abbildung A.10).

Nun können Sie die IP-Adresse festlegen. Die Einstellung im Feld *Subnet mask* lassen Sie unverändert. (Die Subnetzmaske dient der Unterteilung eines Netzwerks in mehrere Teilnetze. Standard für die normalerweise verwendeten Klasse-C-Netze – keine Unterteilung – ist `255.255.255.0`). Das Feld *Default gateway* bleibt frei (siehe Abbildung A.11).

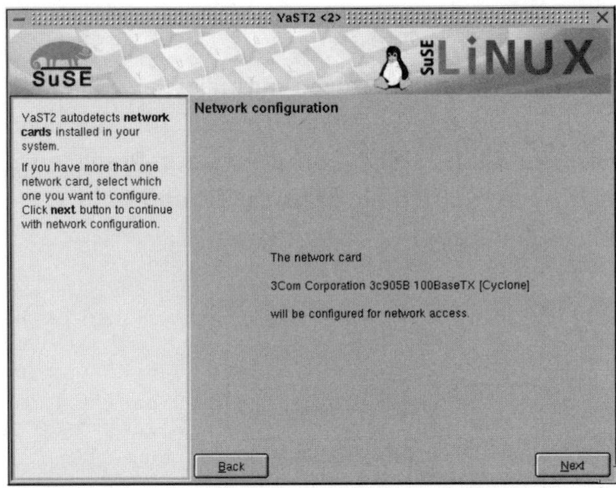

Abb. A.10: Die Netzwerkkarte wird automatisch erkannt

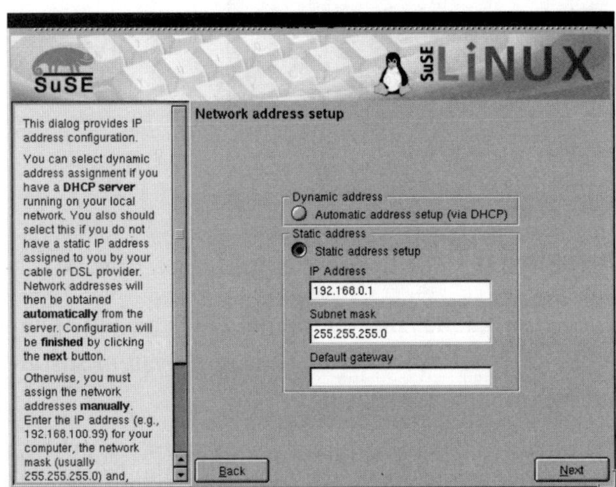

Abb. A.11: Festlegen der IP-Adresse

Jetzt können Sie noch einen Nameserver einrichten. Die manuelle Konfiguration des Nameservers wird an anderer Stelle beschrieben (vgl. Kap. 5.9 »DNS«). Wenn Sie keinen DNS-Dienst verwenden, brauchen Sie hier nichts zu tun.

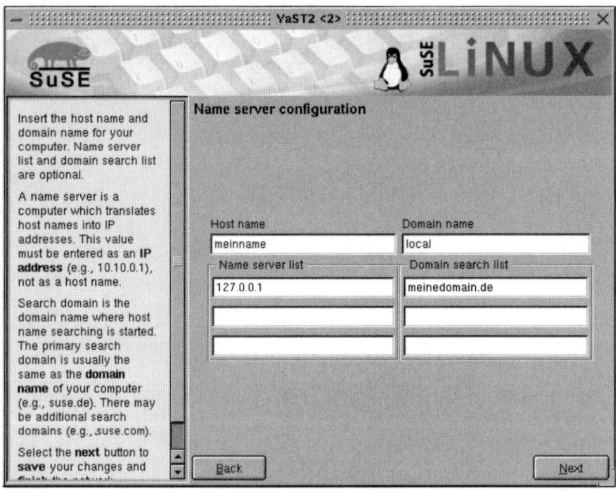

Abb. A.12: Einrichten des Nameservers

Windows

Die Einstellung der IP-Adresse unter Windows wird hier am Beispiel von Windows 2000 beschrieben. Die Vorgehensweise bei den anderen Windows-Versionen ist ähnlich.

Wählen Sie im Startmenü den Befehl *Einstellungen / Systemsteuerung / Netzwerk- und DFÜ-Verbindungen*. Klicken Sie mit der rechten Maustaste auf den Eintrag *LAN-Verbindung* und wählen Sie aus dem Kontextmenü den Befehl *Eigenschaften*. Auf der Registerkarte *Allgemein* markieren Sie den TCP/IP-Eintrag und klicken auf die Schaltfläche *Eigenschaften* (siehe Abbildung A.13).

Im folgenden Dialogfeld *Eigenschaften von Internetprotokoll (TCP/IP)* markieren Sie auf der Registerkarte *Allgemein* die Option *Folgende IP-Adresse verwenden*. Nun können Sie im Feld *IP-Adresse* die gewünschte Adresse angeben. Der Eintrag im Feld *Subnetzmaske* muss normalerweise `255.255.255.0` lauten (siehe Abbildung A.14). (Die Subnetzmaske dient der Unterteilung eines Netzwerks in mehrere Teilnetze. Bei der angegebenen Einstellung erfolgt keine Teilung.)

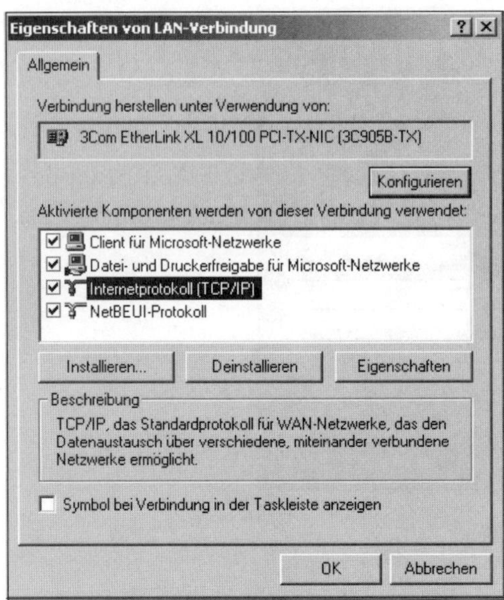

Abb. A.13: Netzwerkkonfiguration über die Systemsteuerung

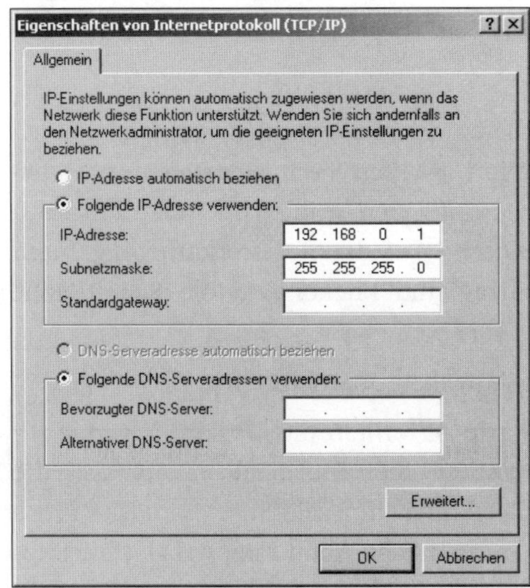

Abb. A.14: Festlegen der IP-Adresse

Internet-Hintergrundinformationen

In diesem Abschnitt werden einige Details zum Thema »Internet« angesprochen, die eigentlich über den Rahmen des Einsteigerseminars hinausgehen – allerdings werden sie nicht sehr ausführlich behandelt, sodass Sie sich auch ohne große Vorkenntnisse zumindest einen Überblick verschaffen können.

Begriffe

- *Server* »bedienen« die *Clients* (Kunden). In der Regel sind sie leistungsfähiger als die Clients. Server werden auch als *Hosts* (Gastgeber) bezeichnet.
- *Clients* sind die »Kunden«, die den Dienst in Anspruch nehmen.
- *Dienste* werden von einem Server zur Verfügung gestellt.
- *Protokolle* regeln die Kommunikation zwischen Client und Server.
- Eine Sammlung von Protokollen unterschiedlicher Schichten wird als *Protokollstapel* bezeichnet.

ISO/OSI-Schichtenmodell

- ISO: ***I**nternational **S**tandardization **O**rganization*
- OSI: ***O**pen **S**ystems **I**nterconnection*

Das ISO/OSI-Referenzmodell definiert sieben Schichten, die innerhalb des Protokollstapels bestimmte Aufgaben übernehmen.

Nr.	Bezeichnung	Aufgaben	Protokolle
7	Anwendung	Nutzerschnittstelle; Kommando-Auswahl	DNS, FTP, SMTP, HTTP
6	Darstellung	Kodierung, Dekodierung, Kompression	

Nr.	Bezeichnung	Aufgaben	Protokolle
5	Kommunikationssteuerung	Verwaltung der Verbindungen zwischen den Anwendern	Telnet
4	Transport	Verbindungsaufbau, Datentransport einschließlich Fehlererkennung und -korrektur	TCP UDP
3	Vermittlung	Verwaltung der Verbindungen zwischen den Rechnern	IP, ARP, ICMP
2	Datensicherung	Fragmentierung, Kontrolle, Prüfung	Ethernet, ISDN
1	(Bit-)Übertragung	Physischer Datentransport	

Tab. A.10: Schichtenmodell

Bei einer Verbindung ist jede Schicht logisch mit der entsprechenden Schicht des Partners verbunden, und die Implementierung einer jeden Schicht kann die von der darunter liegenden Schicht zur Verfügung gestellten Funktionen verwenden.

So kommunizieren beispielweise die Anwendungen mit der obersten Schicht (benötigen also über die darunter liegenden Schichten keine Informationen), während die unterste Schicht direkt auf die Netzwerk-Hardware zugreift.

TCP/IP

TCP/IP (*Transmission* ***C****ontrol* ***P****rotocol/****I****nternet* ***P****rotocol*) ist der Protokollstapel, der das Standardprotokoll im gesamten Internet darstellt. Er lässt sich nicht exakt auf das ISO/OSI-Schichtenmodell abbilden – TCP entspricht in etwa der Transport- und IP der Vermittlungsschicht, wobei dann im Internet (bezogen auf einen Webserver) normalerweise HTTP die Rolle der Darstellungs- und Anwendungsschichten übernimmt.

IP-Datagramme

Die durch das IP-Protokoll definierte Dateneinheit, das so genannte *Datagramm*, enthält die folgenden Informationen:

- Headerlänge (4 Bits) und Gesamtdatagrammlänge (16 Bits)
- Prüfsumme für Header (16 Bits)
- IP-Adresse des Absenders (32 Bits)
- IP-Adresse des Empfängers (32 Bits)
- evtl. Optionen
- Daten

Aufbau von IP-Adressen

Eine IP-Adresse ist eine 32-Bit-Zahl, die jeden Rechner im Internet eindeutig identifiziert. Die konkrete IP-Adresse eines Hosts wird entweder bei der TCP/IP-Konfiguration fest eingestellt (vgl. Abschnitt »Einstellen der IP-Adresse« weiter oben in diesem Anhang), oder sie kann vom *DHCP*-Dienst*(**D**ynamic **H**ost **C**onfiguration **P**rotocol)* dynamisch zugewiesen werden. Der DHCP-Dienst kann in Ihrem eigenen lokalen Netzwerk oder bei Ihrem Internetprovider laufen.

Die meisten IP-Adressen sind Adressen der so genannten *Klasse C*, welche wie folgt aufgebaut sind:

- Die ersten drei Bits haben in binärer Schreibweise den festen Wert `110`. Der Dezimalwert des ersten Bytes liegt also zwischen 192 und 223.
- Die restlichen 21 Bits innerhalb der ersten drei Bytes enthalten die Netzwerk-ID.
- Das letzte Byte bezeichnet den einzelnen Computer innerhalb des Netzwerks.

Der oben angegebene Aufbau hat unmittelbar zur Folge, dass innerhalb eines Netzwerks nicht mehr als 256 verschiedene Rechner adressiert werden können (weil die Host-Computer-ID nur 8 Bit lang ist und folglich nicht mehr als 256 verschiedene Werte annehmen kann).

Die Adressen der Klassen A und B, bei denen innerhalb des Netzwerks eine größere Anzahl von Einzelrechnern angesprochen werden kann, sind bereits alle fest vergeben.

Adressen der *Klasse B* haben den folgenden Aufbau:

- Das erste Byte liegt im Bereich von 128 bis 191.
- Die restlichen 13 Bits innerhalb der ersten beiden Bytes enthalten die Netzwerk-ID.
- Es bleiben 2 Bytes für die Identifikation des einzelnen Computers innerhalb des Netzwerks.

Bei den Adressen der *Klasse A* stehen noch mehr Bits für die Rechneradresse, dafür aber weniger Bits für die Netzwerk-ID zur Verfügung:

- Das erste Byte ist kleiner als 128.
- Die restlichen 5 Bits innerhalb des ersten Bytes enthalten die Netzwerk-ID.
- Das zweite bis vierte Byte dient der Adressierung der Rechner innerhalb des Netzwerks.

Üblicherweise werden bei der Angabe von IP-Adressen die Dezimalwerte der einzelnen Bytes, durch Punkte abgetrennt, geschrieben.

Beispiel:

```
192.168.0.1
```

HINWEIS

Der neuere Standard IPv6 (*IP Version 6*) verwendet 128-Bit-Adressen an Stelle von 32-Bit-Adressen. Apache 2 unterstützt wahlweise auch IPv6.

IP-Adressen der Klasse C, bei denen das mittlere Byte den dezimalen Wert 168 hat, sind für den internen Gebrauch reserviert und können im Internet nicht verwendet und adressiert werden. (Sie werden deshalb auch als *nichtroutingfähige* Adressen bezeichnet.) Solche »privaten« IP-Adressen können Sie in einem Intranet bedenkenlos verwenden, da keine Konflikte mit »offiziellen«, im Internet vergebenen Adressen auftreten können. In den Beispielen in diesem Buch werden aus demselben Grund ausschließlich solche privaten IP-Adressen verwendet.

TCP-Segmente

Die Dateneinheiten des im Protokollstapel oberhalb von IP angesiedelten TCP-Protokolls werden innerhalb des Datenbereichs der IP-Datagramme übertragen: Aus der Sicht des IP-Protokolls sind diese also beliebige Daten, über deren innere Struktur das Protokoll keine Informationen benötigt – aus der Sicht von TCP jedoch bestehen sie ihrerseits wieder aus Headern und Nutzdaten. Im Einzelnen enthält jedes Segment die folgenden Informationen:

- Portnummern von Absender und Empfänger (je 16 Bits)
- Sequenznummer (32 Bits)
- Bestätigungsnummer (32 Bits)
- Headerlänge (4 Bits) und Flags
- Prüfsumme für Header und Daten (16 Bits)
- evtl. Optionen
- Daten

HTTP

Das HTTP-Protokoll (***H****yper****t****ext* ***T****ransport* ***P****rotocol*) liegt oberhalb der TCP-Schicht und dient der Kommunikation zwischen dem Browser und dem Webserver. Es handelt sich um ein verbindungsloses Protokoll.

Ein HTTP-Kommando ist intern wie folgt aufgebaut:

- Kommandozeile
- Message-Header
- Content-Length-Feld
- Daten (Body) oder zwei Leerzeilen

Die Kommandozeile ihrerseits besteht aus den Elementen:

- `METHODE` (z.B. `GET`)
- `ID` (URI, z.B. `/`)
- `VERSION` (z.B. `HTTP/1.0`)

Beispiel:

```
GET / HTTP/1.0
```

`METHODE` kann eine der in der Tabelle angegebenen Methoden sein.

Methode	Wirkung
GET	Ressource anfordern
PUT	Ressource ablegen
DELETE	Ressource löschen
HEAD	Header anfordern
LINK	Verknüpfung erstellen
UNLINK	Verknüpfung löschen
OPTIONS	Optionen abfragen
POST	Daten senden
TRACE	Kommando zurückschicken lassen

Tab. A.11: HTTP-Methoden

`ID` kann z.B. eine Adresse oder ein Dateiname sein.

`VERSION` ist die verwendete Version des HTTP-Protokolls. Die meisten Browser beherrschen inzwischen die Version 1.1.

HTTP-Statuscodes für unvollständige Anforderungen

Bei unvollständigen Client-Anforderungen sendet der Server einen Statuscode im Bereich von 400 bis 499.

Nummer	
400	Bad Request
401	Unauthorized
402	Payment Required
403	Forbidden
404	Not Found
405	Method Not Allowed
406	Not Acceptable
407	Proxy Authentication Required
408	Request Time-Out
409	Conflict
410	Gone
411	Length Required
412	Precondition Failed
413	Request Entity Too Large
414	Request-URI Too Long
415	Unsupported Media Type

Tab. A.12: Statuscodes für unvollständige Anforderungen

Aus diesem Bereich sind bislang die in der Tabelle angegebenen Werte definiert.

Wichtige UNIX-Kommandos

Dieser Abschnitt listet einige wichtige UNIX-Befehle auf, die innerhalb des Buchs verwendet werden. Er ist bewusst kurz gehalten, denn Thema dieses Buches ist der Apache-Webserver, nicht das UNIX-Betriebssystem. Die Ausführungen sollten genügen, um einem Neuling anzuzeigen, um was es geht; wenn Sie sich jedoch intensiver mit UNIX befassen wollen/müssen (was relativ wahrscheinlich ist, wenn Sie einen Webserver unter UNIX betreiben möchten), so sollten Sie die einschlägige Literatur konsultieren.

Die genaue Syntax der Befehle wird hier nicht angegeben, da aus Platzgründen ohnehin nicht alle Optionen erklärt werden können. Sie erfahren die Syntax eines Befehls, indem Sie das Kommando `man`, gefolgt vom Namen des Befehls, eingeben.

man

Zeigt Informationen aus dem Online-Referenzhandbuch (*Manual*) an.

cd

Wechselt von einem Verzeichnis in ein anderes. Ist kein Verzeichnis angegeben, so wird das HOME-Verzeichnis (wie in der gleichnamigen Umgebungsvariablen festgelegt) zum aktuellen Verzeichnis.

cp

Kopiert Dateien und Verzeichnisse.

ls

Zeigt den Inhalt eines Verzeichnisses an.

cat

(Abkürzung für engl.: concatenate; deutsch: anhängen); hängt Dateien aneinander und gibt den Inhalt auf die Standardausgabe (normalerweise den Bildschirm) aus.

kill

Sendet ein Signal an einen Prozess, z.B. zum Beenden. Wenn kein Signal angegeben ist, wird `TERM` gesendet. Dieses Signal beendet Prozesse, die das Signal nicht abfangen. Für andere Prozesse muss zum Beenden eventuell das `KILL (9)`-Signal verwendet werden, welches nicht abgefangen werden kann.

ps

Zeigt Informationen über Prozesse an (in der Abbildung z.B. Benutzerkennung, Prozess-ID, ID des Eltern-Prozesses, verbrauchte Prozessorzeit, Terminal, Gesamtausführungszeit und Kommando).

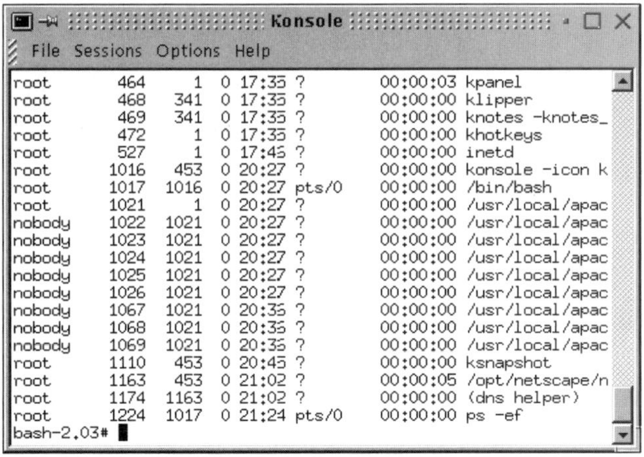

```
Konsole
File  Sessions  Options  Help
root      464     1  0 17:35 ?        00:00:03 kpanel
root      468   341  0 17:35 ?        00:00:00 klipper
root      469   341  0 17:35 ?        00:00:00 knotes -knotes_
root      472     1  0 17:35 ?        00:00:00 khotkeys
root      527     1  0 17:45 ?        00:00:00 inetd
root     1016   453  0 20:27 ?        00:00:00 konsole -icon k
root     1017  1016  0 20:27 pts/0    00:00:00 /bin/bash
root     1021     1  0 20:27 ?        00:00:00 /usr/local/apac
nobody   1022  1021  0 20:27 ?        00:00:00 /usr/local/apac
nobody   1023  1021  0 20:27 ?        00:00:00 /usr/local/apac
nobody   1024  1021  0 20:27 ?        00:00:00 /usr/local/apac
nobody   1025  1021  0 20:27 ?        00:00:00 /usr/local/apac
nobody   1026  1021  0 20:27 ?        00:00:00 /usr/local/apac
nobody   1067  1021  0 20:35 ?        00:00:00 /usr/local/apac
nobody   1068  1021  0 20:35 ?        00:00:00 /usr/local/apac
nobody   1069  1021  0 20:35 ?        00:00:00 /usr/local/apac
root     1110   453  0 20:45 ?        00:00:00 ksnapshot
root     1163   453  0 21:02 ?        00:00:05 /opt/netscape/n
root     1174  1163  0 21:02 ?        00:00:00 (dns helper)
root     1224  1017  0 21:24 pts/0    00:00:00 ps -ef
bash-2.03#
```

Abb. A.15: Ausgabe des Kommandos ps -ef

chmod

Ändert die Zugriffsrechte für eine Datei.

Sie können die Berechtigungen für den Eigentümer der Datei, die Gruppe und für alle anderen in Form dreier aufeinander folgender Oktalzahlen angeben. Jede dieser Zahlen kann ihrerseits als 3-Bit-Binärzahl gelesen werden, welche die Berechtigungen `r` (read; deutsch: lesen), `w` (write; deutsch: schreiben) und `x` (execute; deutsch: ausführen) angibt.

Beispiel:

```
chmod 777 datei
```

Sowohl für den Eigentümer als auch für die Gruppe und alle anderen ist die Berechtigung durch die Oktalzahl `7` angegeben; diese lautet in binärer Darstellung `111` (1*4+1*2+1*1); d.h. die Berechtigungen zum Lesen, Schreiben und Ausführen sind alle gegeben.

chown

Ändert Eigentümer und Gruppe der Datei.

chgrp

Ändert die Gruppenzugehörigkeit der Datei.

file

Bestimmt den Dateityp.

grep

Zeigt Zeilen an, die zu einem Muster passen.

ifconfig

Konfiguriert eine Netzwerk-Schnittstelle. Der Parameter `aftyp` steht für die Adressenfamilie, z.B. `inet` (TCP/IP) oder `ipx` (Novell IPX).

tar

Archiv-Utility.

Reguläre Ausdrücke

Reguläre Ausdrücke werden von verschiedenen UNIX-Befehlen und auch von vielen Apache-Direktiven akzeptiert. Mithilfe von bestimmten Platzhaltern könne dabei Such- und gegebenenfalls auch Ersetzungsausdrücke formuliert werden. Groß- und Kleinschreibung wird normalerweise beachtet.

Aufbau eines einfachen Regulären Ausdrucks

```
atom1|atom2|atom3 ...
```

Der senkrechte Strich steht für »oder«. Die Einzelausdrücke werden auch als *Atome* bezeichnet.

Beispiel:

```
jpeg|gif
```

Zu diesem Muster passen (nur) die Zeichenfolgen »jpeg« oder »gif«.

Wiederholung von Mustern

Den Atomen kann jeweils ein Zeichen folgen, das angibt, wie oft das Atom auftauchen muss bzw. darf:

- * steht für beliebig oft (einschließlich 0-mal)

- + steht für mindestens einmal
- ? steht für einmal oder gar nicht

Beispiele:

xy* steht für x, xy, xyy, xyyy, ...

xy+ steht für xy, xyy, xyyy, ...

xy? steht für x oder xy

Alternativ zu den Platzhaltern *, + und ? kann auch die Anzahl in geschweiften Klammern hinter dem Atom angegeben werden. Durch Komma abgetrennt, kann außerdem die Mindest- und Höchstzahl des Auftretens festgelegt werden, wobei die Höchstzahl auch weggelassen werden kann.

Beispiele:

xy{3} steht für xyyy.
xy{3,5} steht für xyyy, xyyyy, xyyyyy
xy{3,} steht für xyyy, xyyyy, xyyyyy, xyyyyyy, ...

Mit Klammern werden mehrere Zeichen zu einem Atom zusammengefasst.

Beispiel:

(xy)* steht für xy, xyxy, xyxyxy, ...

In Ersetzungsausdrücken können Sie auf die geklammerten Teilausdrücke Bezug nehmen mit den Bezeichnern $1, $2, etc.

Beispiel:

In dem Ausdruck (.*)xxx(.*) steht $1 für alles vor xxx und $2 für alles dahinter.

Platzhalter

Innerhalb der Atome können Platzhalter (*Metazeichen*) verwendet werden:

- `.` steht für ein einzelnes Zeichen
- `^` steht für den Anfang der Zeichenkette
- `$` steht für das Ende der Zeichenkette
- Mithilfe des Zeichens `\` werden die Platzhalterzeichen entwertet, stehen dann also wieder nur für sich selbst

Beispiele:

```
^...$
```

steht für Zeichenketten mit genau drei Buchstaben.

```
^m
```

steht für ein `m` am Anfang der Zeichenkette.

```
\.$
```

steht für einen Punkt am Ende der Zeichenkette.

```
.*
```

steht für beliebig viele beliebige Zeichen.

Andere Zeichen haben mit vorangestelltem `\` eine Sonderbedeutung:

- `\w` steht für ein alphanumerisches Zeichen
- `\s` steht für ein nicht zu druckendes Zeichen
- `\t` steht für einen horizontalen Tabulator
- `\n` steht für einen Zeilenwechsel
- `\r` steht für einen Wagenrücklauf (Carriage Return)
- `\f` steht für einen Seitenwechsel (Form Feed)

- `\v` steht für einen vertikalen Tabulator
- `\a` steht für ein Klingelzeichen (Alarm)
- `\e` steht für ein Escape-Zeichen
- `\0` steht vor einer Oktalzahl
- `\x` steht vor einer Hexadezimalzahl
- `\c[` steht für ein Steuerzeichen (Control)
- `\l` bedeutet, dass das folgende Zeichen klein geschrieben sein muss (lowercase)
- `\u` bedeutet, dass das folgende Zeichen groß geschrieben sein muss (uppercase)
- `\L` bedeutet, dass die folgenden Zeichen bis `\E` klein geschrieben sein müssen
- `\U` bedeutet, dass die folgenden Zeichen bis `\E` groß geschrieben sein müssen
- `\E` zeigt das Ende der Schreibweisenänderung an
- `\Q` bedeutet, dass die Metazeichen bis `\E` genau eingehalten werden müssen

Aufzählung zulässiger Werte

In eckigen Klammern können Sie eine Liste von zulässigen Werten angeben: `w[xy]z` steht für `wxz` oder `wyz`.

Mithilfe des Bindestrichs legen Sie dabei einen Bereich fest: `x[a-d]y` steht für `xay`, `xby`, `xcy` oder `xdy`.

Durch ein der Liste vorangestelltes ^ innerhalb der eckigen Klammern legen Sie fest, dass die Zeichen *nicht* in der Liste vorkommen dürfen.

Beispiel:

```
^star[^t]$
```

Zu diesem Muster passen alle fünfbuchstabigen Zeichenketten, die auf »star« anfangen (z.B. »starb«, »stark«), nicht jedoch »start«.

Ansonsten verlieren Sonderzeichen innerhalb der eckigen Klammern ihre spezielle Bedeutung, müssen also nicht mit \ entwertet werden.

Zeichenklassen

Weiterhin können Sie in eckigen Klammern, umrahmt von Doppelpunkten, die folgenden *Zeichenklassen* angeben:

- `alnum`
- `alpha`
- `blank`
- `cntrl`
- `digit`
- `graph`
- `lower`
- `print`
- `punct`
- `space`
- `upper`
- `xdigit`

Mit `[:<:]` und `[:>:]` werden Anfang und Ende eines Wortes bezeichnet.

Allgemeine Performance-Tipps

Die Performance – im Sinne von Geschwindigkeit – eines Webservers spielt in der Praxis eines untergeordnete Rolle: Selbst auf älteren

Maschinen kann der Datenverkehr einer normalen Website problemlos bewältigt werden.

Wenn Sie die Performance Ihres Apache dennoch ein wenig verbessern möchten, sollten Sie die folgenden Aspekte berücksichtigen:

- Setzen Sie die `MaxClients`-Direktive so, dass der RAM-Speicher stets ausreicht und Daten nicht auf die Festplatte ausgelagert werden müssen. Je mehr Hauptspeicher Ihnen zur Verfügung steht, desto besser.
- Auch die Geschwindigkeit des Prozessors, der Netzwerkkarte und der Festplatten wirkt sich aus.
- Zur Wahl des Betriebssystems: Da der Apache für UNIX optimiert wurde, ist die Performance unter Windows im Allgemeinen eher schlechter. Bei den UNIX-Betriebssystemen achten Sie darauf, dass Sie die aktuellsten TCP/IP-Patches installiert haben.

Konfiguration

Um zeitintensive DNS-Lookups zu vermeiden, sollte die Direktive `HostnameLookups` auf `Off` eingestellt sein. (Ab Apache 1.3. ist dies die Voreinstellung.) Um in CGI-Skripten auf den Hostnamen zugreifen zu können, sollten Sie vorzugsweise die Funktion `gethostbyname` verwenden.

Doch auch wenn `HostnameLookup Off` ist, kommt es zu DNS-Lookups, wenn Sie mit den Direktiven `Allow From`, `Deny From` bestimmten Domains den Zugriff gestatten bzw. verbieten.

Wenn Sie solche Direktiven einsetzen müssen, können Sie deren Gültigkeitsbereich mit einer Container-Direktive (`<Location>`, `<Directory>`, etc.) einschränken.

Index

A

AccessFileName 75
Action 157
AddAlt 188
AddAltByEncoding 188
AddAltByType 188
AddDescription 188
AddEncoding 151
AddHandler 152
AddIcon 189
AddIconByEncoding 190
AddIconByType 190
AddLanguage 152
AddModuleInfo 179
AddType 150
Alias 99
AliasMatch 100
Allow 262
allow from env 263
AllowOverride 77
Anonymous 272
Anonymous_Authoritative 273
Anonymous_LogEmail 273
Anonymous_MustGiveEmail 273
Anonymous_NoUserID 272
Anonymous_VerifyEmail 273
apachectl 22
Atom 369
AuthAuthoritative 270
AuthDBMAuthoritative 271
AuthDBMGroupFile 271
AuthDBMUserFile 271
AuthDigestFile 274
Authentifizierungs-Domäne 264
AuthGroupFile 268
AuthName 266
AuthType 265
AuthUserFile 267

B

Batch-Datei 329
Body 79
BrowserMatch 246
BrowserMatchNoCase 247

C

-C 40
-c 41
CA 281
Cache 134, 212
CacheDefaultExpire 216
CacheDirLength 214
CacheDirLevels 214
CacheEnable 213
CacheFile 302
CacheGcClean 215
CacheGcInterval 215
CacheGcUnused 215
CacheLastModifiedFactor 216
CacheMaxExpire 217
CacheOn 213
CacheRoot 214
CacheSize 215
cat 28
Certificate Signing Request 287
Certification Authorithy 281
CGI 221, 329
cgi-script 159

CheckSpelling 114
Child-Prozess 69, 329
CLF 88
Clickable Images 161
Client 329, 359
COMMAND.COM 233
Common Gateway Interface 221
Common Logfile Format 88
Compiler 329
configure 252, 339, 342
Content Encoding 151
Content Negotiation 174
Content Type 150
ContentDigest 82
Content-MD5-Header 82
CookieExpires 95
CookieLog 92, 94
Cookies 93, 329
CookieTracking 95
Core 53
core 158
CoreDumpDirectory 64
CSR 287
CustomLog 91

D

-D 40
-d 40
Daemon 329
Datagramm 361
dbmmanage 271
Debugging 330
default-handler 158
DefaultIcon 191
DefaultLanguage 153
DefaultType 153
Deinstallation 354
Denial-of-Servive 80
Deny 262
deny from env 263
DHCP 330, 361
Dienst 359
Digest 274, 281
Directory-Container 43
DirectoryIndex 193
DirectoryMatch-Container 44
Disk And Execution Monitor 329
DNS 134, 330
DocumentRoot 59
Domain 330
Domain Name Service 134
Domain Name System 134
DSO 300
Dynamic Shared Objects 300

E

-E 41
-e 41
Environment 68
ErrorDocument 61
ErrorLog 63
Example 303
ExpiresActive 199
ExpiresByType 199
ExpiresDefault 199
ExtendedStatus 180

F

-f 40
Fehlerprotokoll 24, 34, 63
Files-Container 45
FilesMatch-Container 45
Firewall 205, 331
ForceType 152

G

grep 23
Group 56
gunzip 339
gzip 339

H

-h 41
Handler 149, 157
Header 79, 200, 202
HeaderName 191
Host 331, 359
HostNameLookups 65
hosts 57, 120, 123, 125 ff., 133
htaccess 75
HTML 331
htpasswd 267
HTTP 331
httpd 15
https 293
HUP 28
Hyperlink 331

I

identd 65, 88, 90
IdentityCheck 65
IfDefine 40
IfDefine-Container 48
IfModule-Container 46
Imagemap 161
ImapBase 163
ImapDefault 163
imap-file 159
ImapMenu 164
Include 65
IndexIgnore 192
IndexOptions 184
IndexOrderDefault 192
Internet Server Application Programming Interface 165
Internet Service Provider 118
Interpreter 331
IP-Adresse 332
IP-basierte virtuelle Hosts 119
ISAPI 165
isapi-isa 159
ISP 118

K

-k 42
KeepAlive 67
KeepAliveTimeout 67
Kernel 332
kill 28
Klasse C 361
Kontext 50

L

-L 41
-l 41
libdld 299
LIFN 47
Limit-Container 47
LimitRequestBody 79
LimitRequestFields 80
LimitRequestFieldsize 80
LimitRequestLine 80
Listen 54
ListenBacklog 79
LoadFile 300
LoadModule 46, 300
localhost 57
Location-Container 46
LocationMatch-Container 47
LockFile 78

LogFormat 89
LogLevel 63

M

MAC 282
make 341
Makefile 341
Manual 100
MaxClients 69
MaxKeepAliveRequests 68
MaxRequestsPerChild 69
MaxSpareThreads 72
MaxThreadsPerChild 73
MD5 274
Message Authentication Code 282
MetaDir 197
MetaFiles 197
MetaSuffix 198
Methode 80
MIME 149
MIME.types 151
MimeMagicFile 154
MIME-Typ 332
MinSpareThreads 72
MMapFile 302
mod_access 261
mod_actions 156
mod_alias 99
mod_asis 159, 160
mod_auth 267
mod_auth_anon 272
mod_auth_dbm 270
mod_auth_digest 274
mod_autoindex 183
mod_browser 246
mod_cache 213
mod_cern_meta 197
mod_cgi 159
mod_cookies 92, 94
mod_dir 193
mod_disk_cache 213
mod_dld 299
mod_dll 299
mod_env 241
mod_example 303
mod_expires 199
mod_file_cache 301
mod_headers 200
mod_imap 159, 161
mod_include 159, 165
mod_info 159, 178
mod_isapi 159, 165
mod_log_common 87
mod_log_config 87
mod_mem_cache 213
mod_mime 149
mod_mime_magic 154
mod_negotiation 159, 174
mod_perl 232
mod_proxy 205
mod_rewrite 103
mod_setenvif 244
mod_so 300
mod_speling 114
mod_status 159, 180
mod_unique_id 241
mod_user_track 94
MPM 53
mpm_winnt
  MPM-Modul 74
Multi-Processing-Module 53

N

named 135
Namenbasierte virtuelle Hosts 119
NameVirtualHost 119
NCSA 15, 332
Nichtroutingfähig 205, 363

NTP 332
NumServers 73

O

OpenSSL 283
Options 80
order 263

P

Pass Phrase 287
PassEnv 243
passwd 55
perchild
  MPM-Modul 73
PHP 234
PID 68, 332
PidFile 27, 75
ping 39
Port 332
prefork
  MPM-Modul 69
Private Key 280
Protokoll 333, 359
Protokollstapel 333, 359
Proxy 205, 333
ProxyBlock 207
Proxy-Container 44
ProxyPass 212
ProxyPassReverse 212
ProxyReceiveBufferSize 212
ProxyRemote 211
ProxyRequests 206
ProxyVia 211
Prozess 68, 333
ps 23, 28
Public Key 280

Q

Quality Scores 177

R

RAM-Disk 333
ReadmeName 191
Redirect 101
Redirection 333
RedirectMatch 103
RedirectPermanent 101
RedirectTemp 101
regex 50
Regulärer Ausdruck 333
Request 80
require 266
Reverse-Lookup 135
RewriteBase 108
RewriteCond 110
RewriteEngine 103
RewriteLock 113
RewriteLog 103
RewriteLogLevel 104
RewriteMap 113
RewriteOptions 113
RewriteRule 104
RLimitCPU 227
RLimitMEM 227
RLimitNPROC 227
Robots 333
Root 333
Router 205
Run-Levels 29

S

satisfy 261
ScoreBoardFile 78
Script 157

ScriptAlias 101
ScriptAliasMatch 101
ScriptLog 160
ScriptLogBuffer 160
ScriptLogLength 160
Secured Socket Layer 279
send-as-is 159
SendBufferSize 66
Serialisierung 334
Server 334, 359
ServerAdmin 62
ServerAlias 128
server-info 159, 178
ServerLimit 70
ServerName 57
server-parsed 159
ServerRoot 60
Server-side Includes 166
ServerSignature 62
server-status 159
ServerTokens 63
SetEnv 242
SetEnvIf 244
SetEnvIfNoCase 245
SetHandler 153
Setup 348
SetUserID Execution 251
Shared Memory 334
Shellskript 221, 228, 334
SSI 166
SSL 279
SSLCACertificateFile 291
SSLCACertificatePath 291
SSLCertificateFile 287
SSLCertificateKeyFile 287
SSLEngine 286
SSLSessionCache 295
SSLSessionCacheTimeout 295
SSLVerifyClient 291
Stapelverarbeitungsdatei 334
StartServers 72
StartThreads 74
SuExec 251
SuexecUserGroup 258
Swapping 334
Syntax 50
System V 334

T

-T 41
-t 41
-t –D DUMP_VHOSTS 41
TCP/IP 334, 360
ThreadLimit 71
Threads 70, 334
ThreadsPerChild 71
TimeOut 67
TransferLog 87
Transmission Control Protocol/ Internet Protocol 360
type 281
type-map 159
TypesConfig 150

U

UnsetEnv 243
URC 47
URI 47, 335
URL 47, 335
URN 47
UseCanonicalName 58
User 55
UserDir 258

V

-V 41
-v 41
VirtualDocumentRoot 131
VirtualHost-Container 49
VirtualScriptAlias 131
Virtuelle Hosts 117
Voreinstellung 50

W

worker
  MPM-Modul 71
Wrapper 251
WWW 335

X

XBitHack 174

Z

Zeichenklassen 373
Zertifikate 280
Zertifizierungsinstanz 281

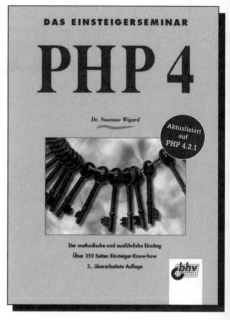

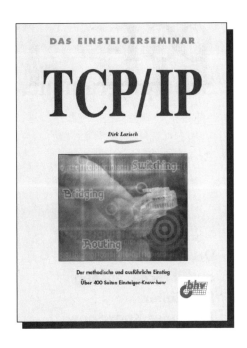

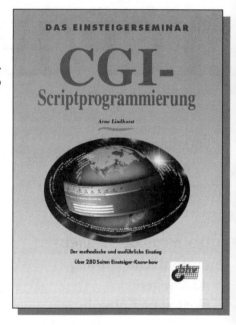